W0307806

dtv

Dieses Taschenbuch enthält einundzwanzig Kurzgeschichten kolumbianischer Erzähler unseres Jahrhunderts. Der älteste hat gelebt von 1885 bis 1966, der jüngste ist 1960 geboren.

In diesen Kurzgeschichten – die kürzeste ist zwei, die längste zehn Seiten lang – kommt alles mögliche vor: Jugend, Armut, Liebe, Großstadt, Folklore, Guerrilla, Gemeinheit, Dorfleben, Alter, Kinder, Kleinbürger, Polizei – « einfach alles ».

Sie haben literarisch ausgezeichnetes Niveau – der große Gabriel García Márquez hat eine ganze Reihe sehr guter Kollegen – und sind landeskundlich aufschlussreich. Für Leser, die Spanisch lernen oder ihr Spanisch üben und den Übersetzern auf die Finger schauen wollen, sind sie dank dem spanisch-deutschen Paralleldruck ein gefundenes Fressen.

Cuentos hispanoamericanos: Colombia

Erzählungen aus Kolumbien

Herausgegeben
von Erna Brandenberger und Gerhard Dilger

Deutscher Taschenbuch Verlag

dtv zweisprachig · Edition Langewiesche-Brandt
herausgegeben von Kristof Wachinger

Deutsche Erstausgabe
1. Auflage 1997. 2. Auflage März 2000
Deutscher Taschenbuch Verlag GmbH & Co. KG, München

Lizenzen durch Dr. Erna Brandenberger, St. Gallen
Gabriel García Márquez: Lizenz für den spanischen Text
von der Agentur Carmen Balcells, Barcelona,
für die Übersetzung vom Verlag Kiepenheuer & Witsch, Köln
Umschlagkonzept: Balk & Brumshagen
Umschlagbild von Arturo Alape
Gedruckt auf säurefreiem, chlorfrei gebleichtem Papier
Satz: W Design, Höchstädt Ofr.
Gesamtherstellung: Kösel, Kempten
ISBN 3-423-09360-9. Printed in Germany

José Félix Fuenmayor
¿Qué es la vida?

El mismo día en que se murió una hijita de Celedonio estiró las patas un ternero del doctor.

Celedonio pidió el día, enterró a su muertecita y no habló más de eso. Y el doctor, ahí le oímos las quejas, que el animal era muy gracioso, que se le había hecho amigo, que mejor se hubiera muerto la vaca. Hasta se resintió conmigo porque no le había dado el pésame.

– Tampoco se lo he dado a Celedonio, doctor – le dije. Vea, doctor, yo conocí a una gente de esas de ustedes, que por cualquier cosa ya estaban con qué castigo y Dios mío yo qué te he hecho. Nosotros no somos de penas palabreras, doctor, estamos enseñados a ser tristones cuando sufrimos, pero callados. No vaya a creer que no hemos sentido la muerte de la niñita de Celedonio. Sí, nos ha dolido; y la de su ternero también, doctor.

Estábamos parados en la vuelta del jagüey, porque todavía el doctor no le había cogido gusto a su silla mariapalito con botella.

– Me has avergonzado – dijo el doctor; debí pensar más en el pobre Celedonio. Lo de él es un gran dolor, lo mío es un disgusto y pequeño si lo comparo.

– No, doctor – dije – las dos desgracias: todo lo que a uno le sale mal es desgracia para uno, y no sirve comparar. Mídale, si quiere, el tamaño a la de usted y deje a Celedonio medir el de la suya si en eso se pone. Desgracias, doctor, por un tiempo o por un tiempecito. Después, nada; y vamos a lo mismo con otras. Así es la vida, doctor.

Ahí le vi la risita brincándole en el ojo. ¿De

José Félix Fuenmayor
Was ist das Leben?

Am gleichen Tag, an dem Celedonios Töchterchen starb, streckte auch das Kälbchen des Doktors alle Viere von sich.

Celedonio fragte nach dem Begräbnisdatum, begrub den kleinen Leichnam und redete nicht mehr davon. Vom Doktor hingegen hörten wir nichts als Klagen, das Tier sei so allerliebst gewesen, er habe sich ganz mit ihm angefreundet, es hätte ihm weniger ausgemacht, wenn die Kuh gestorben wäre. Er nahm es mir sogar übel, dass ich ihm nicht mein Beileid bekundet hatte.

« Celedonio gegenüber habe ich es auch nicht getan, Doktor », sagte ich, « sehen Sie, Doktor, ich lernte immer wieder Leute kennen wie Sie, die jammerten beim geringsten Anlass, mein Gott, was für eine Strafe, womit habe ich das verdient. Wir hingegen machen nicht viel Aufhebens von unserem Leid, Doktor, wir haben gelernt, traurig zu sein, wenn uns Schweres widerfährt, aber im Stillen. Glauben Sie nicht, der Tod von Celedonios Töchterchen sei uns nicht nahe gegangen. Doch, er hat uns weh getan; auch der Ihres Kälbchens, Doktor. »

Wir standen dort an der Ecke beim Teich, denn der Doktor hatte noch keinen Geschmack gefunden an seinem Schaukelstuhl und der Flasche.

«Du hast mich beschämt», sagte der Doktor, «ich hätte mehr an den armen Celedonio denken sollen. Sein Unglück ist ein tiefer Schmerz, meines nur eine kleine Widerwärtigkeit im Vergleich damit. »

« Nein, Doktor », sagte ich, « beides ist ein Unglück: Alles Schlimme, was uns widerfährt, ist ein Unglück, und Vergleiche taugen nichts. Messen Sie, wenn sie wollen, die Größe eines Unglück an Ihrem eigenen, und lassen Sie Celedonio diese an seinem messen, wenn es denn darum gehen soll. Unglück ist beides für eine gewisse Zeit, für kürzere oder längere. Dann ist es vorbei; und gleich gehen wir auf das nächste zu. So ist das Leben, Doktor. »

Da sah ich ein Lächeln in seinen Augen aufblitzen. Wo

qué se habría agarrado el doctor, con qué me iría a salir?

– Conque así es la vida – dijo. La vida. ¿Sabes tú qué es la vida?

– Cómo no voy a saberlo, doctor – dije – si la tengo en el cuerpo y todos los días por todas partes estoy viéndola.

– Pero, ¿qué es?

– Doctor, las matas, los animales, las personas.

– No has contestado la pregunta – dijo. La vida está en lo vivo, claro; pero, ¿qué es?

– Doctor, la cañandonga hace cañandonga, la guacharaca hace guacharaca, la gente hace gente. No hay más, doctor; y hacer lo que hacen sin que puedan salirse de ahí es lo que yo veo que es la vida. Es una leccioncita, doctor, cada uno con la suya.

– ¿Pero quién hace la vida y le da la leccioncita?

– Esa es otra pregunta, doctor. Vea, le pongo por caso, mi mujer me hace unos pantalones. ¿Quién los hizo? Ella. ¿Quién le enseñó a hacer pantalones? Esa es otra pregunta. Y podría ser que nadie le hubiera enseñado y ella hubiera aprendido sola. ¿No será, doctor, que la vida con leccioncita y todo se hace ella misma?

El doctor se me puso más burloncito.

– Entonces – dijo – la vida no es más que cañandonga que hace cañandonga.

– Y guacharaca y gente también, doctor.

– Mira – dijo en serio. Tú quieres decir, aunque no te des cuenta de ello, que la vida no es más que la rutina de un fenómeno común no trascendental. Y no creo que la cosa sea así. La leccioncita, pase. Pero en la vida – por lo menos en la vida humana – hay algo más, algo que llamamos espíritu.

– ¿Y todo el mundo tiene eso, doctor?

hatte sich der Doktor wohl festgehakt? Worauf wollte er hinaus?

«So ist also das Leben», sagte er, «das Leben; weißt du denn, was das Leben ist?»

«Wie sollte ich das nicht wissen, Doktor», sagte ich, «wenn ich es doch im Leib habe und täglich überall sehe.»

«Aber was ist es denn?»

«Doktor, die Pflanzen, die Tiere, die Menschen.»

«Du hast die Frage nicht beantwortet», sagte er, «das Leben ist in allem Lebendigen, klar; aber was ist es?»

«Doktor, die Schotenpflanzen machen wieder Schotenpflanzen, die Hühnervögel wieder Hühnervögel, die Menschen wieder Menschen. Etwas anderes gibt es nicht; sie machen, was sie sind, etwas anderes können sie nicht, das ist, so wie ich es sehe, das Leben. Es ist eine Aufgabe, Doktor, jeder bekommt die seine.»

«Aber wer macht das Leben und erteilt die Aufgabe?»

«Das ist eine andere Frage, Doktor. Schauen Sie, ich gebe Ihnen ein Beispiel: meine Frau näht mir ein Paar Hosen. Wer hat sie gemacht? Meine Frau. Wer hat ihr beigebracht, Hosen zu nähen? Das ist eine andere Frage. Es könnte ja sein, dass es ihr niemand beigebracht hat, dass sie es ganz von sich aus gelernt hat. Wird es nicht so sein, Doktor, dass das Leben mit der Aufgabe und allem aus sich heraus entstanden ist?»

Der Doktor schien zu weiterem Schabernack aufgelegt.

«In diesem Fall», sagte er, «ist also das Leben nichts anderes, als dass Schotenpflanzen wieder Schotenpflanzen machen?»

«Und Hühnervögel und Menschen auch, Doktor.»

«Schau», sagte er nun im Ernst, «du meinst, auch wenn dir das nicht bewusst ist, das Leben sei das immer gleiche Weiterführen eines gewohnten Vorganges, ohne weiteren Sinn dahinter? Ich glaube nicht, dass dem so ist. Die Aufgabe, meinetwegen. Aber im Leben, mindestens im Menschenleben, gibt es etwas darüber hinaus, etwas was wir Geist nennen.»

«Und das haben alle Leute, Doktor?»

– No, no – dijo – La verdad es que abundan los estúpidos.

– Entonces, doctor – dije – el espíritu es una cosa que le entra o no le entra a la vida; una cosa aparte. No es vida, doctor; como la gusanera – perdone la mala comparación – que le cae a un caballo, pero no es caballo. Vea, doctor: Usted hace un juguete – un carrito, le pongo por caso. Usted lo hace. El carrito queda hecho y ya no tiene nada que ver con usted. Llego yo y le doy cuerda y el carrito echa a correr. Va corriendo el carrito y conmigo ya nada tiene que ver. Ahora, doctor, si al carrito hecho y andando se le meten unos cocuyos y lo alumbran por dentro, eso no es cosa de usted, ni mía, ni del carrito. Eso es otra cosa.

Ya estaba el doctor riéndose sin disimular. Todavía, entonces, yo no me había acostumbrado mucho a sus risas de tiraderita que después hasta me complacían porque me gustaba verlo contento, pobre doctor, cuando ya no le importaba que un ternero fuera bonito.

– Doctor – dije – yo le contesto como es de mi obligación; pero mi ignorancia no me la puedo raspar.

– No te disgustes – dijo – yo no me río de ti sino de tu carrito.

– ¿Es mucho disparate, doctor?

– Qué sé yo – dijo –. La cuestión no es para que yo pueda asegurar nada; pero me parece divertida la simplicidad con que ves la vida, como si nada tuviera de enigmático; como si en ella sólo hubiera un misterio: el de los cocuyos que al carrito hecho y en marcha, se le meten y lo iluminan por dentro.

«Nein, nein», sagte er, «Tatsache ist, dass es von Dummköpfen nur so wimmelt.»

«Dann also, Doktor», sagte ich, «ist der Geist etwas, das zum Leben gehören kann oder auch nicht; etwas für sich. Er ist nicht Leben; wie die Wurmkrankheit – entschuldigen Sie den schlechten Vergleich –, die ein Pferd befällt, aber sie ist nicht das Pferd. Sehen Sie, Doktor, Sie machen ein Spielzeug – ein Wägelchen zum Beispiel. Sie stellen es her. Das Wägelchen ist fertig und hat nichts mehr mit Ihnen zu tun. Dann komme ich und ziehe die Feder auf, und das Wägelchen fährt davon. Das Wägelchen fährt weiter und hat auch nichts mehr mit mir zu tun. Nun, Doktor, wenn in das fertige fahrende Wägelchen Leuchtkäfer hineinfliegen und es von innen erhellen, so hat das mit Ihnen nichts zu tun, und mit mir nichts und mit dem Wägelchen nichts. Es ist etwas anderes.»

Nun lachte der Doktor ganz offen heraus. Damals war ich noch nicht an sein lang anhaltendes Gelächter gewöhnt. Später fand ich sogar Gefallen daran, denn ich sah ihn gern frohgestimmt, den armen Doktor, als es ihm schon nichts mehr bedeutete, ob sein Kälbchen schön gewesen sei.

«Doktor», sagte ich zu ihm, «ich antworte Ihnen, wie es meine Pflicht ist; aber meine Unwissenheit kann ich halt nicht abkratzen.»

«Nimm es mir nicht übel», sagte er, «ich lache nicht über dich, sondern über dein Wägelchen.»

«Ist es ein gar großer Unsinn, Doktor?»

«Was weiß ich», sagte er, «es geht nicht darum, ob ich etwas verbürgen kann; aber ich finde es lustig, wie einfach du das Leben siehst, als ob nichts Rätselhaftes daran sei; als ob es nur ein einziges Geheimnis berge, nämlich die Leuchtkäferchen, die in das fertige fahrende Wägelchen hineinfliegen und es von innen erhellen.»

Hernando Téllez
Preludio

Primero fue un grito. Después miles de gritos. Después un tumulto. Después la revolución. A mí me entregaron un machete, grande y nuevecito. Brillaba la hoja contra la pálida luz, al voltearla.

– Oiga, usted, joven, aquí tiene el arma.

– Gracias.

Pesaba el machete. En la empuñadura de madera podían descansar con amplitud mis cinco dedos, colocados allí en la forma que ustedes saben: la forma del puño cerrado, pero con el trozo de madera entre la mano.

– ¿Y qué hago con el machete?

El grupo se alejaba. Y el hombre que me lo había dado ya iba calle arriba, a la cabeza de sus amigos.

– Señor, ¿qué hago con el machete?, pregunté desesperado.

Ni él ni los demás me oyeron. Todos gritaban, energúmenos, violentos. Mi grito se perdió así en el aire. La gente llevaba superpuesto sobre su rostro, el rostro de la revolución: ira y miedo, rojo y blanco. A mí me había cogido la revolución en plena calle, cuando estaba parado frente a la vitrina de una bizcochería, en la Gran Avenida. Un minuto antes yo me hallaba con las manos desnudas, en la actitud del desamparado, del que no tiene empleo, del que tiene un poco de hambre, imaginando la posibilidad de que algún día yo pudiera entrar a esa tienda y comerme, minuciosamente, uno después de otro, todos los bizcochos de la vitrina. Un minuto después la revolución me hacía el obsequio de un machete. ¿Para qué? Yo no sabía para qué.

Debía ser en el sur donde la revolución había brotado como una gigantesca flor de llamas, pues en esa direccíon y a pesar de la distancia, un resplandor rojizo alcanzaba a penetrar el plomo del cielo,

Hernando Téllez
Vorspiel

Zuerst war ein Schrei. Dann Tausende von Schreien. Dann ein Tumult. Dann die Revolution. Mir drückte man eine Machete in die Hand, sie war groß und ganz neu. Wenn man das Blatt umwandte, glänzte es im matten Licht.

«Hör mal, Junge, hier hast du eine Waffe.»

«Danke.»

Die Machete wog schwer. Auf dem Holzgriff ruhten breit meine fünf Finger, so, wie ihr es kennt: als geschlossene Faust um das Holzstück.

«Und was mache ich mit der Machete?»

Die Gruppe entfernte sich. Der Mann, der sie mir gegeben hatte, ging vor seinen Freunden her die Straße hinauf.

«Señor, was soll ich mit der Machete tun?» fragte ich verzweifelt.

Weder er noch die anderen hörten mich. Alle schrien heftig, wie wahnsinnig. So ging mein Schrei im Lärm unter. Über ihr Gesicht hatten die Leute das Gesicht der Revolution gestülpt: Zorn und Angst, rot und weiß. Mich hatte die Revolution mitten auf der Straße erwischt, als ich auf der Avenida vor dem Schaufenster einer Konditorei stand. Eine Minute zuvor hatte ich noch mit leeren Händen dagestanden, schutzlos, ohne Arbeit, aber ganz schön hungrig, und ich hatte mir ausgemalt, wie herrlich es wäre, einmal in diesen Laden hinein zu gehen und in aller Gemächlichkeit einen nach dem anderen sämtliche Kuchen in der Auslage zu essen. Eine Minute später schenkte mir die Revolution eine Machete. Wofür? Ich wusste es nicht.

Die Revolution musste wie eine riesige Flammenblume irgendwo im Süden gekeimt sein, denn in dieser Richtung vermochte ein rötlicher Lichtschein trotz der Entfernung den bleiernen Himmel aufzubrechen und

dorándolo a trechos, como un cobre. Lejanas, imprecisas detonaciones de fusil, llegaban en el aire. Con el machete entre las manos me puse a pensar en la revolución. ¿Contra quién era la revolución? ¿En favor de quién?

– Dígame, señor, ¿qué ha ocurrido?

El viejecito me miró a las manos, y empalidecido, inició una cómica carrera. Pero seguían desfilando gentes y gentes. La calle era un río de agua que arrastraba, a su vez, un río humano.

– Señorita, le dije tomándola por el brazo, ¿quiere usted decirme qué ha pasado?

Se desprendió de mí en un gesto nervioso y me respondió con la voz temblorosa:

– No sé, no sé, no me detenga, por favor. Yo voy para mi casa.

– ¿Pero qué ha pasado?

La muchacha ya se había ido. El machete era, pues, un inconveniente. Con él en las manos yo debía parecer un revolucionario de verdad. Pero yo no era un revolucionario. Yo era un pobre diablo que andaba por ahí sin rumbo fijo, con diez centavos entre el bolsillo, y que se había parado frente a una vitrina. En el cristal busqué mi propia imagen: el machete caía paralelo al raído pantalón, del lado derecho. No resultaba del todo mal el conjunto. El machete me daba cierta prestancia. Pero ¿qué iba a hacer con el machete? La revolución no se equivoca, pensé, pues si están repartiendo machetes algo habrá que cortar, algo habrá que defender, y a alguien habrá que matar. Solté una carcajada y di media vuelta. Una lluvia inmisericorde empezaba a caer.

Pasó otro grupo de energúmenos y varios de ellos me miraron, primero, con hostilidad, con odio, pero al descubrir que de mi mano derecha pendía el arma, sonrieron siniestramente. Y uno, encarándose conmigo, rugió:

stellenweise kupfrig golden aufleuchten zu lassen. Aus der Ferne wurden dumpfe Gewehrschüsse wurden herübergetragen. Mit der Machete in den Händen sinnierte ich über die Revolution. Gegen wen richtete sie sich? Und für wen war sie?

« Sagen Sie mir, Señor, was ist geschehen? »

Der Alte sah mir auf die Hände, wurde blass und rannte lächerlich humpelnd los. Immer mehr Menschen strömten vorbei. Die Straße war ein Fluss, der seinerseits einen Menschenstrom mit sich riss.

« Señorita », sagte ich zu ihr und nahm sie am Arm, « bitte sagen Sie mir: Was ist geschehen? »

Nervös riss sie sich von mir los und antwortete mir mit zitternder Stimme:

« Ich weiß es nicht, ich weiß es nicht, bitte halten Sie mich nicht auf. Ich bin auf dem Heimweg. »

« Aber was ist geschehen? »

Die junge Frau war schon weg. Die Machete war also ein Hindernis. Mit der Waffe in den Händen musste ich aussehen wie ein echter Revolutionär. Aber ich war keiner. Ich war ein armer Teufel, schlenderte ohne feste Richtung mit zehn Centavos in der Tasche ziellos herum und war vor einem Schaufenster stehengeblieben. In der Scheibe suchte ich mein Spiegelbild: Die Machete hing auf der rechten Seite an der abgewetzten Hose herunter. Das ganze Bild sah gar nicht übel aus. Mit der Machete wirkte ich recht stattlich. Aber was sollte ich damit anfangen? Die Revolution täuscht sich nicht, dachte ich, wenn man Macheten verteilt, wird es schon etwas zu schneiden oder zu verteidigen geben, und irgend jemand wird getötet werden müssen. Ich lachte laut auf und drehte mich um. Es goss nun in Strömen.

Eine weitere wild brüllende Gruppe kam vorbei; einige sahen mich feindselig und hasserfüllt an, doch als sie die Waffe in meiner rechten Hand sahen, lächelten sie unheilvoll. Einer starrte mir ins Gesicht und brüllte:

– ¡ Viva la revolución !

Yo respondí automáticamente :

– ¡ Qué viva ! y, sin saber cómo, me encontré blandiendo el arma poseído de insólita ira.

Pero siguieron. El aguacero arreciaba su ímpetu, y bajo el aguacero, las gentes seguían corriendo o gritando, enloquecidas, atemorizadas, iracundas unas, desafiantes otras, muchas huidizas, todas marcadas ya con el extraño sello de esa cosa grande y terrible que había nacido, súbitamente, en algún lugar de la ciudad.

Yo me guarecí en la puerta de la tienda y sólo entonces me di cuenta de que estaba cerrada. La hora no dejaba dudas : las dos y ocho minutos de la tarde. Pronto llegarían los dueños. ¿Pero llegarían? ¡ Quién sabe ! Salí del dintel. El agua me empapaba el vestido, chorreaba por el ala del sombrero, y sentía que su humedad llegaba, a través de las suelas de los zapatos, a las medias rotas y a los pies. Un camión, lleno de hombres, que portaban una bandera, pasó a grandes velocidades. Y el abanico de lodo que levantaron las ruedas me dio en pleno rostro. Por un instante quedé ciego. Tiré el machete al suelo mientras me limpiaba la cara y el vestido.

– ¡Recoja el machete, miserable!, ordenó a mi espalda una voz autoritaria.

– Recójalo o si no yo le enseño a obedecer, insistió la voz.

Lo recogí y me volví para ver quién me amenazaba. El rostro no decía gran cosa : cenizo, mofletudo, los ojos con los párpados enrojecidos, los labios abultados. Un hombre como tantos. Como tantos que pasaban y pasaban y corrían y amenazaban y gritaban. Un producto de la serie, creada instantáneamente por la revolución.

Se quedó mirándome. En la mano él también tenía un machete. El agua le caía sobre los hombros, le mojaba, como a mí, toda la ropa.

« Es lebe die Revolution ! »

Gedankenlos antwortete ich:

«Sie lebe hoch!» und ohne recht zu wissen wie, schwang ich die Waffe zornig hin und her.

Sie zogen weiter. Es regnete immer erbarmungsloser, im Wolkenbruch rannten die Leute wild durcheinander und schrien wie wahnsinnig, die einen blickten verängstigt, andere wutentbrannt oder gefährlich aggressiv, viele flohen entsetzt, allen schaute das bedrohliche Kennzeichen der Großen Sache aus den Augen, der schrecklichen Bewegung, die plötzlich irgendwo in der Stadt angerollt war.

Ich flüchtete in den Ladeneingang, und erst da merkte ich, dass die Tür geschlossen war. Die Uhrzeit zerstreute jeden Zweifel: Es war nachmittags acht nach zwei; jeden Augenblick konnten die Besitzer auftauchen. Würden sie wirklich kommen? Wer weiß! Ich trat wieder auf die Straße. Der Regen durchnässte meine Kleider, lief die Hutkrempe herunter, und ich fühlte, wie durch die Schuhsohlen die löcherigen Socken und die Füße feucht wurden. Ein Lastwagen voller Männer mit einer Fahne fuhr schnell vorbei. Ein Schwall Dreckwasser spritzte mir von den Rädern mitten ins Gesicht. Einen Augenblick lang war ich wie blind. Ich warf die Machete auf den Boden, um Gesicht und Kleider abzuwischen.

«Heb die Machete auf, Elender!» befahl eine herrische Stimme hinter meinem Rücken.

« Heb sie auf, sonst zeige ich dir, wie man gehorcht » – die Stimme war gebieterisch.

Ich hob sie auf und drehte mich, um zu sehen, wer mir da drohte. Ich blickte in ein aschgraues, pausbäckiges Gesicht; mit den geröteten Augenlidern und aufgeworfenen Lippen war es wenig aussagekräftig: ein Mann wie viele andere. Wie die vielen, die pausenlos herandrängten, vorbeiliefen, drohten und schrien. Ein Serienprodukt, das die Revolution soeben gefertigt hatte.

Er blieb stehen und sah mich an. Auch er hatte eine Machete in der Hand. Das Wasser tropfte ihm auf die Schultern, durchnässte ihm, wie mir, die Kleider.

– ¡ Viva la revolución !, gritó con el machete en alto.

Yo respondí:

– ¡ Viva !

Sin decirme nada, tornó a gritar:

– ¡ Abajo los asesinos !

Yo respondí:

– ¡ Abajo !

El hombre quedó satisfecho. Me echó una última mirada en la cual se transparentaba el deseo de adivinar mis intenciones. Luego se echó a andar sobre el lodo que se desleía en la acera.

Regresé a la vitrina. Detrás de los grandes vidrios estaban, intactos, los bizcochos. Y otra vez me asaltó la idea de que alguna vez tendría que saciarme hasta el hartazgo. « Es hambre », me dije. « Claro que es hambre », me respondí. Levanté entonces el machete para romper el vidrio. Un intenso griterío llenó el ámbito y vi cómo las gentes corrían en busca de refugio. Bajé la mano sin golpear el vidrio y apenas tuve tiempo de arrojarme al suelo, de pegarme al lodo y al agua, mientras pasaba, como una exhalación, otro camión, desde el cual graneaban los disparos.

Cuando me incorporé, con el machete goteando agua, alguien había ocupado mi puesto frente a la vitrina. Era otro hombre cualquiera de la misma serie que estaba emitiendo para la calle, desde hacía una hora, la revolución. No llevaba consigo ninguna arma. Un rostro gris, inexpresivo. Un vestido insignificante. Una mueca común sobre los labios. Un sombrero destilando agua. Unos zapatos enlodados. Quedamos el uno cerca del otro, de espaldas a la calle, mirando el interior de la vitrina.

– Podemos romperla, propuso con absoluta frialdad. Présteme el machete.

Me sentí iracundo. ¿Por qué diablos debía compartir con ese hombre una acción que a mí solo me 18
correspondía? 19

« Es lebe die Revolution », schrie er und hob die Machete.
Ich antwortete:
« Sie lebe hoch! »
Ohne darauf einzugehen, schrie er:
« Nieder mit den Mördern! »
Ich erwiderte:
« Nieder! »
Der Mann war zufrieden. Er warf mir einen letzten Blick zu, als wollte er meine Absichten erraten. Dann marschierte er durch die Schmutzlachen auf dem Bürgersteig los.

Ich kehrte zum Schaufenster zurück. Hinter den großen Scheiben lagen die Kuchen unangetastet. Wieder bestürmte mich der Wunsch, mich wenigstens einmal ganz vollessen zu dürfen. « Es ist der Hunger », sagte ich mir. « Natürlich ist das Hunger », antwortete ich mir. Dann hob ich die Machete, um die Glasscheibe einzuschlagen. Durchdringendes Geschrei schreckte mich auf, und ich sah die Leute schutzsuchend umherrennen. Ich ließ die Hand sinken, ohne die Scheibe eingeschlagen zu haben, und kaum hatte ich mich zu Boden geworfen, mich in das Schmutzwasser gedrückt, da prasselte schon ein Schusshagel von einem vorbeibrausenden Lastwagen herunter.

Als ich wieder aufstand, tropfte das Wasser von der Machete, und jemand anderes hatte meinen Platz vor dem Schaufenster eingenommen. Es war wieder ein Mann der gleichen Serie, die die Revolution seit einer Stunde auf die Straße spuckte. Er war unbewaffnet, hatte ein graues, ausdrucksloses Gesicht, trug unauffällige Kleidung. Seine Lippen waren zu einer Art Grimasse verzogen, der Hut tropfte, die Schuhe waren verschmutzt. Wir standen nebeneinander mit dem Rücken zur Straße und sahen durch das Schaufenster.

« Wir können es einschlagen », schlug er eiskalt vor. « Leihen Sie mir die Machete. »

Ich war wütend. Warum zum Teufel sollte ich mit diesem Mann eine Tat teilen, die mir doch ganz alleine zustand?

– La revolución no es para robar, le dije saboreando interiormente el placer de la hipocresía.

– Si usted no rompe el vidrio, yo sí lo rompo, dijo sombríamente.

Nuevos disparos en la lejanía. El desconocido y yo seguimos el uno al lado del otro, pero como enemigos. La lluvia no cesaba. El distante resplandor de los incendios hacía clarear, por instantes, la hosquedad del cielo. Una sorda indignación me ganaba el ánimo.

El hombre me parecía odioso, repugnante como un usurpador. Al fin y al cabo, la revolución me había encontrado allí y allí me había dejado. Esa vitrina era mi territorio. Cuanto hubiera adentro a mí me pertenecía.

El hombre seguía mirándome en silencio, con ojos burlones.

– ¿Y con qué va a romperlo?, le dije en tono desafiante.

– Con las manos.

– Si usted toca ese vidrio lo mato, dije llevado de un impulso extraño, de una fuerza secreta que parecía estar en mi interior, pero que yo comprendía que estaba también en la calle, en la atmósfera. Y levanté la mano con el machete en señal de amenaza. El desconocido no se inmutó. Vi cómo cerraba el puño y lo descargaba sobre el vidrio que saltó en pedazos, y cómo abría luego la mano ensangrentada para apoderarse de los bizcochos. Pero la mano se detuvo a medio camino y el cuerpo tambaleó hacia un lado antes de desplomarse sobre la acera, con un ruido de chapoteo. En la nuca había caído el tajo certero, y a mí me pareció que al descargarlo, una cosa dura y sonora se rompía bajo mis manos, exactamente como ocurre al partir un delgado trozo de leña contra la rodilla.

El lodo y el agua se tiñeron fugitivamente de sangre. La vitrina estaba, por fin, abierta. Pero una sensación de náusea me había quitado el hambre y con el hambre el deseo de saciarme, hasta el hartazgo.

«Die Revolution ist nicht zum Stehlen da», sagte ich und genoss innerlich meine Heuchelei.

«Wenn Sie die Scheibe nicht einschlagen, tu's ich», sagte er finster.

Wieder hallten Schüsse aus der Ferne. Der Unbekannte und ich blieben nebeneinander stehen, aber als Feinde. Der Regen hörte nicht auf. Ferner Feuerschein zuckte immer wieder am düsteren Himmel empor. Blinde Empörung überkam mich.

Der Mann kam mir hassenswert und widerlich vor wie ein Thronräuber. Schließlich hatte die Revolution mich dort vorgefunden und wieder dort stehenlassen. Dieses Schaufenster war mein Revier. Was dahinter lag, gehörte mir allein.

Der Mann blickte mich weiter schweigend, aber höhnisch an.

«Womit wollen Sie sie denn einschlagen?» fragte ich ihn herausfordernd.

«Mit den Händen.»

«Wenn Sie diese Scheibe anfassen, bringe ich Sie um», sagte ich in einer seltsamen Aufwallung; eine geheime innere Kraft schien mich zu treiben, ich wusste aber auch, dass sie auf der Straße und in der Luft lag. Drohend hob ich die Hand mit der Machete. Der Unbekannte regte sich nicht. Ich sah, wie er die Faust schloss und die Scheibe in Stücke schlug und wie er dann die blutende Hand öffnete, um sich der Kuchen zu bemächtigen. Doch die Hand kam nur bis zur Hälfte des Weges, der Körper taumelte zur Seite und plumpste mit klatschendem Geräusch auf den Bürgersteig. Der zielsichere Schlag war auf seinen Nacken niedergefahren, und mir schien es, ein harter Gegenstand sei klingend unter meinen Händen zerbrochen, genau wie ein dünnes Holzscheit über dem Knie entzweibricht.

Der Schmutz und das Regenwasser färbten sich kurze Zeit mit Blut. Das Schaufenster war endlich offen. Aber ein Ekelgefühl hatte mir den Hunger geraubt und mit dem Hunger auch den Wunsch, mich einmal ganz vollzuessen.

Manuel Mejía Vallejo
El milagro

Suena la primera campanada de las ocho.

Frente a la iglesia, y señalando con todo su cuerpo el reloj que empieza a disgregar sus horas, se hallan los trece años de Juan Montiel, años llenos de cuatro hermanos menores, de un cuartucho destartalado, de una madre silenciosa como dolor bien sufrido.

La oscuridad circundante, cien tejados, cuatro calles, su alma y su impulso indican las ocho de la noche, que graban en sus facciones una decisión preludio del rezo violento y la fe bárbara, algo que oscila entre el éxtasis y el asesinato.

Con la desesperación en su rostro, tal una inmensa cicatriz, Juan cree hallarse en el momento en que se resuelve o no a ser hombre: en las ocho de la noche exactamente. Al darlas, su corazón dobla por la muerte del otro, del niño, Juan Montiel.

El reloj entrega la segunda campanada de las ocho.

La miseria, hereditaria en su familia desde generaciones atrás, le talló un rostro pálido con ojos alargados, barbilla movible, pómulos en ángulo, frente de hombre prematuro.

Hasta una hora antes – justamente una – Juan era el siempre silencioso, con ese silencio hermano de la pobreza y del grito. Mientras su madre cosía, ya muy altas las noches o en madrugadas húmedas, él ayudaba desde un rincón sin hablar palabra.

– Juan – decía ella –, debes acostarte.

Recemos primero, madre.

En su frase llameaba una irremediable convicción, una resignada fe que pedía a San Rafael antes que todo, antes que la salvación eterna, pagar el arrendamiento del cuchitril donde malvi-

Manuel Mejía Vallejo
Das Wunder

Es erschallt der erste der acht Glockenschläge.

Vor der Kirche steht Juan Montiel mit seinen dreizehn Jahren und zeigt mit dem ganzen Körper auf die Uhr, von der sich nun die Stundenschläge ablösen; in seinem Leben war bisher für nichts anderes Platz gewesen als für die vier jüngeren Geschwister, eine dürftige Unterkunft und eine schweigsame Mutter, die ihren Schmerz mit Würde trug.

Das Dunkel rundum, hundert Hausdächer, vier Straßen, sein Seelenzustand und seine körperliche Verfassung zeigen acht Uhr abends an, prägen seinen Zügen Entschlossenheit auf, welche inbrünstiges Gebet und ungestümen Glauben ahnen lässt, etwas, das zwischen Verzückung und Mord hin und her pendelt.

Die Verzweiflung steht in Juans Gesicht wie eine mächtig große Narbe, und er glaubt, jetzt in diesem Augenblick entscheide sich, ob er ein Mann sei oder nicht: genau jetzt um acht Uhr abends. Während die Glockenschläge dröhnen, läutet sein Herz die Totenglocke für das Kind Juan Montiel.

Die Uhr gibt den zweiten der acht Schläge ab.

Die in seiner Familie schon seit Generationen vererbte Armut hat ihm ein bleiches Gesicht mit schmalen Augen, beweglichem Kinn und kantigen Backenknochen geschnitzt und die Stirn frühzeitig männlich geprägt.

Bis vor einer Stunde – genau einer – war Juan immer schweigsam gewesen, hatte die Schweigsamkeit besessen, die sich aus der Armut und dem zornigen Aufschrei darüber ergibt. Wenn seine Mutter nähte, oft bis spät in die Nacht oder in den feuchten Morgen hinein, saß er in einem Winkel und half, ohne ein Wort zu sagen.

«Juan», sagte sie dann, «du musst schlafen gehen.»

«Wir wollen zuerst beten, Mutter.»

In seinem Satz flammte unerschütterliche Überzeugung, ergebener Glaube, womit er den heiligen Rafael vor allem anderen, sogar vor dem ewigen Seelenheil, um die Gunst anflehte, ihm zum Geld für die Miete der erbärmlichen

vían. Así no se aparecería don Jenaro en el umbral a proferir amenazas que eran ya un tic-tac desesperante.

– Tres meses y dos días de alquiler. O pagan o tiro fuera a ustedes y sus cacharros.

El reloj de la iglesia suelta la tercera campanada.

El mismo traje, la misma voz, el mismo grito callado; esa monotonía de la miseria con nombre propio: don Jenaro. Un lugar común, ridículo de tanto, de tan inútilmente repetirse, y que para Juan alcanza a ser desoladamente verdadero.

Sentía deseos de llorar cuando miraba el rostro de su madre, los anteojos de carey, las sienes prematuramente blancas, aquellas fundas de tela burda, esas manos de abuela, esa boca sellada por dos amargos paréntesis. Tristeza, cariño y lástima se le fundieron para dar nuevo afecto con llanto al fondo. Pero Juan Montiel no sabría razonar, sólo un día se aventuró a romper con el diálogo su soledad como con una piedra un vidrio:

– Son malos estos ricos, madre.

– También los pobres somos malos, hijo.

Se avergonzó ante las palabras que se extendían con suavidad azul de humo. También él era malo, tal vez de ahí provinieran aquellos miedos disfrazados de fantasmas en las noches desesperadamente largas. No, Juan Montiel nada podría decir con firmeza: sólo tenía fe.

El reloj queja la cuarta campanada.

Tan mínimo el milagro pedido, tan grande la necesidad. Ya en el alma suya: en la de su madre don Jenaro ocupaba un espacio que se extendía a la mitad de su súplica. En la mala comida, en la oración, en el sueño, en los bravos silencios entre zumbar y zumbar de la máquina de coser, don Jenaro se asomaba metamorfoseado en interrogación a la inversa, convertida en gancho: de él

Behausung zu verhelfen, wo sie schlecht und recht untergebracht waren. So würde Don Jenaro nicht unter der Tür erscheinen und Drohungen ausstoßen, ein Ticktack, mit dem er sie zum Verzweifeln brachte.

«Drei Monate und zwei Tage Miete. Entweder ihr zahlt, oder ich schmeiße euch mit eurem ganzen Kram raus.»

Von der Turmuhr löst sich der dritte Schlag.

Immer der gleiche Anzug, die gleiche Stimme, der gleiche wortlose Schrei; die Eintönigkeit des Elends mit dem Eigennamen Don Jenaro. Ein Gemeinplatz, der mit unaufhörlicher und unnötiger Wiederholung lächerlich wird, aber für Juan schon verheerende Wirklichkeit bedeutet.

Er hätte am liebsten geweint, wenn er das Gesicht der Mutter sah, ihre Schildpattbrille, ihre vorzeitig ergrauten Schläfen, den Umhang aus grobem Tuch, die Großmutterhände, den mit Bitternis versiegelten Mund. Traurigkeit, Zuneigung und Mitleid verschmolzen zu neuer Zärtlichkeit, die aus Tränen erwächst. Aber Juan Montiel verstand sich nicht aufs Erörtern, nur ein einziges Mal wagte er, die Einsamkeit mit einem Gespräch aufzubrechen, so wie ein Stein eine Scheibe einschlägt:

«Die Reichen sind schlechte Leute, Mutter.»

« Wir Armen sind auch nicht besser, Kind. »

Er schämte sich für die Worte, die sich sanft wie ein blaues Rauchfähnchen ausbreiteten. Auch er war schlecht, vielleicht stammten daher seine Ängste, die als Gespenster verkleidet in den verzweifelt langen Nächten vor ihm auftauchten. Nein, Juan Montiel konnte nichts mit Bestimmtheit sagen: er besaß nur Glauben.

Klagend schlägt die Turmuhr zum vierten Mal.

So klein das erflehte Wunder, so groß die Not. Sie saß schon in seiner Seele. In der Seele seiner Mutter besetzte Don Jenaro einen Raum, der die Hälfte seiner Bitte einnahm. Im misslichen Essen, im Gebet, im Traum, in der plötzlichen Stille, wenn das Rattern der Nähmaschine kurz aussetzte, überall spähte Don Jenaro hervor, aber in Gestalt eines umgekehrten Fragezeichens, als Haken, und daran baumelten die Mutter, der Sohn, die kleineren

colgaban la madre, el hijo, los hermanos menores. Juan recordaba los horcones en la carnicería.

– ¡Si no fuera tan tímido el muchacho! – se decía la madre. En esa timidez veía estrecheces sin respuesta, una timidez cuajada de prematura resignación, de fe elemental que San Rafael desde su buen sitio en el cielo le tendía en suave manta. Quizás si San Rafael viviera en un cuchitril y si en lugar del buen Dios le hablara don Jenaro... Pero Juan Montiel evita pensar, ya el milagro se obrará, tiene que obrarse.

El reloj acaba de dar la quinta campanada.

Antes de sonar la sexta, Juan, todavía frente a la iglesia, sabe que están dando su hora, ve la necesidad de encontrarse solo, de obrar en el día – en la noche – de San Rafael. Se aproxima entre la oscuridad a un portón mientras el otro es cerrado con humano crujir por el sacristán que tararea un responso. A esa hora, a las ocho y cinco campanadas casi seis, la iglesia debería reposar con tranquilidad de niño que duerme, llena de imágenes celestiales y en nichos fabricados por el mismo Dios.

Con movimientos de quien pasa un contrabando religioso, Juan Montiel se introduce por la puerta libre rumbo a la sacristía. El silencio erizado de figuras espectrales le infunde un pavor sólo comparable a la urgencia de pedir nuevamente el milagro, tan humilde, que sería imposible no ser oído.

La sexta campanada se desgaja del reloj como el vuelo de un búho.

El rincón de la sacristía donde se halla San Rafael es más oscuro que el más oscuro rincón de la iglesia. Juan, bulto de pavor y fe, se arrodilla sin decir nada. Ni a él, ni a la escultura, ni al silencio. Saca de un bolsillo sus únicos cinco céntimos y los introduce por la ranura de la alcancía

Geschwister. Juan dachte an die großen Fleischerhaken in der Metzgerei.

« Wenn der Junge nur nicht so schüchtern wäre ! » sagte sich die Mutter. In der Schüchternheit sah sie unüberwindliche Engpässe, denn sie hatte sich zu verfrühter Schicksalsergebenheit verfestigt, zum treuherzigen Glauben, den der heilige Rafael von seinem guten Platz im Himmel als weiche Decke für ihn auslegte. Vielleicht wenn der heilige Rafael in einem erbärmlichen Loch hauste und wenn statt des lieben Gottes Don Jenaro mit ihm redete… Aber Juan denkt lieber nicht so; das Wunder wird sich, muss sich ereignen.

Die Uhr hat soeben zum fünften Mal geschlagen.

Vor dem sechsten Schlag weiß Juan, der immer noch vor der Kirche steht, dass die Stunde auch für ihn geschlagen hat, er sieht die Notwendigkeit, auf eigenen Füßen zu stehen, am Tag – in der Nacht – als heiliger Rafael zu handeln. Er geht in der Dunkelheit zu einem Portal, während der Küster, eine Fürbitte vor sich hinsummend, das andere zuschließt, das dabei ächzt und stöhnt wie ein Mensch. Um diese Zeit, um acht Uhr, beim fünften, fast schon sechsten Schlag sollte die Kirche wie ein friedlich schlafendes Kind ruhen, sollte sich mit himmlischen Bildern füllen in Nischen, die der liebe Gott selbst bereitet hat.

Mit einer Bewegung, als gebe er einen religiösen Schmuggelgegenstand weiter, schleicht sich Juan Montiel durch die freie Tür zur Sakristei. Die stachlige Stille, die von den gespenstischen Figuren ausgeht, flößt ihm entsetzliche Angst ein und nötigt ihn, aufs Neue das Wunder zu erflehen, ein so bescheidenes Wunder, dass es unmöglich nicht erhört werden konnte.

Der sechste Schlag schwingt sich vom Turm weg wie Eulenflug.

Der Winkel in der Sakristei, wo sich der heilige Rafael befindet, ist noch dunkler als der dunkelste Winkel der Kirche. Juan kniet nieder wie ein Bündel Angst und Glauben und sagt nichts. Weder zu sich selbst, noch zum Heiligenbild, noch zur Stille. Er klaubt seine einzige Fünf-Centimos-Münze aus der Tasche und schiebt sie in den

del santo. Al dar la suya contra las otras monedas, se escapa ese ruido – sensación de algo perdido irremediablemente.

Toma entonces una cerilla, prolongación llameante del temblor en sus manos, y enciende una lámpara de aceite que parece oscurecer más, por el contraste tímido que entabla, las sombras de la sacristía. Nada pide, seguro de que el santo traducirá ese silencio colmado por su madre, sus hermanos menores, don Jenaro, el cuartucho donde malviven. En el reclinatorio frente a la imagen sostiene la cabeza entre sus dedos, hecho una oración en forma de niño, casi de hombre. Unicamente sabe que resbalan algunas lágrimas hasta las comisuras de sus labios.

En el espacio se desvanece el eco de las ocho campanadas que ha pulsado el reloj desde su torre.

Una…

Se sobresalta la primera campanada de las ocho entre la espesa oscuridad. Contra su máquina de coser, la madre también empieza a oír esas horas nocturnas, esas fieras ocho de la noche, las más agrias de su vida después de aquellas – tres años antes – en que su marido murió en la fábrica luego de agotarse como alcancía de pobre.

¡Dos!

Las campanadas acompasan otra desesperación: su hijo – Juan el bueno, Juan el tímido, su San Juan Montiel – no ha regresado. Hasta hoy fue cumplido, jamás le produjo voluntariamente un dolor, ni en el parto. Por ella cumplía en la tienda oficios de aseador y mandadero. Cuando recibía su escaso jornal cada semana, silenciosamente se lo entregaba anudado en un pañuelo de color, excepto unos céntimos con destino a la lamparilla de San Rafael.

¡Tres!

Schlitz der Opferbüchse vor dem Heiligen. Als sie auf andere Münzen fällt, zeigt ihm das klingelnde Geräusch an, dass etwas unwiderruflich verloren ist.

Dann nimmt er ein Zündhölzchen – seine zitternde Hand bringt das Flämmchen noch mehr zum Zittern – und zündet eine Öllampe an, die mit ihrem schwachen Schein die Schatten in der Sakristei noch dunkler erscheinen lässt. Nichts erfleht er, auf seinem Schweigen lasten seine Mutter, seine kleinen Geschwister, Don Jenaro, ihre missliche Behausung, und er weiß genau, dass der Heilige alles richtig übersetzen wird. Er stützt den Kopf in seine Hände und kniet auf dem Betschemel vor dem Heiligenbild wie ein einziges Gebet in Gestalt eines Kindes, fast schon eines Mannes. Er spürt nur, dass einzelne Tränen ihm bis zu den Mundwinkeln hinabrinnen.

Im Kirchenraum verhallen die acht Schläge, welche das Uhrwerk im Turm ausgelöst hat.

Eins...

Überraschend fällt der erste Acht-Uhr-Schlag in die undurchdringliche Dunkelheit. Im Wettstreit mit dem Nähmaschinengeratter hört die Mutter nun auch die nächtlichen Stundenschläge, die grausamen Acht-Uhr-Schläge, die bittersten ihres Lebens, seit ihr Mann vor drei Jahren in der Fabrik gestorben war: abgezehrt und ausgequetscht wie die Almosenbüchse der Armen.

Zwei!

Die Glockenschläge hämmern die Begleitung zu einer weiteren Seelenpein: ihr Sohn, Juan der Gute, Juan der Schüchterne, ihr heiliger Juan Montiel, ist noch nicht zu Hause. Bis heute war er immer pünktlich gewesen, nie hatte er ihr absichtlich einen Schmerz zugefügt, nicht einmal bei der Geburt. Für sie übernahm er Reinigungs- und Botendienste im Laden. Wenn er seinen mageren Wochenlohn bekam, gab er ihn in einem verknoteten farbigen Taschentuch wortlos seiner Mutter ab und behielt nur einige Centimos für das Öllämpchen des heiligen Rafael.

Drei!

Claro, este día no ha sido igual a otros. Una hora antes – exactamente una, eran las siete de la noche – Juan seguía siendo el tímido de siempre. Pero… – La madre revive la escena de las siete: el reloj había botado su última hora, cuando la humanidad de don Jenaro, caricatura de su alma, apareció con su faz prognata, sombrero blanco, saco gordiflón a rayas, pantalones negros.

¡¡Cuatro!!

Primero asomaron las botas chirreantes; después el bastón, la panza, el bigote. Por último el cuarto fue sólo don Jenaro. Detrás, en sombra suya, una gran desesperación espolvoreaba hasta el zarzo.

Con ojos demasiado abiertos para que en ellos cupiera el terror, Juan se levantó del sitio habitual donde cortaba piezas de tela que luego cosería su madre.

¡¡¡Cinco!!!

– Usted tiene razón – hablaba ella –; no nos bote a la calle, mañana le… ¡Sin luz no podemos trabajar!

– Ordené cortarla. Si no pagan mañana, ya saben.

Juan miraba al hombre como quien mira a un volcán que de pronto irrumpe en erupciones, como a una piedra que ha de caer, y sin modo de evitar el golpe. Antes de que don Jenaro saliera, se levantó para lanzarle con rabia sollozante un taburete que se desprendió como parte de él mismo.

¡¡¡Seis!!!

Eso pasó, y por revivirlo se da la madre con los dedos angustiosos masajes en los brazos. Otea por el ventanuco – dando la impresión de buscar su propia mirada – y ve en la mitad de la calle, en aceras y caños, en los tejados, en la iglesia, en toda parte, al hijo que por ninguna aparece. Sola-

Natürlich, der heutige Tag ist nicht gleich gewesen wie andere. Vor einer Stunde – genau einer, nämlich um sieben Uhr abends – war Juan noch der schüchterne Junge wie eh und je. Aber… – die Mutter erlebt nochmals, was sich um sieben Uhr abgespielt hat: Der letzte Glockenschlag war noch nicht verklungen, als Don Jenaros Leibesfülle – Zerrbild seiner Seele – in der Tür erschien, das Gesicht mit dem vorstehenden Unterkiefer, der weiße Hut, die gestreifte Jacke über dem dicken Bauch, die schwarze Hose.

Vier!!

Zuerst wurden seine knarrenden Stiefel sichtbar, dann der Stock, der Bauch, der Schnurrbart. Schließlich bestand der Raum nur noch aus Don Jenaro. Dahinter lagerte sich in seinem Schatten Verzweiflung ab, bis hinauf zur Schilfdecke.

Mit weit offenen Augen, in denen nicht einmal das Entsetzen mehr Platz hatte, stand Juan von seiner Arbeit auf – er war dabei, die Stoffteile zuzuschneiden, die seine Mutter dann zusammennähte.

Fünf!!!

«Sie haben recht», sagte sie, «werfen Sie uns nicht auf die Straße, morgen werden wir Ihnen … Ohne Licht können wir nicht arbeiten!»

«Ich habe verfügt, den Strom abzuschalten. Wenn Sie morgen nicht zahlen, Sie wissen schon.»

Juan schaute den Mann an, als habe er einen Vulkan vor sich, der gleich ausbrechen wird, oder einen Felsbrocken, der am Herabstürzen ist und keine Möglichkeit zum Ausweichen lässt. Noch bevor Don Jenaro draußen war, stand er auf und warf schluchzend vor Wut einen Hocker hinter ihm her, wie ein abgelöstes Teil seiner selbst.

Sechs!!!

Das war geschehen, und um sich den Ablauf nochmals zu vergegenwärtigen, reibt sich die Mutter mit nervösen Händen immer wieder die Arme. Sie späht aus dem Fensterloch – es hat den Anschein, sie suche ihren eigenen Blick – und sieht überall ihren Sohn: mitten auf der Straße, auf dem Gehsteig, im Straßengraben, auf den Dächern, in der

mente la silueta de un borrachín al tartamudear una canción curva y desentonada como su andar sobre las piedras.

¡Siete!

¡¡Ocho!!

Una, dos, tres. Cuatro. Cinco.

Cinco de la madrugada. De las campanas van saliendo las luces del día como de una colmena que despierta. El último campanazo se riega en ripio sobre el barrio obrero. Todavía orando, la madre oye los pasos del hijo, lo ve entrar más pálido que nunca. Rastro de llanto en los ojos. Gotas de sudor en su frente ancha. En esa frente de hombre de trece años.

Con ritmo lento y una arruga recién nacida en el ceño, Juan llega severo a su madre, aguarda a que a ella se le pase la emoción interrogante y se sienta, para depositar el dinero del milagro sobre la funda de viuda pobre. Y acuclillándose en el rincón empieza a ayudarla igual que otras veces, entre un silencio lleno de campanadas donde ella adivina un cambio absoluto.

Con un estremecimiento que enceniza el ánimo, recuerda él la noche pasada en el oratorio de San Rafael, donde conoció toda clase de fantasmas, oyó las más extrañas voces, los más contradictorios susurros de santos y demonios. Algo le tiembla y se hiela en el corazón de trece años.

– Tengo frío, madre. Deme café.

Ella nota por esa voz un vuelco en el alma de su hijo. Mientras sorbe lentamente el café con humo, sabe que cada hora será la suya. La una, las dos, las diez. Todas las horas de todos los relojes le anunciarán su transformación. El mismo será un reloj de sangre – corazón de trece años por péndulo –
que dará ya las ocho de la noche, ya las cinco de la 32
madrugada. La una, las dos… 33

Kirche. Aber er taucht nirgends auf, nur schattenhaft ein Betrunkener, der über das Pflaster torkelt und misstönend ein verdrehtes Lied vor sich hinlallt.

Sieben!

Acht!!

Eins, zwei, drei. Vier. Fünf.

Fünf Uhr morgens. Von den Glocken strömt das Tageslicht wie von einem erwachenden Bienenstock die ausschwärmenden Bienen. Der letzte Schlag ergießt sich über das Arbeiterviertel. Immer noch betend hört die Mutter die Schritte des Sohnes, sieht ihn hereinkommen, bleicher denn je. Tränenspuren in seinen Augen. Schweißtropfen auf seiner breiten Stirn. Auf der Stirn des dreizehnjährigen Mannes.

Langsam und ernst geht Juan auf seine Mutter zu – auf seiner Stirn hat sich neu eine Furche eingegraben – wartet, bis sich ihre fragende Erregung gelegt hat und setzt sich, um das Wundergeld in ihren ärmlichen Witwenrock zu schütten. Dann kauert er sich wieder in seinen Winkel, um ihr zu helfen wie sonst; in der Stille dröhnen die Glockenschläge nach, und sie errät, dass sich etwas Wesentliches geändert hat.

Wie ein Aschenregen fällt der Schauder auf seine Seele, wenn er sich an die vergangene Nacht erinnert, als er vor dem Altar des heiligen Rafael Gespenster aller Art kennenlernte, die seltsamsten Stimmen und das widersprüchlichste Gewisper von Heiligen und Dämonen hörte. Etwas durchbebt den Dreizehnjährigen und lässt sein Herz zu Eis erstarren.

«Ich friere, Mutter, gib mir Kaffee.»

Sie spürt in der Stimme ihres Sohnes den sprunghaften Wandel in seiner Seele. Während er langsam den dampfenden Kaffee schlürft, weiß er, dass von nun alle Stunden ihm gehören: die erste, die zweite, die zehnte. Alle Stundenschläge aller Uhren werden ihm von seiner Verwandlung künden. Er selbst wird eine Uhr aus Fleisch und Blut sein, und ihr Pendel sein dreizehnjähriges Herz, das bald acht Uhr abends, bald fünf Uhr morgens schlagen wird. Ein Uhr, zwei Uhr…

– ¡ Pero, hijo ! – vuelve la madre lacerándose en la pregunta –, ¿en qué forma obtuviste el dinero?

El la mira fijamente.

– Madre – dice en tono que no admite elasticidad del sentido exacto, macizo, inapelable: – Jamás me pregunte cómo fue el milagro.

Y vuelve a su trabajo con movimiento de manos acompasado, preciso, lleno de dolorosa seguridad. Sólo oye las horas de su pecho, y – a las cinco de la madrugada – la chillona voz del sacristán, cuyo eco se reproduce progresivamente en honda caverna y le habla con insistencia de péndulo:

– ¡ Han robado la alcancía de San Rafael ! ¡ Han robado la alcancía de San Rafael !

Sereno por fuera, hecho un alarido por dentro, Juan Montiel sabe únicamente que su vida de hombre ha comenzado.

« Aber, mein Juan ! » reißt die Mutter von neuem ihre Herzenswunde auf mit der Frage, « auf welche Weise bist du zu dem Geld gekommen ? »

Er schaute sie unverwandt an.

«Mutter», sagt er in einem Ton, der die genaue, unverrückbare Bedeutung seiner Aussage unwiderruflich untermauert, «frage mich nie, wie das Wunder geschah.»

Mit gemessenen, klaren Handbewegungen und schmerzender Sicherheit wendet er sich wieder seiner Arbeit zu. Er hört nur den Stundenschlag in seiner Brust und – um fünf Uhr morgens – die gellende Stimme des Küsters, die sich in der tiefen Gruft vervielfacht und hartnäckig wie ein Pendel zu ihm spricht :

« Die Opferbüchse des heiligen Rafael ist ausgeraubt ! Die Opferbüchse das heiligen Rafael ist ausgeraubt ! »

Äußerlich gelassen, aber innerlich ein einziger Schmerzensschrei, weiß Juan Montiel nur, dass sein Mannesleben begonnen hat.

Pedro Gómez Valderrama
Su hora de gloria

Aquella tarde rodeada del fulgor crepuscular, vivió la *prima donna* Roxana Cavaletti la hora de gloria de su vida. Muchas había vivido antes en los escenarios de las ciudades italianas, en Milán, en Roma, en Nápoles. Otros, muchos también, en el Nuevo Mundo, en Nueva York, en México, en Buenos Aires. En la misma Bogotá, en varias ocasiones, públicos delirantes la aplaudieron. Pero nunca como aquella tarde esplendorosa, en la soledad de los Andes.

El buque atracó en Honda a las siete de la mañana, después de la fatigosa subida del río, los quince días de caimanes y selva, de micos ululantes, de tortugas silenciosas, de tigres en acecho. A esa hora unos cuantos curiosos se asomaron a ver la llegada de la compañía de ópera, con su gigantesco equipaje, sus muchachas sofocadas de calor que derretía los afeites, sus bravos empenachados, su empresario voluminoso. Toda la mañana se gastó en cargar las mulas, en irlas despachando con su acompañamiento de peones.

La compañía permaneció en el barco, en medio del calor asfixiante. Empezó a llover a las ocho, una lluvia densa como una inmensa cortina de agua que se extendía sobre los árboles. El compromiso de llegar a Bogotá hacía apremiante iniciar el ascenso, y por fin el empresario decidió empezar el viaje apenas la lluvia cesara. Con el pesar de todos, a las once, en medio de los árboles lavados por el agua que ya había cesado de caer, se dio la orden de ensillar. El cielo gris aminoraba el calor. El revuelo de la partida se aceleraba entre gritos de maldición, coces y sacudidas de bultos. La caravana se iba integrando; las mujeres trepadas en las mulas, sin posibilidad de des-

Pedro Gómez Valderrama
Ihre Sternstunde

An jenem Abend erlebte die Primadonna Roxana Cavaletti im Feuerglanz der untergehenden Sonne die Sternstunde ihres Lebens. Viele hatte sie früher schon auf den Bühnen italienischer Opernhäuser erlebt: in Mailand, in Rom, in Neapel. Viele weitere auch in der Neuen Welt: in New York, in Mexiko, in Buenos Aires. Auch bei uns in Bogotá hatte ihr bei mehreren Gastspielen ein begeistertes Publikum zugejubelt. Aber nie hatte sie einen so glanzvollen Abend erlebt wie hier in der Abgeschiedenheit des Andengebirges.

Das Schiff legte um sieben Uhr morgens in Honda an; zwei Wochen hatte die ermüdende Fahrt flussaufwärts durch den Urwald mit Krokodilen, brüllenden Affen, lautlosen Schildkröten und lauernden Tigern gedauert. Nur ein paar wenige Neugierige waren um diese Zeit schon hergekommen, um bei der Ankunft der Opernkompanie zuzuschauen, ihre riesengroßen Gepäckstücke zu sehen, die schweißgebadeten jungen Damen, denen die Schminke wegrann, die Köpfe mit den stolzen Federbüschen, den beleibten Impresario. Den ganzen Vormittag brauchten sie, um die Maultiere zu beladen und sie in Begleitung ihrer Treiber auf den Weg zu schicken.

Die Kompanie blieb derweilen noch auf dem Schiff; es war brütend heiß. Um acht Uhr fing es an zu regnen, wie ein riesiger Vorhang deckten die Wassermassen die Bäume zu. Die Verpflichtung, möglichst früh in Bogotá einzutreffen, zwang zu raschem Aufbruch; endlich entschied sich der Impresario, den Aufstieg zu beginnen, sobald der Regen nachlasse. Um elf Uhr kam der Befehl zum Satteln – zum Leidwesen aller, denn obwohl der Regen aufgehört hatte, tropfte es noch von den frisch gewaschenen Bäumen. Der grau verhangene Himmel milderte die Hitze. Immer lauter und aufgeregter wurde das geschäftige Treiben wegen der Abreise, das Schreien und Fluchen, die Huftritte und die Püffe mit Gepäckstücken. Allmählich stellte sich der Reisezug auf: die Frauen saßen schon in den Sätteln und warte-

cender, esperaban. Finalmente, se dio la orden de marcha.

Encabezaron la fila la *prima donna* y su empresario, montados en dos mulas reflexivas. Poco a poco tomaron el camino de ascenso. El sol se asomó entre las nubes, y a medida que subían el cielo se hizo claro. Roxana estaba poseída de una maravillosa elación.

Intentó unas notas, que se estremecieron sobre la caravana. Envuelta en su velo para preservarse del sol, y por encima un amplio sombrero, parecía al empresario, que la miraba extasiado, una figura celestial.

Por fortuna el calor cedía, ante una brisa suave que se envolvía en las curvas del camino. Roxana pensó en sus giras europeas, en los trenes atestados, en los insinuantes *sleeping cars*, en los príncipes ocultos en los vagones-restaurantes. Pero en Bogotá, hacía dos años, había tenido también una grata aventura con un inglés que la cortejó asiduamente, un hombre poderoso (el que le regaló la gran esmeralda). Fue un romance apasionado, maravilloso. El quiso que ella se quedara, pero fue tal el rechazo a su idilio – con intervención de la autoridad eclesiástica – que ella tuvo que renunciar, y él conformarse con viajar, desafiándolo todo, a verla tomar el barco en Santa Marta.

Quién sabe si John estará en Bogotá, o si se habrá ido a Europa a buscarme. De todos modos, él sabrá que yo llego. Sabrá que debuto con *El barbero*, y que cantaré *Manon*. Lo veré. Cantaré para él. Me veré tan joven que no sabrá nadie que tengo cuarenta y cinco años. Ni yo misma. Me siento joven, joven. Volverán todas mis ilusiones. El público me aplaudirá enloquecido.

Llegaban ya a la posada. El macizo de árboles resplandecía, verde profundo bajo el sol. Al trote-

ten, denn sie konnten nicht mehr absteigen. Endlich kam der Befehl zum Abmarsch.

Zuvorderst ritten die Primadonna und ihr Impresario, beide auf bedächtigen Maultieren. Es ging immer steiler bergauf. Manchmal schien die Sonne zwischen den Wolken hindurch, und je höher sie kamen, desto klarer wurde der Himmel. Roxana fühlte sich wundersam glücklich gestimmt.

Sie schmetterte ein paar Töne, die sich über den ganzen Reisezug hinschwangen. Ihr Gesicht war mit einem Schleier geschützt, darüber trug sie einen breitkrempigen Hut, und in dieser Aufmachung kam sie dem Impresario, der sie entzückt ansah, wie ein himmlisches Wesen vor.

Zum Glück drückte die Hitze etwas weniger, denn an den Wegbiegungen kam eine kühlende Brise auf. Roxana dachte an ihre Tourneen durch Europa, an die überfüllten Eisenbahnen, an die verlockenden Schlafwagen, die verborgenen Prinzen in den Speisewagen. Aber auch in Bogotá hatte sie vor zwei Jahren ein beglückendes Abenteuer erlebt: mit einem Engländer, der ihr beharrlich den Hof machte, er musste ein einflussreicher Herr sein, hatte er ihr doch den großen Smaragd geschenkt. Es war eine leidenschaftliche Begegnung, ein wunderschönes Erlebnis. Er wollte, dass sie bliebe, aber das Idyll stieß auf so heftige Ablehnung – auch die kirchlichen Behörden griffen ein – dass sie verzichten musste, und er hatte sich damit zu begnügen, ihr unter Überwindung vieler Hindernisse bis nach Santa Marta nachzureisen und zuzuschauen, wie sie sich einschiffte.

Wer weiß, ob John in Bogotá ist oder ob er in Europa unterwegs ist, um mich zu suchen. Auf jeden Fall wird er wissen, dass ich komme. Er wird wissen, dass ich zuerst im «Barbier von Sevilla» auftrete und dass ich die «Manon» singe. Ich werde ihn sehen. Ich werde für ihn singen. Ich werde so jung aussehen, dass niemand merkt, dass ich fünfundvierzig Jahre alt bin. Nicht einmal ich selbst. Ich fühle mich jung, jung. Alle meine Träume werden wieder lebendig. Das Publikum wird mich stürmisch feiern.

Sie kamen schon zur Herberge. Die dichte Baumgruppe

cillo de las mulas hicieron su entrada triunfal. La posadera se acercó a saludar a la diva. Esta, ayudada por el empresario, descendió de la mula y anduvo unos pasos, hasta sentarse cerca del sitio desde donde se divisaba, en lo profundo, la lejanía azul de las montañas.

« Qué hermosa es esta naturaleza salvaje », murmuró la italiana. A lo lejos, el sol descendía. Los rayos dorados y rojos resplandecían sobre los árboles, sobre los montes, que se desplegaban ante ella como un inmenso teatro lleno de espectadores. Roxana trató de cantar unas frases, pero la voz se le estranguló en la garganta. Estoy cansada del viaje, pensó. Ojalá John hubiera venido. Pero a lo mejor ya me olvidó. Recordó su último triunfo, en Milán. *Il trovatore.* ¡ Cómo se oirán aquí las notas del *Miserere!* La música es todo, llena los aires, llena los ríos, se extravía en la selva. ¡ Y yo aquí, sola, soñando con un hombre que no sé si me recuerda ! Ojalá cuando termine el viaje hayamos reunido dinero suficiente para pagar las deudas y para retirarme. A veces me canso de vivir, de cantar. Me amenaza la decadencia. Todos los días algo se erosiona en mí. Poco a poco me voy muriendo. Se erosiona. ¿Tendrá algo que ver con Eros? Poco a poco me voy muriendo. No se muere uno de una vez, sino así, un día un poco, otro día otro. Hasta que un día el sol se hunde, se borra todo. John no vendrá, me olvidó. Mejor así.

Una de las actrices llegó con grandes vasos de limonada. Roxana tomó uno, y siguió mirando la lejanía. Azul a lo lejos el verde de los árboles. Los arreboles del poniente se encienden, el sol va a hundirse en el río. Le comenzó un leve dolor en el brazo; se acomodó mejor. Parecía ceder; una neuralgia proveniente del cansancio del viaje. El empresario se aproximó : « ¿Te sientes

glänzte tiefgrün in der Sonne. Im Maultiertrab hielten sie ihren bejubelten Einzug. Die Wirtin kam heraus, um die Diva zu begrüßen. Diese ließ sich vom Impresario beim Absteigen helfen, ging einige Schritte und setzte sich unweit der Stelle hin, wo man ganz weit weg in der blauen Ferne die Berge erkennen konnte.

«Wie prächtig ist doch diese wilde Natur», murmelte die Italienerin. Am fernen Horizont sah man die Sonne untergehen, ihre rotgoldenen Strahlen glänzten auf den Bäumen und den Anhöhen vor ihnen, das Ganze wirkte wie ein riesiger vollbesetzter Theatersaal. Roxana versuchte, einige Takte zu singen, aber die Stimme blieb ihr im Hals stecken. «Ich bin müde von der Reise», dachte sie, «wenn doch John gekommen wäre. Aber womöglich hat er mich schon vergessen.» Sie dachte an ihre letzten Triumphe in Mailand im «Troubadour». «Wie herrlich würde hier das «Miserere» klingen! Die Musik ist alles, erfüllt die Lüfte, die Flüsse, breitet sich über den Urwald hin. Und ich sitze hier, allein, und träume von einem Mann, von dem ich nicht einmal weiß, ob er sich noch an mich erinnert. Hoffentlich haben wir am Ende dieser Reise genug Geld beisammen, um die Schulden zu bezahlen und von der Bühne Abschied zu nehmen. Manchmal bin ich müde vom Leben, vom Singen. Mir droht der Niedergang. Jeden Tag bröckelt etwas von mir ab. Stück um Stück stirbt von mir weg, zerfällt in mir. Hat das etwas mit dem Eros zu tun? Stück um Stück sterbe ich. Man stirbt nicht auf einmal, man stirbt nach und nach, an einem Tag hier ein wenig, an einem andern dort. Bis eines Tages die Sonne untergeht und alles auslöscht. John wird nicht kommen. Er hat mich vergessen. Besser so.

Eine Schauspielerin kam mit großen Gläsern Zitronenwasser. Roxana nahm eines und schaute weiterhin in die Ferne. Blau in der Ferne das Grün der Bäume. Das Abendrot flammt im Westen auf, bald wird die Sonne im Fluss versinken. Sie spürte einen geringfügigen Schmerz im Arm; sie setzte sich bequemer hin. Er schien zu vergehen; eine Nervenreizung von der anstrengenden Reise. Der Impresario trat zu ihr hin: «Fühlst du dich wohl?» Mit der un-

bien? » Ella le tendió la mano, con su gesto memorable de gran señora. « Es el cansancio. » Le miró, con la ternura de una larga compañía. ¡ Pobre Sebastiano ! Nunca había logrado del todo que ella lo amara. Sin embargo, siempre había rehusado dejarla, y siempre había sido un protector celoso.

Roxana, desde la bruma de su crisis, miró a los actores, que bajo el sol poniente vagaban por los alrededores de la posada. Con los ojos turbios, alcanzó a verlos actuar. Ella misma se relató la escena:

Cuando la compañía se convenció de que Roxana había muerto, se organizó el regreso a Honda, para darle cristiana sepultura. La cabalgata alegre de la víspera, empalidecida y triste luego de la noche de velorio, volvió a bajar por las gradas inmensas del antiguo camino, portando el cuerpo amortajado, hasta llegar a Honda, al sitio en el cual se vendían los mejores ataúdes. El empresario Sebastiano, rigurosamente ataviado de negro, para lo cual fue necesario abrir en la posada tres o cuatro baúles, se paseaba dirigiendo el duelo. En minuciosa formación, la compañía de dolientes siguió el féretro hacia el cementerio. Llegados allí, el empresario llamó la atención, empuñó la batuta y las voces del coro comenzaron a cantar el « Miserere » del *Trovador*. En la quietud y el bochorno, las voces se elevaban desafiantes, hasta morir en el dramático silencio.

Todos, con las cabezas bajas, esperaron a que la tierra acabara de caer sobre la fosa, y fueron saliendo del cementerio, en cuya entrada esperaban Ias cabalgaduras. Montaron, y empezaron de nuevo el ascenso. Roxana los vio salir uno a uno. Y los vio en la noche del estreno, en la cual todos, en alguna forma, representaron en el escenario la muerte de Roxana.

verkennbaren Geste der großen Dame streckte sie ihm die Hand entgegen. « Es ist die Müdigkeit. » Sie schaute ihn an, in ihrem Blick lag die Zärtlichkeit langer Zusammenarbeit. Armer Sebastiano ! Nie hatte er ihre Liebe ganz gewonnen. Trotzdem hatte er sich immer geweigert, sie zu verlassen, und immer war er ein eifersüchtiger Beschützer gewesen.

Roxana sah in ihrem Schwächeanfall wie durch einen Nebelschleier hindurch die Schauspieler in der Umgebung der Herberge herumgehen. Wie schemenhafte Wesen bewegten sie sich. Sie schilderte sich nun selbst den Vorgang:

Als feststand, dass Roxana tot war, traf die Kompanie alle Vorbereitungen für die Rückreise nach Honda, um sie dort kirchlich zu bestatten. Nach der nächtlichen Totenwache begab sich die am Vortag noch so fröhliche Reisegesellschaft mit dem aufgebahrten Leichnam bleich und traurig auf dem alten Weg über die steilen Geländestufen wieder nach Honda hinunter, denn dort gab es die schönsten Särge zu kaufen. Der Impresario Sebastiano ging in strenges Schwarz gekleidet (dazu hatten in der Herberge drei oder vier der großen Koffer geöffnet werden müssen) dem Trauerzug voran. In sauberer Aufstellung folgte die Kompanie dem Sarg auf dem Weg zum Friedhof. Dort angekommen bat der Impresario um Aufmerksamkeit, nahm den Dirigentenstab in die Hand, und der Chor stimmte das « Miserere » aus dem « Troubadour » an. Die Stimmen schwangen sich trotzig durch die lastende Gluthitze in die Höhe und verklangen wieder in spannungsvoller Stille.

Alle warteten mit gesenktem Kopf, bis die Grube mit Erde übervoll zugeschüttet war, und gingen dann aus dem Friedhof hinaus zu den Maultieren, die am Eingang warteten. Sie stiegen auf und ritten wieder bergan. Roxana sah sie einen nach dem andern entschwinden. Sie sah sie auch am Abend der Premiere, wo jeder auf die eine oder andere Weise Roxanas Tod auf der Bühne darstellte.

El dolor aumentó. Roxana miró hacia la puesta del sol. Toda su maravilla hacía necesario cantar, cantar para el recuerdo ya borroso de John. Se irguió difícilmente, y comenzó a cantar: « Un día veremos… » Al llegar a las notas altas, algo se rompió en su pecho. La cantante se desplomó, desgonzada en su asiento, mientras el sol acababa de hundirse, y se creaba un revuelo de peones y perros. Roxana alcanzó a sentir el temblor de la muerte del cisne. « ¡ Viene el inglés, es el inglés ! » Y efectivamente, el inglés descendió de su cabalgadura y se aproximó al cuerpo inmóvil, para dar toda la solemnidad a la gloria de la cantante muerta.

Roxana abrió los ojos, y el inglés se había ido. Y en ese momento empezó ella a morir de verdad, a actuar en el drama de su propia muerte, tal como se la había relatado a sí misma, mientras el sol descendía los peldaños del antiguo camino. Se trataba de apresurar el regreso hacia Honda, para que los funerales tuvieran lugar por la mañana.

Der Schmerz wurde stechender. Roxana schaute in die untergehende Sonne. Ihre Pracht verlangte nach Gesang, Gesang auch für die schon verblassende Erinnerung an John. Sie richtete sich mühsam auf und begann: « Eines Tages werden wir sehen... » Als sie zu den hohen Tönen kam, zerbarst etwas in ihrer Brust. Die Sängerin brach zusammen und fiel auf ihren Stuhl, während die Sonne nun ganz verschwand und Diener und Hunde in Aufruhr gerieten. Roxana spürte das Zittern des sterbenden Schwans. « Der Engländer kommt, es ist der Engländer ! » Tatsächlich stieg der Engländer vom Reittier und trat zum leblosen Körper hin, um der Sternstunde der toten Sängerin höchste Feierlichkeit zu verleihen.

Roxana öffnete die Augen, und der Engländer war weg. In diesem Augenblick fing ihr eigentliches Sterben an, spielte sie ihre Rolle im Drama ihres eigenen Todes, wie sie es sich selbst erzählt hatte, während die Sonne über die Stufen das alten Weges hinabstieg. Es ging darum, möglichst schnell den Rückweg nach Honda anzutreten, damit am Morgen die Beerdigung stattfinden konnte.

Alvaro Cepeda Samudio
Hay que buscar a Regina

Todos vimos cuando Juan García entró a la inspección. No es como han dicho por ahí que a Juan García lo trajeron los rurales. No, él vino por sus propios pies, sin que nadie lo trajera. Vino simplemente, sin alboroto, con sus pantalones sucios y los cabellos despeinados, con la camisa a cuadros que no se quita nunca, y sin que nadie lo llamara ni le dijera nada entró a la inspección. Y esto lo pueden decir los que estaban conmigo, los que estábamos esa tarde en la puerta del billar de Venancio, que también vieron lo que yo: que Juan García entró solo a la inspección, entró por su propia voluntad. Ninguno de nosotros sabía de qué se trataba, ni ninguno hizo comentarios hasta cuando salió apresuradamente un rural. No sé cuánto tiempo transcurrió desde cuando Juan García entró hasta cuando el rural salió apresuradamente, pero ya Jácome y el Mono habían jugado dos partidos de a cincuenta y el Mono perdió ambos y para no pagar dijo que Jácome le hacía trampas y le rompió la cabeza con el taco: el Mono es así. Pero cuando el rural volvió y vimos que detrás de él venía el viejo Hernández, con su sombrero de fieltro y mascando tabaco nerviosamente, y detrás del viejo Hernández su mujer, envuelta en un pañolón negro y con el moño fijo sobre la cabeza reluciente, cuando vimos esto, Venancio salió de detrás del mostrador, dobló el periódico que había estado leyendo, atravesó la calle y se recostó haciéndose el tonto contra la ventana de la inspección. Entonces todos atravesamos la calle; hasta el Mono que ya había comenzado otro partido dejó el taco sobre la mesa, cruzado entre las bolas de modo que no pudieran moverlas, y se vino a ver lo que sucedía en la inspección. Todos vimos a Juan García con sus pantalones sucios y su camisa a cuadros, de pie

Alvaro Cepeda Samudio
Wir müssen Regina suchen

Wir alle sahen Juan García in die Polizeiwache hineingehen. Es war nicht so – wie es später hieß –, dass die Dorfpolizisten Juan García gebracht hätten. Nein, er kam ganz allein, keiner hatte ihn geholt. Er kam einfach daher, ganz ruhig, mit seinem wirren Haar, der schmutzigen Hose und dem karierten Hemd, das er nie auszieht. Ohne dass ihn jemand gerufen oder etwas zu ihm gesagt hätte, ging er in die Polizeiwache hinein. Und alle, die an jenem Nachmittag bei mir waren, können es bestätigen, alle, die mit mir in der Tür von Venancios Billardhalle standen, sahen das Gleiche wie ich: Juan García ging alleine, aus freien Stücken, in die Polizeiwache hinein. Keiner von uns wusste, worum es ging, keiner sagte etwas, bis ganz eilig ein Polizist herauskam. Ich weiß nicht, wieviel Zeit zwischen dem Augenblick lag, als Juan García hineinging, und dem, als der Polizist eilig herauskam, aber Jácome und der Blonde hatten bereits zwei Partien bis fünfzig gespielt. Der Blonde hatte beide verloren und wollte nicht zahlen. Deswegen sagte er, Jácome betrüge ihn, und deswegen schlug er ihm den Billardstock auf den Kopf – so ist der Blonde eben. Aber als der Polizist zurückkam und wir hinter ihm den alten Hernández mit seinem Filzhut nervös Tabak kauen sahen und hinter dem alten Hernández auch noch seine Frau mit einem schwarzen Umhang und dem festverknoteten Haar auf dem blitzsauberen Kopf, da kam Venancio hinter der Theke hervor, faltete die Zeitung zusammen, die er gelesen hatte, ging über die Straße, lehnte sich gegen das Fenster der Polizeiwache und stellte sich dumm. Dann gingen wir alle über die Straße. Sogar der Blonde, der schon eine neue Partie begonnen hatte, legte den Billardstock auf den Tisch zwischen die Kugeln, so dass man sie nicht verschieben konnte, und wollte sehen, was in der Polizeiwache vor sich ging. Wir alle sahen Juan García in seiner schmutzigen Hose und seinem karierten Hemd vor dem Inspektor ste-

frente al inspector, quieto, mirando fijamente el tintero que está encima del escritorio. Y ni siquiera se movió cuando el viejo Hernández dijo bien alto, para que todos lo oyéramos, que un día de éstos mataría a un hijo de puta. Siguió quieto frente al escritorio. El inspector le dijo al viejo Hernández que se callara y Juan García siguió hablando. La sala de la inspección es pequeña y todos oímos claramente cuando Juan García dijo: « Yo maté a Regina, señor inspector, la ahogué ». Lo dijo sencillamente, sin alboroto, exactamente como había entrado a la inspección, sin pizca de miedo. Y todos vimos al viejo Hernández cerrar los puños y abalanzarse contra Juan García. Nosotros creíamos que se iba a defender, pero se quedó quieto, protegiéndose la cara con las manos, hasta que un rural se lo quitó de encima. La vieja no dijo nada al principio, se quedó muda de rabia, pero cuando nos vio detrás de los barrotes de la ventana se puso a pujar tratando de sacarse lágrimas, pero no pudo y se quedó callada. Todos oímos al inspector cuando amenazó al viejo Hernández con soltar a Juan García si no guardaba compostura. Después siguió preguntando, descuidadamente, sin mucho interés, mientras se abanicaba con el secante grande que dan de propaganda en la farmacia y lanzaba resoplidos espaciados entre contestación y contestación. Todos oímos el relato de Juan García, casi completo, porque cuando dijo que el viejo Hernández quería vender a Regina, Venancio gritó que era un viejo cabrón, y los rurales nos hicieron quitar de la ventana. Pero esto fue casi al final, Juan García no pudo decir mucho más pues el Mono no había comenzado a jugar nuevamente cuando el viejo Hernández salió de la inspección. Lo que nosotros le oímos decir a Juan García fue que había matado a Regina, la hija del viejo Hernández, más precisamente: que la había ahogado. Refirió que anoche ha- 48
bía ido, como de costumbre, a ver a Regina después 49

hen. Er schaute ganz ruhig und fest das Tintenfass auf dem Schreibtisch an und bewegte sich nicht einmal, als der alte Hernández ganz laut sagte, so dass wir es alle hörten, eines Tages werde er den Dreckskerl umbringen. Er stand immer noch ruhig vor dem Schreibtisch. Der Inspektor sagte zum alten Hernández, er solle schweigen, und Juan García sprach weiter. Das Zimmer der Wache ist klein, und wir alle hörten deutlich, wie Juan García sagte: «Ich habe Regina getötet, Herr Inspektor, ich habe sie ertränkt.» Er sagte es einfach so, genau so gewöhnlich und ohne Aufhebens wie er in die Wache hineingegangen war, ohne einen Funken Angst. Alle sahen wir, wie der alte Hernández die Fäuste ballte und sich auf Juan García stürzte. Wir glaubten, der werde sich verteidigen, aber er blieb ruhig und hielt nur die Hände vor das Gesicht, bis ein Polizist den alten Hernández wegzog. Die Alte sagte anfangs nichts, sie blieb stumm vor Wut, doch als sie uns hinter den Fenstergittern sah, verzerrte sie das Gesicht, als versuchte sie zu weinen, doch sie schaffte es nicht und blieb stumm. Alle hörten wir, dass der Inspektor dem alten Hernández androhte, Juan García laufenzulassen, wenn er sich nicht ordentlich benehme. Dann fragte er weiter, gleichgültig, ohne viel Interesse, fächelte sich mit dem großen Löschpapier, das es in der Drogerie als Werbegeschenk gibt, und schnaubte zwischen den Antworten immer wieder lange und schwer. Alle hörten wir fast vollständig Juan Garcías Bericht, doch als er sagte, dass der alte Hernández Regina verkaufen wollte, schrie Venancio, er sei ein alter Scheißkerl, und die Polizisten vertrieben uns vom Fenster. Aber das war fast am Schluss, Juan García konnte nicht mehr viel gesagt haben, denn der Blonde hatte noch nicht wieder mit dem Spielen angefangen, als der alte Hernández aus der Polizeiwache herauseilte. Wir hatten Juan García sagen hören, er habe Regina getötet, die Tochter des alten Hernández, genauer: Er habe sie ertränkt. Er berichtete, in der Nacht zuvor habe er wie üblich Regina besucht, nachdem die Alten zu Bett gegangen waren. Jede Nacht besuchte er sie heimlich, seitdem der

de que los viejos se acostaban. Todas las noches iba a verla a escondidas desde que el viejo Hernández le dijo que no iba a dejar que Regina se comprometiera con él. Ella no podía salir de la casa pues el viejo le ponía candado a la puerta antes de acostarse y tenía que esperar a que se durmiera para abrir la ventana de la cocina y hablar con él. Juan García contaba todo esto sin mirar a ningún lado, quieto, con la vista fija en el tintero. También dijo que anoche Regina le había dicho que el viejo Hernández la iba a vender, y que ella le contó cómo esa tarde había venido un hombre muy bien vestido y estuvo un rato encerrado con la vieja y el viejo, y cómo luego la llamaron y el viejo Hernández le había hecho quitar el vestido y el hombre le apretó los senos. El inspector seguía abanicándose y lanzando resoplidos.

Cuando Juan García dijo esto, todos miramos a los viejos Hernández, pero éstos no se movieron. El viejo buscaba un lugar para escupir, escupió su tabaco y todos creímos que iba a hablar, pero no dijo nada. Entonces fue cuando Venancio le gritó: « Viejo cabrón ». Y los rurales nos echaron de la ventana. Pero antes Juan García contó cómo la había matado. Sin alterarse en lo más mínimo, como quien cuenta un suceso natural, siempre mirando al tintero, contó que se había pasado toda la noche hablando con Regina, esperando que el viejo abriera la puerta para que ella pudiera salir. Se habían puesto de acuerdo en que ella echaría a correr hacia la quebrada en cuanto el viejo quitara el candado, que allí estaría él esperándola. Y así lo hizo. Pero después de haber caminado quebrada abajo hasta que el sol quemaba fuerte, no dijo cuánto tiempo caminaron, se dio cuenta de que no tenían dónde ir. Que no podía volver a vivir en su casa pues el viejo Hernández era capaz de matarlo y llevarse a Regina otra vez. Entonces fue cuando la metió en la quebrada y la ahogó. Y cuando el inspec-

alte Hernández zu ihm gesagt hatte, er werde nicht zulassen, dass sich Regina mit ihm verlobe. Sie durfte nicht aus dem Haus, der Alte sperrte die Tür mit einem Vorhängeschloss ab, bevor er zu Bett ging, und sie musste warten, bis er eingeschlafen war, damit sie das Küchenfenster öffnen und mit Juan García sprechen konnte. Dieser erzählte das alles ganz ruhig, ohne zur Seite zu blicken, und sah fest auf das Tintenfass. Er sagte auch, in der Nacht zuvor habe ihm Regina mitgeteilt, der alte Hernández wolle sie verkaufen; sie habe ihm erzählt, an jenem Nachmittag sei ein sehr gut gekleideter Mann gekommen und habe eine Zeitlang mit den Eltern hinter verschlossenen Türen geredet, dann sei sie gerufen worden, und der alte Hernández habe ihr befohlen, das Kleid auszuziehen, und der Mann habe ihr die Brüste zusammengedrückt. Der Inspektor schnaubte und fächelte sich immer noch.

Als Juan García das sagte, sahen wir alle den alten Hernández und seine Frau an, doch die rührten sich nicht. Der Alte suchte einen Platz, wo er ausspucken konnte, dann spuckte er seinen Tabak aus, und alle glaubten wir, er werde sprechen, doch er sagte nichts. In diesem Augenblick schrie Venancio: «Alter Scheißkerl!» und die Polizisten vertrieben uns vom Fenster. Doch vorher schon hatte Juan García erzählt, wie er sie umgebracht hatte. Vollkommen gefasst berichtete er, als wäre es das Normalste von der Welt, immer mit dem Tintenfass im Blick erzählte er, die ganze Nacht habe er mit Regina gesprochen und gewartet, bis der Alte die Tür aufmachte und sie das Haus verlassen könnte. Sie hatten ausgemacht, sobald der Alte das Schloss abnehme, werde sie bis zum Bach laufen, wo er auf sie warte. So hätten sie es dann auch getan. Sie seien miteinander bachabwärts gegangen, bis die Sonne stark brannte – er sagte nicht, wie lange –, da habe er gemerkt, dass sie nirgendwohin gehen konnten. Er konnte nicht mehr zu Hause wohnen, denn der alte Hernández wäre imstande, ihn umzubringen und Regina wieder mitzunehmen. In dem Augenblick habe er ihr den Kopf in den Bach getaucht und sie ertränkt. Als der Inspektor Juan

tor le preguntó el sitio exacto donde la había ahogado, Juan García no dijo una palabra. Es verdad que el inspector no insistió mucho, pero Juan García se negó a hablar. Entonces todos vimos que el viejo Hernández sonreía y se movió inquieto. Después fue cuando Juan García dijo lo de la venta y los rurales nos echaron. Venancio no quería quitarse de la ventana, al fin se volvió y cruzó la calle y mientras alzaba la tapa del mostrador dijo en voz baja: «Ese no ha matado a Regina, ese no mata a nadie. Debe tenerla escondida en alguna parte y apuesto a que todavía no se ha acostado con ella. A lo mejor se mete en un lío por querer hacer las cosas legalmente». El Mono apenas había levantado su taco cuando los viejos Hernández salieron casi corriendo de la inspección. Los que estaban dentro del billar no oyeron al viejo cuando le dijo a su mujer: «Hay que buscar a Regina», pero yo sí lo oí, y miré a Venancio, que había vuelto a abrir su periódico, y me pregunté por milésima vez: ¿por qué sabe tanto Venancio?

García fragte, wo genau er sie ertränkt habe, sagte er kein Wort. Es stimmt, der Inspektor hakte nicht weiter nach, jedenfalls weigerte sich Juan García, zu sprechen. Dann sahen wir alle, dass der alte Hernández lächelte und sich unruhig bewegte. Anschließend sagte Juan García das vom Verkauf, und die Polizisten vertrieben uns. Venancio wollte nicht weg vom Fenster; schließlich drehte er sich aber doch um und kam über die Straße, und noch während er die Klappe der Theke hob, sagte er leise: «Der hat Regina nicht umgebracht, der bringt niemanden um. Der muss sie irgendwo versteckt haben, und ich wette, er hat noch nicht einmal mit ihr geschlafen. Vielleicht bringt er sich noch in Schwierigkeiten, weil er alles ganz richtig machen will.» Der Blonde hatte kaum den Billardstock erhoben, als die beiden Alten aus der Polizeiwache herauskamen; sie rannten beinahe. Die im Billardsalon hörten nicht, wie der alte Hernández zu seiner Frau sagte: «Wir müssen Regina suchen», aber ich hörte es, und ich sah Venancio an, der wieder seine Zeitung aufgeschlagen hatte, und ich fragte mich zum tausendsten Mal: Warum weiß Venancio so viel?

Carlos Arturo Truque
Fucú

Hoy pueden los ojos asomarse al mar. Hay una vieja balandra tirada sobre el lodo. El nombre puede oírse por el viento. Es un nombre que suena a brisa limpia, « La Marianita ». Sobre ella se hizo hombre más de uno. Subieron barbilampiños a frotarse tormentas en las mejillas y regresaron con la barba negra y el tórax más fuerte. Nadie la recuerda porque ninguno quiere dejarse arrastrar al pasado. Sólo hay un hombre que va todos los días a conversar con ella. Se llamaba Emiliano Torreblanca.

Ahora le dicen « Fucú » y en su memoria se ha enmarañado el día en que empezó a ser marino. Fue el capitán de « La Marianita ».

Anda descalzo por la playa húmeda. Detrás de él, únicamente los huecos de los pies sobre la arena. Tiene la barba ceniza y los carrillos hundidos. Las ropas deshilachadas remontan un juego de burlas que crece con el viento. La cabeza cubierta con la gorra de mando; con la misma que hacía rimar la orden bronca y el bullicio de las marejadas.

– ¡ Rumbo sur !

Y las velas grávidas del viento se enamoraban de las lejanías. ¡ Si sería esbelta « La Marianita » ! Tenía nombre de mujer porque él se lo había cambiado al año largo de comprarla. La rebautizó para llevar al frente el nombre de una que conoció en un viaje : Marianita. Era tan bella como la nave. Por eso, sí, por eso se lo había cambiado. Cuando volvía, atracada al muelle, quedaba la una, mientras él iba a anclarse en los brazos de la otra.

Una vez ella le dijo : « Llévame contigo ».

No quería, pero insistió tanto que, una mañana, a bordo de « La Marianita » zarpaba la otra entre los cuchicheos de la gente del mar.

Carlos Arturo Truque
Fucú

Heute dürfen die Augen aufs Meer hinaus schweifen. Ein alter Einmaster liegt gekentert im Schlick. Den Namen kann man im Wispern das Windes hören. Es ist ein Name wie eine erfrischende Brise: « La Marianita ». Auf diesem Segler ist mehr als einer zum Mann geworden. Mit glattem Kinn haben sie sich eingeschifft, um sich die Stürme um die Wangen brausen zu lassen, und zurück kamen sie mit schwarzen Bärten und kräftigem Brustkorb. Niemand erinnert sich daran, denn niemand mag sich in die Vergangenheit zurückversetzen lassen. Nur ein Mann ist da noch, der jeden Tag hingeht, um mit dem Schiff zu reden. Er hieß Emiliano Torreblanca.

Heute nennen ihn alle « Fucú ». An den Tag, an dem er Matrose wurde, erinnert er sich nur verschwommen. Er war Kapitän auf der « Marianita » gewesen.

Er geht barfuß über den feuchten Strand. Hinter ihm nur die Spuren seiner Füße im Sand. Er hat einen grauen Bart und eingefallene Wangen. Seine ausgefransten Kleider spielen neckisch im aufkommenden Wind. Er hat die Kapitänsmütze auf dem Kopf, dieselbe, die er damals trug, als die tosende Dünung seine rauhen Befehle untermalte.

« Kurs Süd ! »

Die windgeblähten Segel verliebten sich in die Weiten des Meeres: wie schlank und wendig doch die « Marianita » war ! Sie hatte einen Frauennamen, weil er sie ein gutes Jahr nach dem Kauf umgetauft hatte. Das hatte er getan, damit sie vorne den Namen der Frau trüge, die er auf einer Reise kennen gelernt hatte: Marianita. Sie war so schön wie das Schiff. Darum, ja darum hatte er es umgetauft. War er in den Hafen eingelaufen, lag die eine vertäut an der Mole, während er seine Anker in die Arme der andern warf.

Einmal sagte sie zu ihm: «Nimm mich mit!»

Er wollte nicht, aber sie blieb hartnäckig, bis eines Tages an Bord der « Marianita » die andere mitfuhr – trotz dem Getuschel der Seeleute.

Quizque con una mujé a bordo. ¡ Y noj la vamoj aguantá nosotroj ! Ej el primé barco onde el capitán anda con moza !

Y las miradas hostiles secundaban las palabras y se movía la intriga al oído del piloto y el grumete imberbe.

Naide pisa ma ejte barco.

Barco que lleva mujé, le cae Fucú… ¡ Y los marineros se salan… ! ¡ Por onde andan, hay tormenta… !

Lo dejaron solo. Solo con sus dos Marianitas: la del cuerpo esbelto, tibiamente bello, y la de las velas largas. No trató de detenerlos.

Se fueron sin volver a mirar, uno a uno. A él le quedaba orgullo, mucho orgullo, y apenas si apretó los dientes y se metió las uñas en las palmas de la mano.

– ¡ Qué carajo ! … ¡ Que se larguen ! …

Se bajó un poco la gorra y pisó tierra del brazo de la hembra.

La balandra no zarpa. El Capitán anda en los muelles, hacinamiento de vagabundos, buscando marineros.

– ¿Quieres embarcarte?

– Sí… ¿En qué barco?

– En « La Marianita ».

– Ah, no; en ese no; está salao. Quizque el capitán metió una mujé a bordo y que le cayó fucú. No, en ese, no.

– ¡ Granuja ! El capitán soy yo y a mi barco no le ha pasado nada.

– ¡ Aun cuando sea ! Yo no voy, y menos con griticos. A mí no me ronca grueso naides… Miren a éste – dirigiéndose a los otros – quiere obligame a montá en su cochino barco.

Un muro de burlas se le encaramó a las orejas.
Los dejó con un gesto de amenaza y, ya lejos, aún 56
oía sus voces, gritándole: 57

Welche Zumutung! Mit einer Frau an Bord. Das sollen wir uns gefallen lassen! Das erste Schiff, wo der Kapitän ein Mädchen bei sich hat!

Feindselige Blicke untermauerten die Worte, und der Aufstand kam dem Steuermann wie dem bartlosen Schiffsjungen zu Ohren.

Niemand steigt mehr in dieses Schiff.

Ein Schiff, auf dem eine Frau mitfährt, zieht den Fluch auf sich. Die Seeleute verfallen dem Verderben. Wo sie hinkommen, gibt es Stürme!...

Er wurde allein gelassen, allein mit seinen beiden Marien, der mit dem schlanken wohltuend schönen Leib und der mit den langen Segeln. Er tat nichts, die Matrosen zu halten.

Sie verließen ihn einer nach dem andern und schauten nicht einmal zurück. Ihm blieb der Stolz, sein großer Stolz, kaum dass er auf die Zähne biss und die Fingernägel in die Handflächen bohrte.

«Scheiße! Sollen sie doch abhauen!»

Er zog seine Mütze etwas tiefer und ging an Land, Arm in Arm mit der Frau.

Der Segler läuft nicht aus. Der Kapitän geht auf der Mole auf und ab, wo das Gesindel zusammenhockt, sucht Matrosen anzuheuern.

«Willst du zur See fahren?»

«Ja... auf welchem Schiff?»

«Auf der «Marianita».»

«O nein; auf dem nicht; es ist verflucht. Der Kapitän hat nämlich eine Frau an Bord genommen, und jetzt ist es «fucú». Nein, auf dem nicht.»

«Gemeiner Schuft! Der Kapitän bin ich, und meinem Schiff ist nie etwas zugestoßen.»

«Mag sein! Ich geh' nicht mit, Anschreien nützt schon gar nichts. Mir kommt niemand mit Grobheiten... Schaut auch den an», wandte er sich an die andern, «er will mich zwingen, auf sein Sauschiff zu kommen.»

Eine Mauer aus Spott baute sich vor seinen Ohren auf. Mit einer Drohgebärde wandte er sich ab, und noch von weitem hörte er sie rufen:

– En « La Marianita » no trepa ningún marino.

– ¡ Que va a trepá si etá salao !

«La Marianita» seguía anclada en los muelles. Ya las algas verdes se le subían por los costados y el hierro se ponía del color de los ponientes.

Una tarde lo visitaron. Venían a ofrecerle compra por ella:

– Damos cinco mil pesos.

– No está para la venta y menos por ese precio.

– Seis mil, entonces...

– ¡ Tampoco ! He dicho que no se vende. Ya pueden irse largando.

Los dejó en la sala con la mujer, despidiéndose. No le provocó darles la mano.

– ¿ A comprar la balandra ? ¡ Si « La Marianita » tiene un capitán ! Zarpa conmigo o no zarpa... ¡ Pa eso la compré, pa mí ! ...

Así se hubieron marchado los compradores, entró la mujer :

– ¡ Por qué no la vendes ? Con ese dinero podríamos comprar un negocio aquí. Fíjate que ya no tenemos nada. Ellos la quieren sólo por el hierro; no tendrás, pues, la tortura de estarla viendo.

Pensó y se vio en tierra manejando un bar o una tienda; con gentes que no le dirían capitán, sino Emiliano, a secas. Los otros marineros vendrían a conversar con él y le contarían las aventuras que él no había vivido. Le daría envidia. No, no la vendería.

– No te metas en esto – dijo a la mujer. Es asunto mío y yo lo arreglaré.

– ¿Cuándo? Cuando ya estemos hambrientos y desnudos ? – preguntó con sorna la mujer.

Para no iniciar una discusión interminable, se marchó a los muelles. Vio la nave : era linda
aún. Un poco sucia, pero ya la limpiaría. Si con- 58
siguiera tripulación, se largarían de nuevo las 59

«Auf der ‹Marianita› fährt kein Seemann mit.»
«Wie soll einer mitfahren, wenn sie verflucht ist!»
Die «Marianita» lag verankert an der Mole. Die Grünalgen wuchsen an ihren Wänden empor, und das Eisen verfärbte sich wie die untergehende Sonne.
An einem Nachmittag bekam er Besuch. Man wollte ihm das Schiff abkaufen:
«Wir bieten fünftausend Pesos.»
«Es ist nicht zu verkaufen, schon gar nicht um diesen Preis.»
«Sechstausend dann...»
«Auch nicht! Ich habe gesagt, ich verkaufe nicht. Sie können ruhig verduften.»
Er ließ sie mit der Frau im Zimmer stehen und ging. Er gab ihnen nicht einmal die Hand.
«Den Segler kaufen? Die ‹Marianita› hat schließlich einen Kapitän! Sie läuft mit mir aus, oder sie läuft nicht aus ... Dafür habe ich sie gekauft; für mich!»
Kaum waren die Käufer weggegangen, kam die Frau herein:
«Warum verkaufst du sie nicht? Mit dem Geld könnten wir hier ein Geschäft kaufen. Schau, wir haben ja nichts mehr. Sie wollen sie nur wegen dem Eisen; du bist dann die Qual los, sie dauernd sehen zu müssen.»
Er dachte nach und sah sich an Land als Barbesitzer oder Ladeninhaber – um Leute herum, die ihn nicht als Kapitän anredeten, sondern einfach als Emiliano. Dann kämen andere Seeleute zum Plaudern und erzählten ihm von Abenteuern, die er nicht miterlebt hatte. Er würde neidisch. Nein, er wollte das Schiff nicht verkaufen.
«Mische dich nicht ein», sagte er zur Frau, «das ist meine Sache, und ich erledige sie.»
«Wann? Wenn wir hungern und nichts mehr zum Anziehen haben?» fragte zornig die Frau.
Um nicht ein endloses Hin und Her anzufangen, ging er zur Mole hinunter. Er sah das Schiff: es war immer noch schön. Ein wenig schmutzig, aber er würde es schon putzen. Wenn er Besatzung fände, würden sich die Segel

velas y volvería a saborear su voz fuerte sobre la obediencia de la marinería.

¡Qué hermosa voz de mando tenía el capitán Torreblanca!

– Se fue ensayando mentalmente órdenes y contraórdenes:

– Leven anclas!...

– Suelten velas!...

– Rumbo noroeste!...

– Orzar en redondo!...

La distancia era corta. Se halló de pronto en la casa.

– ¡Mariana! ¡Mariana! – llamó.

Registró los cuartos, preguntó a los vecinos. Nada.

Alguien dijo haberla visto salir con sus maletas. No se le oyó maldecir.

Emiliano Torreblanca ya no era capitán de la otra Mariana. Había perdido el mar de la ternura como antes perdiera el otro. Por esta razón viene a ver la otra «Marianita» volcada en el lodo; ésta no saldrá para ningún puerto. La ata el fucú, maldición de mujer sobre los hierros carcomidos.

Torreblanca viene a conversar con sus recuerdos. Siempre se aleja con sus ropas deshilachadas, seguido por las risotadas del viento y la tripulación solitaria de sus pisadas.

Hoy, se han asomado los ojos al mar.

wieder blähen, er konnte seine kräftige Stimme wieder genießen und den Gehorsam der Mannschaft erleben.

Was für eine schöne Kommandostimme hatte doch Kapitän Torreblanca!

Im Geiste übte er seine Befehle und Gegenbefehle:

«Anker auf!»

«Halsen!»

«Kurs Nordwest!»

«Anluven!»

Die Entfernung war kurz. Bald würde er zu Hause eintreffen.

«Mariana! Mariana!» rief er.

Er suchte die Zimmer ab, fragte die Nachbarn. Nichts.

Jemand sagte ihm, er habe sie mit ihren Koffern weggehen sehen. Man hörte ihn nicht fluchen.

Emiliano Torreblanca war nicht mehr Kapitän der andern Mariana. Er hatte das Meer der Zärtlichkeit verloren, wie er vorher das andere Meer verloren hatte. Darum kommt er die andere «Marianita» besuchen, die gekentert im Schlick liegt. Sie wird nie mehr einen Hafen ansteuern. Der «Fucú» bindet sie, der Fluch der Frau auf dem zerfressenen Eisen.

Torreblanca hält Zwiesprache mit seinen Erinnerungen. Wenn er weggeht, lacht der Wind über seine zerschlissenen Kleider, und als Schiffsmannschaft bleiben ihm seine einsamen Schritte.

Heute hat er den Blick aufs Meer hinaus gerichtet.

Gabriel García Márquez
Me alquilo para soñar

A las nueve de la mañana, mientras desayunábamos en la terraza del Habana Riviera, un tremendo golpe de mar a pleno sol levantó en vilo varios automóviles que pasaban por la avenida del malecón, o que estaban estacionados en la acera, y uno quedó incrustado en un flanco del hotel. Fue como una explosión de dinamita que sembró el pánico en los veinte pisos del edificio y convirtió en polvo el vitral del vestíbulo. Los numerosos turistas que se encontraban en la sala de espera fueron lanzados por los aires junto con los muebles, y algunos quedaron heridos por la granizada de vidrio. Tuvo que ser un maretazo colosal, pues entre la muralla del malecón y el hotel hay una amplia avenida de ida y vuelta, así que la ola saltó por encima de ella y todavía le quedó bastante fuerza para desmigajar el vitral.

Los alegres voluntarios cubanos, con la ayuda de los bomberos, recogieron los destrozos en menos de seis horas, clausuraron la puerta del mar y habilitaron otra, y todo volvió a estar en orden. Por la mañana no se había ocupado nadie del automóvil incrustado en el muro, pues se pensaba que era uno de los estacionados en la acera. Pero cuando la grúa lo sacó de la tronera descubrieron el cadáver de una mujer amarrada en el asiento del conductor con el cinturón de seguridad. El golpe fue tan brutal que no le quedó un hueso entero. Tenía el rostro desbaratado, los botines descosidos y la ropa en piltrafas, y un anillo de oro en forma de serpiente con ojos de esmeraldas. La policía estableció que era el ama de llaves de los nuevos embajadores de Portugal. En efecto, había llegado con ellos a La Habana quince días antes, y había salido esa mañana para el mercado manejando un automóvil nuevo. Su nombre no me dijo nada cuando leí la noticia en los periódicos,

Gabriel García Márquez
Ich vermiete mich zum Träumen

Um neun Uhr morgens, wir frühstückten gerade auf der Terrasse des Habana Riviera, hob bei strahlender Sonne eine ungeheure Sturzsee mehrere Autos, die auf der Uferstraße vorbeifuhren oder am Straßenrand abgestellt waren, in die Luft empor, und eines davon blieb in der Seitenmauer des Hotels stecken. Es war wie eine Dynamitexplosion, die Panik in den zwanzig Stockwerken des Hotels säte und die Glasfront der Hotelhalle in Staub verwandelte. Die zahlreichen Touristen, die sich in der Lodge aufhielten, wurden mit den Möbeln in die Luft geschleudert und einige vom Glashagel verletzt. Es muss eine gewaltige Brandungswoge gewesen sein, denn zwischen der Uferbefestigung und dem Hotel verläuft eine breite zweispurige Straße, die Welle war also darüber geschlagen, und dann war ihr noch genügend Wucht geblieben, um die Glasfront zu zerbröseln.

Die munteren kubanischen Freiwilligen räumten gemeinsam mit der Feuerwehr den Schutt in knapp sechs Stunden weg, sperrten die Tür zum Meer, richteten eine andere als Ausgang her, und es herrschte wieder Ordnung. Am Vormittag hatte sich niemand um das Auto gekümmert, das sich in die Mauer gebohrt hatte, denn man war davon ausgegangen, dass es eins der am Straßenrand geparkten war. Als der Kran das Auto jedoch aus der Scharte hievte, wurde die Leiche einer Frau entdeckt, die mit dem Sicherheitsgurt an den Fahrersitz festgezurrt war. Der Stoß war so gewaltig gewesen, dass kein Knochen heil geblieben war. Ihr Gesicht war zerstört, ihre Halbschuhe waren geplatzt, ihre Kleider zerfetzt; sie trug einen goldenen Ring in der Form einer Schlange mit Smaragdaugen. Die Polizei stellte fest, dass es sich um die Haushälterin des neuen Botschafters von Portugal handelte. Die Frau war in der Tat mit der Familie des Botschafters vor zwei Wochen in Havanna eingetroffen und an jenem Morgen mit einem neuen Auto zum Markt gefahren. Ihr Name sagte mir nichts, als

pero en cambio quedé intrigado por el anillo en forma de serpiente y ojos de esmeraldas. No pude averiguar, sin embargo, en qué dedo lo usaba.

Era un dato decisivo, porque temí que fuera una mujer inolvidable cuyo nombre verdadero no supe jamás, que usaba un anillo igual en el índice derecho, lo cual era más insólito aún en aquel tiempo. La había conocido treinta y cuatro años antes en Viena, comiendo salchichas con papas hervidas y bebiendo cerveza de barril en una taberna de estudiantes latinos. Yo había llegado de Roma esa mañana, y aún recuerdo mi impresión inmediata por su espléndida pechuga de soprano, sus lánguidas colas de zorros en el cuello del abrigo y aquel anillo egipcio en forma de serpiente. Me pareció que era la única austríaca en el largo mesón de madera, por el castellano primario que hablaba sin respirar con un acento de quincallería. Pero no, había nacido en Colombia y se había ido a Austria entre las dos guerras, casi niña, a estudiar música y canto. En aquel momento andaba por los treinta años mal llevados, pues nunca debió ser bella y había empezado a envejecer antes de tiempo. Pero en cambio era un ser humano encantador. Y también uno de los más temibles.

Viena era todavía una antigua ciudad imperial, cuya posición geográfica entre los dos mundos irreconciliables que dejó la Segunda Guerra había acabado de convertirla en un paraíso del mercado negro y el espionaje mundial. No hubiera podido imaginarme un ámbito más adecuado para aquella compatriota fugitiva que seguía comiendo en la taberna estudiantil de la esquina sólo por fidelidad a su origen, pues tenía recursos de sobra para comprarla de contado con todos sus comensales dentro. Nunca dijo su verdadero nombre, pues siempre la conocimos con el trabalenguas germánico que le inventaron los estudiantes latinos de Viena: Frau

ich ihn in der Zeitung las, aber der Schlangenring mit den Smaragdaugen machte mich stutzig. Ich konnte jedoch nicht herausfinden, an welchem Finger sie ihn getragen hatte.

Das wäre für mich ein entscheidender Hinweis gewesen, denn ich fürchtete, dass es sich um eine unvergessliche Frau handelte, deren wirklichen Namen ich nie erfahren hatte und die einen ebensolchen Ring am rechten Zeigefinger getragen hatte, was zu jener Zeit erst recht ungewöhnlich gewesen war. Ich hatte sie vor vierunddreißig Jahren in Wien kennen gelernt, als sie in einer Kneipe für lateinamerikanische Studenten Würstchen mit Salzkartoffeln aß und Fassbier trank. Ich war am Morgen aus Rom gekommen, und ich erinnere mich noch, dass diese Frau mich sofort mit ihrem prächtigen Brustfleisch einer Sopranistin, ihren schmachtenden Fuchsschwänzen am Mantelkragen und dem ägyptischen Schlangenring beeindruckt hatte. An dem langen Holztisch schien sie mir die einzige Österreicherin zu sein, wegen des einfachen Spanischs, das sie ohne Atempause mit blechernem Klang sprach. Aber nein, sie war in Kolumbien geboren und zwischen den Kriegen, sehr jung noch, nach Österreich gegangen, um Musik und Gesang zu studieren. Zu jener Zeit hatte sie wohl die dreißig mehr schlecht als recht erreicht, denn sie war vermutlich nie schön gewesen und vorzeitig gealtert. Aber sie war dafür ein bezaubernder Mensch. Und man musste sich vor ihr auch mehr als vor anderen fürchten.

Wien war zwar noch die alte Kaiserstadt, aber seine geografische Lage zwischen zwei unversöhnbaren Welten – Hinterlassenschaft des Zweiten Weltkriegs – hatte es in jenen Jahren zu einem Paradies des Schwarzmarkts und der weltweiten Spionage gemacht. Ich hätte mir keinen passenderen Umkreis für diese flüchtige Landsmännin vorstellen können, die aus Treue zu ihrer Herkunft weiter in der Studentenkneipe an der Ecke aß, obwohl sie Geld genug hatte, dieses Lokal samt allen anwesenden Gästen zu kaufen. Sie nannte nie ihren wirklichen Namen, denn wir kannten sie unter dem germanischen Zungenbrecher, den sich die lateinamerikanischen Studenten in Wien für sie ausgedacht hat-

Frida. Apenas me la habían presentado cuando incurrí en la impertinencia feliz de preguntarle cómo había hecho para implantarse de tal modo en aquel mundo tan distante y distinto de sus riscos de vientos del Quindío, y ella me contestó con un golpe:

– Me alquilo para soñar.

En realidad, era su único oficio. Había sido la tercera de los once hijos de un próspero tendero del antiguo Caldas, y desde que aprendió a hablar instauró en la casa la buena costumbre de contar los sueños en ayunas, que es la hora en que se conservan más puras sus virtudes premonitorias. A los siete años soñó que uno de sus hermanos era arrastrado por un torrente. La madre, por pura superstición religiosa, le prohibió al niño lo que más le gustaba, que era bañarse en la quebrada. Pero Frau Frida tenía ya un sistema propio de vaticinos.

– Lo que ese sueño significa – dijo – no es que se vaya a ahogar, sino que no debe comer dulces.

La sola interpretación parecía una infamia, cuando era para un niño de cinco años que no podía vivir sin sus golosinas dominicales. La madre, ya convencida de las virtudes adivinatorias de la hija, hizo respetar la advertencia con mano dura. Pero al primer descuido suyo el niño se atragantó con una canica de caramelo que se estaba comiendo a escondidas, y no fue posible salvarlo.

Frau Frida no había pensado que aquella facultad pudiera ser un oficio, hasta que la vida la agarró por el cuello en los crueles inviernos de Viena. Entonces tocó para pedir empleo en la primera casa que le gustó para vivir, y cuando le preguntaron qué sabía hacer, ella sólo dijo la verdad: «Sueño». Le bastó con una breve explicación a la dueña de casa para ser aceptada, con un sueldo apenas suficiente para los gastos menudos, pero con un buen cuarto y las tres comidas. Sobre todo el desayuno, que era el momento en que la familia se sentaba a conocer

ten: Frau Frida. Kaum war sie mir vorgestellt worden, hatte ich die glückliche Eingebung, sie dreist zu fragen, wie sie es geschafft habe, in dieser den windigen Felsen des Quindío so fernen und fremden Welt derart heimisch zu werden, und sie entgegnete kurz und bündig:

«Ich vermiete mich zum Träumen.»

Eigentlich war das ihr einziger Beruf. Sie war das dritte von elf Kindern eines wohlhabenden Ladenbesitzers im alten Caldas und führte, kaum hatte sie sprechen gelernt, daheim die gute Sitte ein, noch nüchtern die Träume zu erzählen, dann also, wenn deren Weissagekraft am reinsten erhalten ist. Als sie sieben war, träumte sie, dass einer ihrer Brüder von einem Wasserfall fortgerissen würde. Aus frommem Aberglauben verbot die Mutter dem Jungen, das zu tun, was er am liebsten tat: in der Schlucht zu baden. Aber Frau Frida hatte da schon ihr eigenes System der Vorausdeutungen.

«Der Traum», sagte sie, «bedeutet nicht etwa, dass er ertrinken wird, sondern dass er keine Süßigkeiten essen darf.»

Die Deutung allein schien schon eine Gemeinheit für einen fünfjährigen Jungen zu sein, der nicht ohne seine sonntäglichen Schleckereien leben konnte. Die Mutter, die bereits von den weissagerischen Kräften ihrer Tochter überzeugt war, sorgte mit harter Hand für die Einhaltung der Warnung. Als sie das erste Mal unachtsam war, verschluckte sich der Junge jedoch an einer Lutschstange, die er heimlich aß, und keine Rettung war möglich.

Frau Frida hatte nicht daran gedacht, dass diese Fähigkeit ein Beruf sein könnte, bis das Leben sie in den grausamen Wiener Wintern beutelte. Da klopfte sie bei dem ersten Haus an, in dem sie gern gewohnt hätte, bat um Anstellung, und als man sie fragte, was sie denn könne, sagte sie nur die Wahrheit: «Ich träume.» Eine kurze Erklärung für die Hausherrin genügte, um angenommen zu werden, der Lohn reichte kaum für die kleinen Ausgaben, aber sie bekam ein gutes Zimmer und drei Mahlzeiten am Tag. Besonders wichtig war das Frühstück, die Zeit, in der die Familie sich hinsetzte, um das unmittelbar bevorstehende

el destino inmediato de cada uno de sus miembros: el padre, que era un rentista refinado; la madre, una mujer alegre y apasionada de la música de cámara romántica, y dos niños de once y nueve años. Todos eran religiosos, y por lo mismo propensos a las supersticiones arcaicas, y recibieron encantados a Frau Frida con el único compromiso de descifrar el destino diario de la familia a través de los sueños.

Lo hizo bien y por mucho tiempo, sobre todo en los años de la guerra, cuando la realidad fue más siniestra que las pesadillas. Sólo ella podía decidir a la hora del desayuno lo que cada quien debía hacer aquel día, y cómo debía hacerlo, hasta que sus pronósticos terminaron por ser la única autoridad en la casa. Su dominio sobre la familia fue absoluto: aun el suspiro más tenue era por orden suya. Por los días en que estuve en Viena acababa de morir el dueño de casa, y había tenido la elegancia de legarle a ella una parte de sus rentas, con la única condición de que siguiera soñando para la familia hasta el fin de sus sueños.

Estuve en Viena más de un mes, compartiendo las estrecheces de los estudiantes, mientras esperaba un dinero que nunca llegó. Las visitas imprevistas y generosas de Frau Frida en la taberna eran entonces como fiestas en nuestro régimen de penurias. Una de esas noches, en la euforia de la cerveza, me habló al oído con una convicción que no permitía ninguna pérdida de tiempo.

– He venido sólo para decirte que anoche tuve un sueño contigo – me dijo –. Debes irte enseguida y no volver a Viena en los próximos cinco años.

Su convicción era tan real, que esa misma noche me embarqué en el último tren para Roma. Yo, por mi parte, quedé tan sugestionado, que desde entonces me he considerado sobreviviente de un desastre que nunca conocí. Todavía no he vuelto a Viena.

Antes del desastre de La Habana había visto a

Schicksal eines jeden Mitglieds zu erfahren: der Vater, ein vornehmer Rentier; die Mutter, eine fröhliche Frau mit einer Leidenschaft für romantische Kammermusik, und die zwei Kinder, elf und neun Jahre alt. Alle waren fromme Christen und daher archaischem Aberglauben zugeneigt, und sie nahmen Frau Frida entzückt auf, die nur verpflichtet war, das tägliche Schicksal der Familie aus ihren Träumen zu deuten.

Sie machte ihre Sache gut und lange Zeit, besonders in den Kriegsjahren, als die Wirklichkeit finsterer als die Alpträume war. Nur sie konnte zur Frühstückszeit entscheiden, was jeder einzelne an dem Tag tun und wie er es tun sollte, bis ihre Voraussagen schließlich zur einzigen Richtschnur im Haus wurden. Ihre Herrschaft über die Familie war absolut: Selbst der kleinste Seufzer geschah auf ihren Befehl. Als ich mich in Wien aufhielt, war gerade der Hausherr gestorben und hatte das Feingefühl gehabt, ihr einen Teil seiner Rentenansprüche zu vermachen, mit der einzigen Bedingung, dass sie bis zum Ende ihrer Träume weiter für die Familie träumen sollte.

Ich blieb über einen Monat in Wien und darbte mit den Studenten, während ich auf einen Geldbetrag wartete, der nie eintraf. Frau Fridas unvorhergesehene und großzügige Besuche in der Kneipe wurden damals zu Festen in unserem dürftigen Dasein. An einem jener bierseligen Abende flüsterte sie mir mit einer Dringlichkeit, die keinerlei Zeitaufschub duldete, ins Ohr:

«Ich bin nur gekommen, um dir zu sagen, dass ich gestern Nacht von dir geträumt habe», sagte sie zu mir. «Du musst sofort abreisen und darfst in den nächsten fünf Jahren nicht mehr nach Wien kommen.»

Sie war so felsenfest davon überzeugt, dass ich mich noch in derselben Nacht in den letzten Zug nach Rom setzte. Mich hat das dermaßen beeindruckt, dass ich mich seitdem als Überlebenden einer Katastrophe betrachte, die mir unbekannt geblieben ist. Ich bin noch nicht nach Wien zurückgekehrt.

Vor dem Unglück von Havanna hatte ich Frau Frida in

Frau Frida en Barcelona, de una manera tan inesperada y casual que me pareció misteriosa. Fue el día en que Pablo Neruda pisó tierra española por primera vez desde la Guerra Civil, en la escala de un lento viaje por mar hacia Valparaíso. Pasó con nosotros una mañana de caza mayor en las librerías de viejo, y en *Porter* compró un libro antiguo, descuadernado y marchito, por el cual pagó lo que hubiera sido su sueldo de dos meses en el consulado de Rangún. Se movía por entre la gente como un elefante inválido, con un interés infantil en el mecanismo interno de cada cosa, pues el mundo le parecía un inmenso juguete de cuerda con el cual se inventaba la vida.

No he conocido a nadie más parecido a la idea que uno tiene de un Papa renacentista: glotón y refinado. Aun contra su voluntad, siempre era él quien presidía la mesa. Matilde, su esposa, le ponía un babero que parecía más de peluquería que de comedor, pero era la única manera de impedir que se bañara en salsas. Aquel día en *Carvalleiras* fue ejemplar. Se comió tres langostas enteras descuartizándolas con una maestría de cirujano, y al mismo tiempo devoraba con la vista los platos de todos, e iba picando un poco de cada uno, con un deleite que contagiaba las ganas de comer: las almejas de Galicia, los percebes del Cantábrico, las cigalas de Alicante, las *espardenyas* de la Costa Brava. Mientras tanto, como los franceses, sólo hablaba de otras exquisiteces de cocina, y en especial de los mariscos prehistóricos de Chile que llevaba en el corazón. De pronto dejó de comer, afinó sus antenas de bogavante, y me dijo en voz muy baja:

– Hay alguien detrás de mí que no deja de mirarme.

Miré por encima de su hombro, y así era. A sus espaldas, tres mesas más allá, una mujer impávida con un anticuado sombrero de fieltro y una bufanda

Barcelona wiedergesehen, so unerwartet und zufällig, dass es mit wunderlich vorkam. Es war an dem Tag, als Pablo Neruda zum ersten Mal seit dem Bürgerkrieg wieder spanischen Boden betrat, bei einem Zwischenhalt auf seiner gemächlichen Schiffsreise nach Valparaiso. Er verbrachte mit uns einen Vormittag auf der Pirsch in Buchantiquariaten und kaufte bei *Porter* ein altes Buch, das welk aussah und fast auseinanderfiel, und zahlte dafür so viel, wie er einst am Konsulat in Rangoon in zwei Monaten verdient hatte. Er bewegte sich durch die Menschen wie ein kranker Elefant, mit einem kindlichen Interesse für die innere Beschaffenheit eines jeden Dinges, denn die Welt erschien ihm wie ein riesiges Aufziehspielzeug, mit dem man das Leben erfinden konnte.

Ich habe nie jemanden kennengelernt, der so sehr dem Bild entsprach, das man von einem Renaissancepapst hat: genusssüchtig und hochkultiviert. Selbst gegen seinen Willen war er an jedem Tisch der Mittelpunkt. Seine Frau Matilde legte ihm ein Lätzchen um, das eher zu einem Frisiersalon als einem Esslokal passte, aber nur so konnte verhindert werden, dass er in Saucen badete. Jener Tag im *Carvalleiras* war beispielhaft. Neruda aß drei ganze Langusten, die er mit der Meisterschaft eines Chirurgen zerlegt hatte, und verschlang mit den Augen gleichzeitig die Gerichte aller anderen, pickte bei jedem ein wenig, und zwar so genussvoll, dass seine Esslust ansteckte: auf die Venusmuscheln aus Galizien, die Krustentiere aus dem Kantabrischen Meer, die Krebse aus Alicante, die *espardenyas* von der Costa Brava. Währenddessen sprach er, wie die Franzosen, nur von anderen Köstlichkeiten der Küche, insbesondere von den urweltlichen Seemuscheln aus Chile, die er im Herzen trug. Plötzlich hörte er auf zu essen, spitzte seine Hummerfühler und sagte ganz leise zu mir:

«Da ist jemand hinter mir, der mich ununterbrochen ansieht.»

Ich schaute über seine Schulter, und so war es. Hinter seinem Rücken, drei Tische weiter, saß unerschütterlich eine Frau mit einem altmodischen Filzhut und einem brom-

morada, masticaba despacio con los ojos fijos en él. La reconocí en el acto. Estaba envejecida y gorda, pero era ella, con el anillo de serpiente en el índice.

Viajaba desde Nápoles en el mismo barco que los Neruda, pero no se habían visto a bordo. La invitamos a tomar el café en nuestra mesa, y la induje a hablar de sus sueños para sorprender al poeta. Él no le hizo caso, pues planteó desde el principio que no creía en adivinaciones de sueños.

– Sólo la poesía es clarividente – dijo.

Después del almuerzo, en el inevitable paseo por las Ramblas, me retrasé a propósito con Frau Frida para refrescar nuestros recuerdos sin oidos ajenos. Me contó que había vendido sus propiedades de Austria, y vivía retirada en Porto, Portugal, en una casa que describió como un castillo falso sobre una colina desde donde se veía todo el océano hasta las Américas. Aunque no lo dijera, en su conversación quedaba claro que de sueño en sueño había terminado por apoderarse de la fortuna de sus inefables patrones de Viena. No me impresionó, sin embargo, porque siempre había pensado que sus sueños no eran más que una artimaña para vivir. Y se lo dije.

Ella soltó su carcajada irresistible. «Sigues tan atrevido como siempre», me dijo. Y no dijo más, porque el resto del grupo se había detenido a esperar que Neruda acabara de hablar en jerga chilena con los loros de la Rambla de los Pájaros. Cuando reanudamos la charla, Frau Frida había cambiado de tema.

– A propósito – me dijo –: Ya puedes volver a Viena.

Sólo entonces caí en la cuenta de que habían transcurrido trece años desde que nos conocimos.

– Aun si tus sueños son falsos, jamás volveré – le dije –. Por si acaso.

A las tres nos separamos de ella para acompa-

beerfarbenen Schal, sie kaute bedächtig und hatte die Augen unverwandt auf ihn gerichtet. Ich erkannte sie sofort. Sie war gealtert und dick, aber sie war es, mit dem Schlangenring am Zeigefinger.

Sie reiste seit Neapel auf demselben Schiff wie die Nerudas, aber sie hatten sich an Bord nicht gesehen. Wir luden sie zum Kaffee an unseren Tisch ein, und ich brachte sie dazu, von ihren Träumen zu sprechen, um den Dichter in Staunen zu versetzen. Er ging nicht darauf ein, stellte auch gleich zu Anfang klar, dass er nicht an Traumdeutungen glaube.

«Nur die Poesie ist hellseherisch», sagte er.

Nach dem Mittagessen, beim unvermeidlichen Spaziergang auf den Ramblas, blieb ich absichtlich zurück, um fern von fremden Ohren mit Frau Frida Erinnerungen aufzufrischen. Sie erzählte mir, sie habe ihren Besitz in Österreich verkauft und lebe zurückgezogen in Porto, Portugal, in einem Haus, das sie als ein unechtes Schloss auf einem Hügel beschrieb, von dem aus man über den ganzen Ozean bis nach Amerika sehen könne. Auch ohne dass sie es sagte, ging aus dem Gespräch hervor, dass sie sich Traum für Traum schließlich das ganze Vermögen ihrer unvergleichlichen Wiener Herrschaft angeeignet hatte. Das erstaunte mich jedoch nicht, denn ich hatte schon immer gemeint, dass ihre Träume nichts anderes als ein Trick waren, um leben zu können. Und ich sagte es ihr.

Sie brach in ihr unwiderstehliches Gelächter aus. «Du bist noch immer so frech», sagte sie. Und sagte nichts weiter, weil der Rest der Gruppe stehengeblieben war und auf Neruda wartete, der mit den Papageien auf der Rambla de los Párajos chilenischen Kauderwelsch sprach. Als Frau Frida und ich unsere Plauderei wieder aufnahmen, hatte sie das Thema gewechselt.

«Übrigens, du kannst wieder nach Wien», sagte sie.

Da erst merkte ich, dass dreizehn Jahre vergangen waren, seitdem wir uns kennengelernt hatten.

«Selbst wenn deine Träume falsch sind, ich gehe nie wieder hin», sagte ich zu ihr. «Vorsichtshalber.»

Um drei trennten wir uns von ihr, um Neruda zu seiner

ñar a Neruda a su siesta sagrada. La hizo en nuestra casa, después de unos preparativos solemnes que de algún modo recordaban la ceremonia del té en el Japón. Había que abrir unas ventanas y cerrar otras para que hubiera el grado de calor exacto y una cierta clase de luz en cierta dirección, y un silencio absoluto. Neruda se durmió al instante, y despertó diez minutos después, como los niños, cuando menos pensábamos. Apareció en la sala restaurado y con el monograma de la almohada impreso en la mejilla.

– Soñé con esa mujer que sueña – dijo.

Matilde quiso que le contara el sueño.

– Soñé que ella estaba soñando conmigo – dijo él.

– Eso es de Borges – le dije.

Él me miró desencantado.

– ¿Ya está escrito?

– Si no está escrito lo va a escribir alguna vez – le dije –. Será uno de sus laberintos.

Tan pronto como subió a bordo, a las seis de la tarde, Neruda se despidió de nosotros, se sentó en una mesa apartada, y empezó a escribir versos fluidos con la pluma de tinta verde con que dibujaba flores y peces y pájaros en las dedicatorias de sus libros. A la primera advertencia del buque buscamos a Frau Frida, y al fin la encontramos en la cubierta de turistas cuando ya nos íbamos sin despedirnos. También ella acababa de despertar de la siesta.

– Soñé con el poeta – nos dijo.

Asombrado, le pedí que me contara el sueño.

– Soñé que él estaba soñando conmigo – dijo, y mi cara de asombro la confundió – ¿Qué quieres? A veces, entre tantos sueños, se nos cuela uno que no tiene nada que ver con la vida real.

No volví a verla ni a preguntarme por ella hasta que supe del anillo en forma de culebra de la mujer que murió en el naufragio del Hotel Riviera. Así que no resistí la tentación de hacerle pre-

heiligen Siesta zu geleiten. Er hielt sie bei uns zu Hause, nach feierlichen Vorbereitungen, die irgendwie an die Teezeremonie in Japan erinnerten. Man musste die einen Fenster öffnen, andere schließen, um die genau richtige Temperatur zu erreichen, er brauchte eine ganz bestimmte Art von Licht aus einer bestimmten Richtung und absolute Stille. Neruda schlief sofort ein und wachte zehn Minuten später auf, wie die Kinder, wenn man es am wenigsten erwartet. Er erschien erholt im Wohnzimmer, auf der Wange war noch das Monogramm des Kopfkissens eingeprägt.

«Ich habe von der träumenden Frau geträumt», sagte er. Matilde wollte, dass er den Traum erzählte.

«Ich habe geträumt, dass sie von mir träumt», sagte er.

«Das ist von Borges», sagte ich.

Er sah mich enttäuscht an.

«Ist das schon geschrieben?»

«Wenn er es noch nicht geschrieben hat, wird er es irgendwann schreiben», sagte ich. – «Das wird eins seiner ‹Labyrinthe›.»

Kaum war Neruda um sechs Uhr abends an Bord gegangen, verabschiedete er sich von uns, setzte sich an einen abseits stehenden Tisch und schrieb fließend seine Verslein, mit Feder und grüner Tinte, so wie er die Blumen, Fische und Vögel für die Widmungen seiner Bücher zeichnete. Nach dem ersten Schiffssignal suchten wir Frau Frida und fanden sie schließlich auf dem Touristendeck, als wir schon ohne Abschied gehen wollten. Auch sie war gerade von der Siesta aufgewacht.

«Ich habe von dem Dichter geträumt», sagte sie uns.

Erstaunt bat ich sie, mir den Traum zu erzählen.

«Ich habe geträumt, er träumt von mir», sagte sie, und mein staunendes Gesicht verwirrte sie: «Was willst du? Bei so vielen Träumen schleicht sich manchmal einer ein, der nichts mit dem wirklichen Leben zu tun hat.»

Ich habe sie nicht wiedergesehen und mir auch keine Gedanken über sie gemacht, bis ich von dem schlangenförmigen Ring der Frau erfuhr, die bei dem Unglück am Hotel Riviera gestorben war. So konnte ich der Versuchung nicht

guntas al embajador portugués cuando coincidimos, meses después, en una recepción diplomática. El embajador me habló de ella con un gran entusiasmo y una enorme admiración. « No se imagina lo extraordinaria que era », me dijo. « Usted no habría resistido la tentación de escribir un cuento sobre ella. » Y prosiguió en el mismo tono, con detalles sorprendentes, pero sin una pista que me permitiera una conclusión final.

– En concreto, – le precisé por fin –: ¿qué hacía?

– Nada – me dijo él, con un cierto desencanto –. Soñaba.

widerstehen, dem portugiesischen Botschafter Fragen zu stellen, als wir Monate später bei einem diplomatischen Empfang zusammentrafen. Der Botschafter sprach mit großer Begeisterung und einer enormen Bewunderung von ihr. « Sie können sich nicht vorstellen, was für ein außerordentlicher Mensch sie war », sagte er zu mir. « Sie hätten der Versuchung nicht widerstehen können, eine Geschichte über sie zu schreiben. » Und fuhr in der gleichen Tonlage mit erstaunlichen Einzelheiten fort, gab mir aber keinen Hinweis, der mir endgültige Klarheit verschafft hätte.

« Kurz und gut », wollte ich schließlich wissen, « was machte sie eigentlich? »

« Nichts », sagte er sichtlich ernüchtert. « Sie träumte. »

Darío Ruiz Gómez

Para decirle adiós a mamá

Mamá había llorado toda la noche. A las cuatro de la mañana cuando ya no pude soportar su llanto en que en un solo tono de voz repetido y fastidioso hacía de lamento, me levanté y descubrí que sentada en el borde de la cama lloraba mientras rezaba el rosario. Su cuerpo inmenso y blanco resplandecía entre la azulada tonalidad de la penumbra. Se había bebido el vaso de leche pero no había querido tomarse el calmante que Rodrigo le había recomendado. Tratar de explicarle algo, de llamarla al orden, decirle que se acostara era imposible ya que al mínimo intento de decirle una palabra, echaba hacia atrás la cabeza, replegaba la papada y en sus ojos verdes aparecía un tono neutro, casi despectivo. Vista así era tan lejana como una de esas mujeres que rezan en los templos vacíos.

De manera que ante aquellos gestos desaparecía en uno, como por encanto, todo afecto inmediato; y allí enfrente únicamente quedaba la visión de una vieja mujer, los racimos amoratados de los brazos temblando al compás de los sollozos, lastimera es cierto pero vista más como una paciente de la cual no se sabe nada en absoluto que como lo que en realidad tenía que ser ante nosotros en ese momento: una madre abandonada. Pues Hipólito Jaramillo su esposo durante cuarenta y cinco años y padre de sus tres hijos se había marchado de la casa para no volver jamás. Esa era la evidencia que ella había encontrado no sólo por la clásica carta colocada estratégicamente para ser descubierta, además, en el momento preciso y en donde igualmente se debían leer los clásicos argumentos, sino porque vestidos, zapatos, lociones, habían desaparecido al regresar aquel domingo de la finca: ¿no bastó acaso para entenderlo el silencio aterrador

Darío Ruiz Gómez
Um Mama Lebewohl zu sagen

Mama hatte die ganze Nacht geweint. Als ich um vier Uhr morgens ihr Weinen nicht mehr länger ertragen konnte, denn ihre Klage bestand nur aus einem einzigen stets wiederholten zermürbenden Ton, stand ich auf und stellte fest, dass sie auf der Bettkante sitzend weinte und dazu den Rosenkranz betete. Ihr massiger weißer Leib stach aus dem bläulichen Halbdunkel heraus. Sie hatte das Glas Milch ausgetrunken, aber das Schlafmittel, das ihr Rodrigo empfohlen hatte, nicht nehmen wollen. Zu versuchen, ihr etwas zu erklären, sie zur Vernunft zu bringen, ihr zu sagen, sie solle sich niederlegen, war unmöglich, denn schon beim behutsamsten Anlauf, das Wort an sie zu richten, warf sie den Kopf zurück und faltete das Kinn, und ihre grünen Augen verloren den Ausdruck oder blickten fast verächtlich. Als ich sie so sah, kam sie mir ganz weit weg vor, fast wie eine der Frauen, die in leeren Kirchen beten.

Bei solchem Gehaben verflüchtigte sich wie durch Zauberhand jede unmittelbare Zuneigung, und vor Augen saß nur eine alte Frau mit zwei schlaffen blauroten Armen – wie schwere reife Trauen am Rebstock hingen sie herab – die im Takt ihres Schluchzens zitterten; sicher, es war mitleiderregend, aber man betrachtete sie eher wie eine Kranke, von der man eigentlich nur das weiß, was sie in diesem Augenblick für uns sein sollte: eine verlassene Mutter. Denn Hipólito Jaramillo, fünfundvierzig Jahre lang ihr Gatte und der Vater ihrer drei Kinder, war von zu Hause weggegangen, um nie mehr zurückzukommen. Das war die augenfällige Gewissheit, die sie am Sonntagabend bei der Heimkehr vom Landgut vorgefunden hatte, nicht nur, weil der klassische Brief an strategisch günstiger Stelle gelegen hatte, damit er im richtigen Augenblick entdeckt und die ebenfalls klassischen Beweggründe gelesen würden, mehr noch, weil Kleider, Schuhe, Toilettensachen verschwunden waren: Genügte eigentlich zum Verstehen die erschreckende Stille nicht, die sie beim Aufschließen der

que los cubrió al abrir la puerta? ¿Esa dolida oscuridad que inicialmente los llevó a pensar en lo peor, un crimen para no ir muy lejos?

Durante esos cuarenta y cinco años la vida de ambos se había enfrentado a muchos sinsabores y no de tipo económico hay que decirlo, pues Hipólito por razones de herencia paterna tenía tres fincas ganaderas y varios locales comerciales. Y aquel capital supo incrementarlo con la colaboración de Juan Pedro y Fabio los hijos mayores, abogado y economista respectivamente. Ella criada en los principios religiosos de una familia de Sonsón en la cual se contaban varios sacerdotes, desde el comienzo del matrimonio redujo su vida matrimonial a lo más estricto, el tener hijos. Otra cosa, una caricia, un beso debían suponer para su alma piadosa de fervorosa católica algo así como un desacato a Dios, una condescendencia con el demonio. De manera que esa misma moral trató de inculcarla a todos sus hijos e igualmente Hipólito supo respetar en silencio aquellas normas especiales nacidas después de un largo proceso histórico lleno de sufrimientos y renuncias. Virtudes que era fácil descubrir en el rostro de los abuelos, rosados, hieráticos; casi que se podía ver en sus manos los sabañones, en los dedos gruesos, los pies húmedos, callosos, el eco sordo de los largos inviernos en cuya monotonía pareció verse lejano el inusitado cambio que al cabo de pocos años había sufrido aquella fría y desapacible provincia; pero eso sí sin que para nada cambiara aquella virtuosa manera de contemplar la vida, de levantarse cada mañana a enfrentar a los demás humanos, de encontrar en la oración una justificación del éxito económico.

Y ese color de un verde intenso pero difuso a la vez, inquietante hasta la desolación, era pues el distintivo de aquella alma de mujer que había entrado en el siglo XX sin renunciar a ninguna de

Tür umfing? Die schmerzende Dunkelheit, die sie anfänglich das Schlimmste ahnen ließ, ein Verbrechen, um nur das Nächstliegende zu nennen?

In den fünfundvierzig Jahren hatten beide allerlei Widerwärtigkeiten zu bestehen gehabt, nicht wegen Geldsorgen, das muss gesagt sein, denn Hipólito hatte von seinem Vater drei Viehzuchtbetriebe und mehrere Ladengeschäfte geerbt. Dieses Kapital wusste er zusammen mit den beiden älteren Söhnen Juan Pedro und Fabio – Rechtsanwalt der eine, Betriebswirt der andere – stetig zu vermehren. Die Frau war in Sonsón in einer streng katholischen Familie aufgewachsen, aus welcher mehrere Priester hervorgegangen waren, und so hatte sie ihr Eheleben von allem Anfang an auf das unbedingt Nötige beschränkt, auf das Kinderkriegen. Etwas anderes, eine Liebkosung, ein Kuss, musste für die fromme Seele der glühenden Katholikin sozusagen eine Gotteslästerung bedeuten, ein Zugeständnis an den Teufel. Darum versuchte sie, die gleiche Moral allen ihren Kindern einzuimpfen, und auch Hipólito lernte die besonderen Regeln, die in langer geschichtlicher Entwicklung aus vielen Opfern und Entsagungen herausgewachsen waren, stillschweigend achten. Diese Tugenden waren in den feierlich ernsten rosigen Gesichtern der Großeltern leicht zu entdecken: fast konnte man auf ihren Händen noch die Frostbeulen sehen, auf ihren dicken Fingern und nassen schwieligen Füßen die langen Winter noch nachspüren, in deren Eintönigkeit ganz von fern der ungewöhnliche Wandel erkennbar schien, den jene kalte unwirtliche Provinz in wenigen Jahren durchgemacht hatte. Aber das alles hatte die tugendhafte Art, das Leben zu betrachten, nicht beeinflusst, auch nicht die Gewohnheit, jeden Tag aufzustehen, um sich erneut mit den anderen Menschen auseinanderzusetzen und im Gebet die Rechtfertigung für den wirtschaftlichen Erfolg zu finden.

Diese sattgrüne und gleichzeitig unbestimmte bis zur Verzweiflung beunruhigende Farbe zeichnete also die Seele dieser Frau aus, die ins zwanzigste Jahrhundert eingetreten war, ohne ein einziges Wort ihrer Großeltern

sus palabras, sin abandonar ninguno de los hábitos de aquellos abuelos, tal como si lo que en realidad hubiese querido era – y ahí estaba ese caserón para atestiguarlo – negarse a aceptar el presente, quedarse a vivir en aquella arcadia mental donde ningún familiar pudiera estar expuesto a los extravíos de la actualidad. Y no es que esa autoridad se hubiera manifestado en castigos corporales, ya que bastaba la expresión de la cara, la sutil y rigurosa manera de hacer cumplir los ritos familiares para que hasta el más despistado de los hijos terminara por plegarse a aquel orden marcial, baño de las seis de la mañana, rezo del rosario a las siete de la noche, etc. De modo que en algún lugar del corazón de aquellos niños, había quedado impresa para siempre la visión de la oscura casa, las lánguidas luces, el aire triste de los patios, el silencio roto apenas por una risa infantil, tímida y condescendiente; tal vez algún rumor perdido, y, exactas, las campanadas de la iglesia de San Ignacio.

«¿Soy cristiano?» «Sí, por la gracia de Dios». En el lívido color de aquel aire toda la luz verdadera parecía condenada. Y de esa lívida transparencia surgía la figura de una mujer joven, una adolescente blanca y sonrosada que llevaba en las manos una bandeja con los platos de la comida. Y en la dispersa memoria de los hijos de hoy vive la sonrisa de ese rostro pulcro, al apagar las luces en la noche, al colocar la ropa en los armarios, olorosa su ropa a limpio, apenas con algunas palabras para insinuar algo, para dar a entender a los aterrados párvulos que una pizca de bondad quedaba en el mundo. De manera que de su mano venían también las camisas, los pantalones, los calcetines y los zapatos brillantes. Su rostro níveo bajo esa luz de la infancia es ahora el rostro de una hada en medio de aquel mortal ambiente; un susurro, los labios finos que cantaban extrañas y remotas canciones que llega-

anzuzweifeln oder auf eine einzige ihrer Gewohnheiten zu verzichten, als ob sie nur das eine gewollt hätte – hier stand ihr stattliches Haus, es zu bezeugen – sich zu weigern, die Gegenwart hinzunehmen, um stattdessen in dem geistigen Arkadien zu leben, wo keines ihrer Familienmitglieder den Irrwegen der neuen Zeit ausgesetzt sein konnte. Ihre Autorität zeigte sich gar nicht etwa in Körperstrafen, es genügte ihr Gesichtsausdruck, ihre kaum merkliche, aber unerbittliche Art, die Familienriten durchzusetzen, damit sich auch das fahrigste ihrer Kinder der militärischen Ordnung fügte: Baden um sechs Uhr morgens, Rosenkranz um sieben Uhr abends usw. So war den Kindern in irgendeinem Winkel ihrer Herzen das Bild des düsteren Hauses mit den schummrigen Lampen und dem trostlos öden Innenhof sowie die kaum durch ein rücksichtsvoll schüchternes Kinderlachen gebrochene Stille für immer eingeprägt geblieben, vielleicht sonst noch das eine oder andere Geräusch, aber sicher ganz genau die Glockenschläge der Ignatius-Kirche.

«Bin ich Christ?» «Ja, durch die Gnade Gottes». In der fahlen Farbe dieser Luft schien jedes richtige Licht zum Ersterben verdammt. Doch nahm in der fahlen Durchsichtigkeit eine junge Frau Gestalt an, ein weißes, rosig frisches Mädchen, das ein Servierbrett mit Essensschüsseln in der Hand hielt. In den Kindern von damals lebt heute noch trotz Gedächtnislücken das Lächeln auf jenem lieblichen Gesicht – abends beim Lichtlöschen oder beim Wäscheeinräumen im Schrank – es lebt noch der Duft ihrer sauber gewaschenen Kleider, ihre Art, mit wenigen Worten etwas anzudeuten, den eingeschüchterten Kleinen verständlich zu machen, dass noch eine Prise Güte in der Welt verblieben war. Aus ihrer Hand kamen auch die Hemden und Hosen, die Socken und die glänzenden Schuhe. Ihr im Licht der Kindheit schneeweißes Antlitz ist heute das Antlitz einer Fee inmitten der Grabesstimmung; es ist ein Wispern, es sind die zarten Lippen, die seltsame ferne Lieder sangen, welche die Kinder bis in

ban hasta el sueño de los niños y los llevaban hacia los palacios y albercas, altas y doradas montañas, inquietantes alamedas en cuyo final estallaba, sin embargo, la más familiar de las luces.

Mamá continuaba sollozando y su desolación seguía siendo helada, totalmente ajena al interés con que sus hijos trataban de consolarla. Ester trajo una taza de manzanilla y volvió a insistir en que se tomara el calmante que aún estaba sobre la mesa de noche. Al moverse en un gesto de desagrado, el rosario se desprendió de su mano y cayó al suelo con un ruido tintineante. Ester tuvo que agacharse y entregárselo de nuevo.

Al recibirlo, mecánicamente empezó otra vez a susurrar la misma oración, moviendo los labios que decían palabras sin eco alguno, sin sentido alguno, gélidas como el aire que definía su piel, que hablaba de su pasado, de aquellos antepasados a los cuales parecía haber convocado en ese momento de suprema tristeza. La primera claridad de la mañana asomó, descubriendo casi con crueldad, aquella escena donde la actitud de unos y de otros reflejaba la incertidumbre de la espera.

Ella ni siquiera sollozaba realmente y más pálida aún en esa claridad recordaba una figura de mármol colocada sobre la tumba de alguien en un olvidado cementerio. Hizo señas de que quería ir al baño y Ester tuvo que llevarla casi en vilo; era como si aquel descubrimiento de la luz, la certeza de la huida de su esposo le hubieran paralizado ambas piernas; antes que el ruido de un automóvil fue entonces el ruido de sus meados lo que introdujo un significado a aquella mañana en que el rastro de Hipólito Jaramillo había desaparecido para siempre: su retrato colocado sobre la mesa de noche era ahora el rostro de un antiguo visitante. Y ¿quién se atrevería a decir que
en esa cama había dormido durante años? ¿Quién 84
podría imaginar allí cualquier intimidad? ¿Y quién 85

den Schlaf begleiteten und zu Palästen und Teichen, hohen goldenen Bergen und beängstigenden Alleen entführten, an deren Ende jedoch das vertrauteste aller Lichter aufschien.

Mama schluchzte immer noch vor sich hin, ihre Verzweiflung war nach wie vor eisig starr und unerreichbar für das warme Bemühen ihrer Kinder, sie zu trösten. Ester brachte ihr eine Tasse Kamillentee und legte ihr nochmals nahe, doch das Schlafmittel zu nehmen, das noch auf dem Nachttischchen lag. Als sie eine abwehrende Bewegung machte, entglitt ihr der Rosenkranz und fiel rasselnd zu Boden. Ester musste niederkauern, um ihn aufzuheben und ihr wieder zu reichen.

Kaum hatte sie ihn wieder in der Hand, murmelte sie gedankenlos dieselben Gebete weiter; sie bewegte die Lippen und sagte Worte ohne Widerhall, ohne Sinn, sie waren frostig wie die Luft, die ihrer Haut die Beschaffenheit gab, von ihrer Vergangenheit redete und von ihren Vorfahren, welche sie wohl in diesem Augenblick tiefster Traurigkeit angerufen hatte. Das erste Licht des dämmernden Morgens deckte fast grausam auf, wie verschieden die Beteiligten mit ihrer Haltung die Ungewissheit des Wartens ausdrückten.

Sie schluchzte eigentlich gar nicht und wirkte jetzt im Morgenlicht noch blasser, erinnerte eher an eine Marmorfigur auf einem Grab in einem vergessenen Friedhof.
Sie bedeutete, sie wolle auf die Toilette gehen, und Ester musste sie beinahe tragen; es war, als hätte erst das Tageslicht die Flucht ihres Gatten richtig aufgedeckt und als hätte diese Gewissheit ihr beide Beine gelähmt. Eher noch durch das Geräusch des Urins als durch ein vorbei fahrendes Auto bekam der Morgen, an dem Hipólito Jaramillos Spur sich für immer verloren hatte, seine Bedeutung:
sein Bildnis auf dem Nachttischchen war nun das Gesicht eines Besuchers aus früheren Zeiten. Wer wagte es, jetzt noch zu sagen, dass er viele Jahre lang in diesem Bett geschlafen hatte? Wer konnte sich hier irgendwelche Vertraulichkeit vorstellen? Wer konnte sich überdies ausdenken,

además podría pensar que allí de espaldas a ella había fraguado su retirada ante el llamado de la vida?

En la habitación además nada parecía haber acontecido, así de intemporal se sentía el ambiente: por la cama de comino crespo, por las mesitas, por el escaparate que parecía observar desde una penumbra fría. Hasta allí habían llegado entonces las manos gruesas pero no vulgares, el rostro susurrante que destendía la cama, y dejaba sobre cada mesa de noche un vaso de agua y colocaba sobre la cama las dos pijamas. Seguramente en la mañana recogiendo la ropa sucia, tendiendo la cama, brillaría ella el vidrio de aquel retrato donde Hipólito Jaramillo con una mirada llena de picardía se había detenido en el espacio de esos años en que la infancia de aquellos muchachitos empezaba apenas a golpearse contra las primeras evidencias de la vida. En que las húmedas luces de la casa se iban fijando sobre las sienes tiernas como una imagen ya imborrable y a través de la cual el mundo seguiría teniendo una perspectiva desolada, tal como si el ejercicio espontáneo de una sonrisa, de una alegría estuviera desterrada también para siempre.

Tímidamente aquella figura fue introduciendo en el ambiente helado un toque de dulzura y de este modo cruza por la mente a través de los años, siempre la misma, siempre su mirada apacible, sin palabras que llegaran a limitarla definiéndola, presentándola como una vida más y no como la imagen intemporal que seguiría siendo porque al recordarla incluso en el presente continuaba siendo la misma que los había visto crecer y llegar al primer pecado sin que al parecer nada hubiera cambiado en el interior de aquel maravilloso organismo: ¿qué había allí después de la cocina? ¿Allí donde su intimidad se resguardaba de todas las miradas? En este instante la penumbra de un corredor, el bombillo solitario y después el espacio sin nombre donde cada noche se perdía y donde debía ser otra en su quietud, en la

dass er hier mit dem Rücken zu ihr dem Ruf des Lebens folgend seinen Weggang geschmiedet hatte?

Zudem schien sich im Zimmer überhaupt nichts ereignet zu haben, so zeitlos sah es aus mit dem Bett aus geflammtem Comino-Holz, den Nachttischchen, dem großen Spiegelschrank, der aus dem kalten Halbdunkel heraus zu beobachten schien. Bis dahin waren also die dicken, aber nicht groben Hände gelangt und das sanfte Gesicht, womit sie die Bettdecke zurückschlug, auf jedes Nachttischchen ein Glas Wasser stellte und die beiden Schlafanzüge bereitlegte. Sicher hatte sie am Morgen beim Aufheben der schmutzigen Wäsche und beim Bettenmachen auch das Bilderglas blank gerieben, wo Hipólito Jaramillo mit schelmenhaftem Blick die Jahre überdauert hatte, in denen die Kinder ihre ersten Lebenserfahrungen machten, in denen das schummrige Licht im Hause sich auf den sanften Schläfen zu einem nicht mehr auszutilgenden Bild niederschlug, wodurch die Welt ein trostloses Aussehen bekam, als wäre jedes ungezwungene Lächeln, jeder Ausdruck der Freude für immer daraus verbannt.

Behutsam hatte jene Gestalt in die frostige Umgebung einen Tupfer milde Wärme gesetzt, und so geht sie über die vielen Jahre hinweg durch die Köpfe, ist immer die gleiche geblieben mit dem immer gleichen sanften Blick – ohne Worte jedoch, denn solche hätten sie einschränken und begrenzen und als eine zusätzliche Person erscheinen lassen können anstatt als ein zeitloses und immer gleiches Bild; sogar wenn sie jetzt an sie dachten, war sie noch dieselbe, die sie hatte aufwachsen und die ersten Sünden begehen sehen, und nichts schien sich im Innern der wunderbaren Gestalt verändert zu haben: Was gab es dort nach der Küchenarbeit? Dort, wo sich ihr eigentliches Wesen allen Blicken entzog? Jetzt das Halbdunkel des Flurs, die einzige Glühbirne, später der namenlose Raum, wo sie jede Nacht entschwand und wo sie eine andere sein musste in ihrem ruhigen Frieden, in ihrer Art, die Träume heraufzubeschwören, die Farbe und den Geschmack der

manera de atraer los sueños y conservar intactos los colores, el sabor de las cosas, preservar su pasado.

Después llegó Fabio, precedido casi del olor a una pésima colonia. Y al hablar sin preámbulos afirmaba con tono franco lo que aquella situación le planteaba a él y a su familia; tal pues como si no se tratara del problema de dos almas que jamás llegaron a conocerse sino de un problema político cuyas consecuencias en el orden social eran impredecibles, ya que hasta ese momento desconocía las repercusiones que el acto de Hipólito podría tener en los negocios familiares, si es que, por ejemplo, Hipólito había decidido también renunciar a esos negocios, lo que insinuó enarcando las cejas y poniendo la mano sobre el hombro de su mujer. La esposa Trina quien hacía gestos de supuesta desesperación, abría los ojos recorriendo cada cosa, cada porcelana como si pensara que algo faltaba, que Hipólito había roto también aquel orden de cosas, que uno de esos objetos incorporados a la costumbre de la casa había desaparecido y estaría ahora en aquellas manos que lo mancillaban. Fue ella quien entró a la pieza del servicio y empezó a retujarlo todo hasta que regresó iracunda con una foto de Hipólito sonriente como siempre. Lo que indicaba que durante todos esos años de aparente y fría calma, de mustia cotidianidad, él había ido desarrollando su estrategia, ya que en la foto aparecía de chaleco y sombrero y poniendo gesto de joven vividor, detalle que indicaba una temprana y vigorosa identidad, una radical confianza mutua para estar allí resistiendo los silencios, los pequeños ultrajes. Descubrimiento que en la cabeza de mamá debió resonar como el golpe seco de un badajo: ¿cómo habían logrado mantener el secreto durante tantos años? ¿Cómo no había logrado ella descubrir siquiera un gesto de complicidad? Volvió a meterse 88
entre la cama y se cubrió la cabeza con la sábana. 89

Dinge unversehrt zu bewahren und deren Vergangenheit zu hüten.

Dann kam Fabio, und fast schon im voraus roch man sein schlechtes Kölnisch Wasser. Ohne Vorgeplänkel legte er frei heraus dar, was für neue Gegebenheiten für ihn und seine Familie entstanden, so als handle es sich nicht um eine Angelegenheit zwischen zwei Seelen, die einander nie richtig kennengelernt hatten, sondern um ein politisches Ereignis, dessen Auswirkungen auf die Gesellschaftsordnung nicht vorhersehbar waren, denn bis zum gegenwärtigen Zeitpunkt wusste er noch nicht, welche Folgen Hipólitos Tat für die Familiengeschäfte haben könnten, ob zum Beispiel Hipólito beschlossen hatte, auch darauf zu verzichten, was er mit dem Hochziehen der Augenbrauen und mit der Hand, die er seiner Frau auf die Schulter legte, andeuten wollte. Die Gattin Trina öffnete nun mit Gebärden vorgetäuschter Verzweiflung die Augen und musterte mit ihrem Blick jeden Gegenstand, jede Porzellanfigur, als vermute sie, dass etwas fehle, dass Hipólito auch die Ordnung dieser Dinge durcheinandergebracht habe, dass einer der Gegenstände, die sich in den gewohnten Alltag des Hauses eingefügt hatten, verschwunden und nun in den Händen sei, die ihn besudelten. Sie ging ins Dienstmädchenzimmer und durchstöberte alles, bis sie zornig mit einem Foto zurückkam, wo Hipólito lächelte wie immer. Das wies darauf hin, dass er in all den Jahren scheinbar kalter Ruhe und dumpfer Alltäglichkeit seine Vorgehensweise zu entwickeln verstanden hatte, denn das Foto zeigte ihn mit Jacke und Hut, und seine Gebärde verriet den jungen Lebemann, ein Zeichen, dass er früh schon seine Eigenständigkeit kräftig behauptet und ein gegenseitiges Urvertrauen aufgebaut hatte, womit er dem Schweigen und den kleinen Demütigungen stets standzuhalten vermochte. Diese Entdeckung musste in Mamas Kopf wie der trockene Schlag eines mächtigen Klöppels dröhnen: Wie war es den beiden gelungen, das Geheimnis über so viele Jahre hinweg zu wahren? Wie hatte es das Mädchen fertiggebracht, auch nicht die kleinste Regung der Mitwisserschaft zu verraten? Sie legte sich wieder ins

Nadie sin embargo movió un dedo para consolarla ya que todo pareció tan mecánico que no llamó a compasión alguna.

Tal vez porque esa frialdad había sido su línea de conducta respecto a Hipólito y los hijos: que cada quien al enfermarse se bandeara por su lado. De manera que en aquellos años en que la fiebre anuncia la primeras dudas, en que el espacio grávido de la adolescencia irrumpe a las lágrimas, nadie había estado allí para acompañar perplejidades y terrores, fuera de aquel rostro que un milenario candor iluminaba, rostro sin voz pero que llevaba a la serenidad y la confianza. Pero a la vez un rostro sin familia, sin pasado conocido. De ahí que al recordarlo viniera hasta el presente en su verdadera dimensión: casi etéreo, solamente la mano que tocaba la frente o colocaba unos zapatos, solamente el vaso con leche en las primeras y furtivas borracheras. No era más y por eso había llegado de nuevo a los ojos de aquellos dos hombres que ahora se miraban poniéndose inconscientemente de acuerdo sobre lo que debía hacerse, y a quienes en verdad unía aquel momento que había regresado para hacer ver la vida del pasado de una manera más clara. Pero con esa claridad que no aceptamos de comienzo ya que las costumbres, la inercia del tiempo se han filtrado en nuestros huesos y el miedo de aceptar la realidad que llega de repente es más poderosa que cualquier razón por justa que ésta sea.

De este modo al hablar alguien del desayuno se logró esquivar por el momento aquella incertidumbre en que ambos habían quedado, esquivar la proximidad de esa figura que había regresado a ellos en el recuerdo vivo como la única imagen de su propio pasado. Ella, mamá, dejó que su voz se escuchara destemplada e hiriente ya que en aquella particular medida del dolor que vivía habían hecho irrupción todos aquellos tedios, aquellos fríos inviernos de

Bett und zog das Leintuch über den Kopf. Niemand rührte jedoch einen Finger, um sie zu trösten, denn alles wirkte jetzt so mechanisch, dass es kein Mitleid mehr weckte.

Vielleicht weil solche Kälte stets ihr Verhalten Hipólito und den Kindern gegenüber geprägt hatte: Wer krank wurde, musste selbst irgendwie zurecht kommen. So war in den Jahren, als Fieberschauer erste Zweifel ankündeten, als der Entwicklungsprozess den ganzen Raum beanspruchte und Tränenausbrüche verursachte, niemand da gewesen, Erschütterungen und Ängste aufzufangen – außer eben dem einen Gesicht, aus dem urzeitliche Reinheit leuchtete, dem Gesicht ohne Stimme, das trotzdem Heiterkeit und Geborgenheit verhieß. Gleichzeitig war es ein Gesicht ohne Herkunft und Familie. Bei der Erinnerung daran zeigte sich die Gestalt darum bis in die Gegenwart hinein in ihrer wahren Beschaffenheit: eine fast körperlose Erscheinung, eine Hand nur, welche die Stirn berührte oder die Schuhe hinstellte, oder nur das Glas Milch beim ersten heimlichen Rausch. Mehr war es nicht gewesen, und gerade darum stand sie den beiden Männern jetzt wieder vor Augen; sie schauten einander an und wurden sich unbewusst einig, was nun zu tun sei, denn jener Augenblick, der nun wieder gegenwärtig wurde, verband sie wahrhaftig und verdeutlichte ihnen das vergangene Leben. Aber solche Deutlichkeit wollen wir erst gar nicht zur Kenntnis nehmen, denn die lange gehegten Gewohnheiten und die Trägheit sitzen uns tief in den Knochen, und mächtiger ist die Angst, die plötzlich einbrechende neue Wirklichkeit hinzunehmen, als jeder Vernunftsgrund, so richtig er sein mag.

Erst als jemand von Frühstück sprach, wurde es deshalb möglich, für kurze Zeit die Ungewissheit zu zerstreuen, in der sie beide steckten, die Nähe der Gestalt auch zu verscheuchen, die in ihrer Erinnerung wieder lebendig geworden war als einziges Bild ihrer eigenen Vergangenheit. Mama ließ ihre krächzende durchdringende Stimme hören, denn mit diesem Mittel, ihren Schmerz auszudrücken, war auch die Düsternis längst vergangener Kindheitserlebnisse wieder durchgebrochen: die kalten Winter, die steifen

su lejana niñez, las oraciones yertas, la ausencia de alegría. La débil sombra del armario hacía más pétreo aún su rostro de pastora y en el aire fresco de la mañana las palabras adquirían la resonancia de un papel que se desgarra lentamente.

Hasta que cada uno de ellos logró entender que no era dolor lo que ella sentía sino un rencor profundo al imaginar que ahora los pasos que su marido estaba dando eran en verdad una reconciliación con el mundo y que por mucho que tratara de imaginarse nunca lograría ubicarlos en algún lugar exacto, viviendo en un sitio diferente a esa mustia habitación en donde ahora sus palabras convocaban a un pasado de tristezas, un agobio, un rezo monótono con el cual supuestamente ella agradecía a Dios el ser tan puros y tan comedidos, el ser virtuosos.

Afirmaba esto haciendo sonar el rosario al pasar un misterio, al elevar el tono de voz en el comienzo de la oración, invitándolos a hincarse, a seguirla en aquella supuesta práctica piadosa. Pero había algo en la frialdad de sus carnes, en la distancia que establecía su gesto que los mantenía mudos y alejados de aquel exorcismo. Y parecía verse a través del silencio de que todo se había revestido y donde mentalmente cada uno de ellos se había abstraído de los ruidos del día, el comedor bañado por el sol y aquellos muchachitos inclinados sobre la taza de chocolate, antes de que la joven mujer llegara para llevarlos a la plazuela. Y era el poder de ese recuerdo lo que hacía menos áspera la atmósfera del cuarto, aquella serie de objetos que singularmente seguían siendo fieles a su dueña y que yertos mantenían una recóndita solidaridad con la vieja mujer que sollozaba.

De pronto, al correr Fabio una cortina, la intensa luz del día recobró la dimensión estólida de los objetos, hizo más penosas las pequeñas penumbras donde habían ido a refugiarse los restos de ese pudor de madre herida. Y ahí se hizo más perentoria la

Gebete, das Fehlen jeglicher Fröhlichkeit. Der matte Schatten des Spiegelschranks versteinerte ihr Hirtinnengesicht noch mehr, und in der kühlen Morgenluft sirrten ihre Worte wie langsam zerreißendes Papier.

Bis schließlich jeder von ihnen zur Erkenntnis kam, dass es nicht Schmerz war, was sie fühlte, sondern tiefer Groll, wenn sie sich ausmalte, dass die Schritte ihres Gatten jetzt wahrhaftig eine Versöhnung mit der Welt waren und dass sie sich diese trotz allen ihren Bemühungen nie an einem bestimmten Ort vorstellen konnte, auch nicht, dass er irgendwo anders als in diesem muffigen Zimmer wohnte, wo jetzt ihre Worte trostlose beklemmende Vergangenheit und das eintönige Beten heraufbeschworen, womit sie vermutlich Gott dankte, dass sie alle so rein und so mäßig und so tugendhaft waren.

Sie bekräftigte dies, indem sie die Perlen ihres Rosenkranzes am Schluss eines jeden Geheimnisses hörbar aneinanderschlug und zu Beginn eines neuen Gebetes die Stimme hob, um sie auf diese Weise aufzufordern, auch hinzuknien und ihr in ihrer frommen Übung zu folgen. Aber etwas war in der Kälte ihres Körpers, in der Unnahbarkeit ihrer Haltung, was alle von diesem Reinigungsritus fernhielt. Man schien durch das alles einhüllende Schweigen hindurch, wo jedes von ihnen sich innerlich von den Tagesgeräuschen entfernte, förmlich das sonnendurchflutete Esszimmer zu sehen, wo die Kinder sich über ihre Tasse Schokolade beugten, bis die junge Frau hereinkam, um sie zum Spielplätzchen zu führen. Die Macht der Erinnerung milderte die schroff abweisende Stimmung im Zimmer ein wenig, und auf eigenartige Weise hielt eine ganze Reihe von Gegenständen ihrer Besitzerin die Treue und bewies trotz ihrer Starre eine verborgene Verbundenheit mit der schluchzenden alten Frau.

Als Fabio einen Vorhang zog, sahen die Gegenstände im grellen Tageslicht plötzlich wieder albern aus, und noch peinlicher wirkten die spärlichen Schatten, wohin sich ein Rest Rücksicht auf die tief verwundete Mutter geflüchtet hatte. Da spürte man das endgültige Fehlen jener Hand erst

ausencia de aquella mano cuyo calor confería otro sentido a los objetos, hacía más resplandecientes las superficies de madera, de cristal y menos alejado del mundo real aquel espacio de la casa donde estaba ella ahora. ¿A qué orden de cosas ahora confería su calor? Hasta la mirada de Trina pareció acusar esa pregunta que instalada en el ambiente ya se había quedado para siempre en el corazón de todos ellos. Y al hacerlo comenzaron a imaginar la ciudad que vivía bajo la luz resplandeciente, muros, sombras tenues, ese lento y casi dulce transcurrir de las horas cuando la calidad del sol impone al universo su poderosa pauta: uno ve la enredadera derramada sobre el espacio de la calle, escucha el zumbido de las abejas y sobre todo el paso de ese río sin nombre cuyas aguas cruzan dentro de nosotros, únicamente en instantes privilegiados, como aquel en donde la pregunta que había brotado de repente y la luz abstracta de un día que no obedecía al calendario los había hecho recuperar el espacio de los días anteriores, allí donde estaba el único dato significativo de sus vidas.

Pareció entonces como si la intrusa fuera ella. Porque se vio tan alejada de las cosas, tan poco referenciada hacia la historia sentimental de aquel lugar, que ya verdaderamente nada en ella llamaba a compasión. Y si Trina se acercó a ella y le hizo sorber un poco de tizana fue ante todo respondiendo a uno de esos gestos caritativos que se tienen con cualquier persona desvalida ya que en esa claridad quienes vivían ahora eran Hipólito y Graciela, porque el misterio se había desvelado y todas aquellas noches a oscuras de la adolescencia habían adquirido un sentido preciso: de este modo también esa vieja casa había comenzado a derrumbarse, por fin hasta los muros habían entendido que era necesario obedecer a la inexorable ley de la vida y que con la huida de Hipólito y Graciela todo aquello había perdido ya

recht, deren Wärme den Dingen einen andern Sinn gab, den Oberflächen aus Holz oder Glas ihren besonderen Glanz verlieh, so dass im ganzen Umraum des Hauses, wo Mama sich jetzt aufhielt, die Ferne von der wirklichen Welt weniger zu spüren war. Welcher Art von Dingen vermittelte jene Frau von nun an ihre Wärme? Sogar aus Trinas Blick schien diese Frage zu sprechen, die sich im Raum eingenistet hatte und für immer in ihrer aller Herzen verhaftet war. Das brachte sie dazu, sich nach und nach das Leben in der Stadt unter der gleißenden Sonne vorzustellen, die Mauern, die dünnen Schatten, das träge und fast sanfte Verfließen der Stunden, wenn die Kraft der Sonne unerbittlich über den Gang des Weltalls gebietet: Man sieht die Kletterpflanze über die Straßenfläche sinken, man hört das Summen der Bienen und vor allem das Rauschen das Baches ohne Namen, dessen Wasser durch uns alle hindurchfließen – allerdings nur in besonderen Augenblicken wie diesem, als die plötzlich aufgebrochene Frage und das unwirkliche Licht eines nicht dem Kalender gehorchenden Tages ihnen die Möglichkeit gegeben hatte, jene früheren Zeiträume nochmals zu durchleben, in denen das einzig bedeutsame Ereignis ihres Lebens stattgefunden hatte.

Da sah es auf einmal so aus, als ob Mama selbst der eigentliche Eindringling sei. So weit weg von allen den Gegenständen kam sie sich vor, so wenig Bezug zur Gefühlsgeschichte dieses Ortes hatte sie, dass wahrlich nichts mehr an ihr zum Mitleid aufforderte. Wenn Trina zu ihr hinging und ihr ein wenig Tee zu schlürfen gab, so bedeutete dies nichts weiter als eine mildtätige Gebärde einer hilflosen Person gegenüber; denn nun standen Hipólito und Graciela im Licht, nun war das Geheimnis gelüftet, und alle Nächte im Dunkel der Entwicklungsjahre hatten ihren richtigen Sinn bekommen: so hatte jetzt auch der Zerfall des alten Hauses eingesetzt, sogar das Gemäuer hatte begriffen, dass es dem unerbittlichen Gesetz das Lebens gehorchen musste und dass mit Hipólitos und Gracielas Flucht alles hier seine Bedeutung selbst für die Stadt eingebüßt hatte, wenn es je eine für jemanden von ihnen gehabt hatte und wenn

su significado para la misma ciudad, si es que acaso había tenido alguno para ellos, si es que alguno de ellos volvería a acordarse de aquellas penumbras heladas, de aquellos muros sin calor.

Esa sensación de un pasado muerto, esa evidencia de la nueva ciudad, casi los llenó de espanto, la presencia de objetos que nada tenían que ver con el presente, aquellas penumbras doloridas donde jamás había estado la alegría, donde los recuerdos verdaderos se pudrían. La sensación plena del día, la visión de esa otra ciudad radiante logró hacer que por un segundo Hipólito y Graciela mostraran el lugar donde ahora vivían, su presente, no pues su dirección que nadie estaba interesado en hallar, sino el espacio al cual habían empezado a conferir sus sueños y caídas.

Mamá había dejado de llorar, como asombrada de la luz, y como regresando del único recuerdo milagrosamente feliz de su vida, se levantó de la cama y abrió el escaparate y empezó a sacar la ropa que iba a ponerse para, por fin, marcharnos de allí definitivamente.

sich je wieder einmal jemand von ihnen an das frostige Halbdunkel und an das unbehagliche Gemäuer ohne Wärme erinnern sollte.

Fast mit Entsetzen erfüllte sie die Wahrnehmung, die Vergangenheit sei tot und die Stadt augenfällig neu, die vorhandenen Gegenstände hätten nichts mehr mit ihrer Gegenwart zu tun, auch das schmerzende Halbdunkel nicht mehr, wohin die Freude nie gelangt war und wo die wahren Erinnerungen vermoderten. Die Wahrnehmung des vollen Tageslichts, der Blick für die neu im Licht erstrahlende Stadt ließ sie eine Sekunde lang Hipólito und Graciela an dem Ort sehen, wo sie jetzt lebten, zeigte ihnen ihren gegenwärtigen Aufenthalt, nicht ihre Anschrift natürlich, denn niemand war darauf erpicht, diese zu finden, sondern ihren Lebensraum, dem ihre Träume und ihr Versagen von nun an gehörten.

Mama hatte aufgehört zu weinen, als habe sie das Licht erschreckt, als sei sie von der einzigen wundersam glückseligen Erinnerung ihres Lebens zurückgekehrt. Sie stand vom Bett auf, öffnete den Spiegelschrank und nahm die Kleidungsstücke heraus, die sie anziehen wollte, damit wir uns endlich für immer von da entfernen konnten.

Germán Espinosa
El primo del difunto

Mi fallecido amigo el pintor Augusto Rivera – a quien debemos algo de lo bueno que llegó a hacerse en nuestro sufrido arte nacional entre el sesenta y el ochenta – hacía con espanto la evocación. Los sucesos tuvieron por escenario sus lares del municipio caucano de Bolívar, allá por 1937.

A la salida del colegio – serían las cinco de la tarde –, uno de sus condiscípulos, el zambo Teofrasto Narváez, entró en pendencia improvisa con el hijo de un terrateniente, reconocido matón que había hecho ya varias degollinas de indios mocoas en Sibundoy. De repente, brillaron hojas de puñal. El pobre Narváez, que no era diestro en el manejo del arma, pronto rodó envuelto en sangre, con los intestinos – según después se supo – barrenados. (Luego de una rica historia de bohemia en Santiago de Chile, de amores desdibujados con mujeres de varias nacionalidades, de inútiles polémicas intelectuales en Bogotá, de premios que culminaron con el primero del Salón Nacional de Artistas, Rivera me confesaba no poder deshacerse del gesto final de su amigo, al arrojar la vida entre esputos de sangre, tirado en una cuneta…).

Esa noche, su padre lo previno: «Si no te marchas ahora mismo, mañana te llamarán a declarar como testigo. No es bueno testificar contra uno de los hijitos del amo de la región. Así que véte». A eso de las cuatro de la madrugada, Rivera subió, pues, a caballo y abandonó la casa por una de las verjas traseras, hacia una mina que hacía años la familia no explotaba, situada a más o menos media jornada de viaje.

A nadie tropezó en el camino, que le internó en cotos nariñenses, luego de vadear las aguas traicioneras del Patía. La mina se encontraba rodeada por

Germán Espinosa
Der Vetter des Toten

Mein verstorbener Freund, der Maler Augusto Rivera – ihm verdanken wir etwas vom Guten, was zwischen 1960 und 1980 in unserer leidlichen nationalen Kunst geschaffen worden ist – erzählte mit Schaudern die alte Geschichte. Sie hatte sich um 1937 auf dem Familiensitz in der Cauca-Gemeinde Bolívar abgespielt.

Auf dem Heimweg von der Schule – es mochte etwa um fünf Uhr nachmittags gewesen sein. – geriet der Indio-Neger-Mischling Teofrasto Narváez plötzlich in Streit mit einem seiner Mitschüler, dem Sohn eines Gutsbesitzers, der als Messerstecher bekannt war und schon mehreren Mocoa-Indios in Sibundoy die Gurgel durchgeschnitten hatte. Auf einmal blitzten Dolchklingen. Der arme Narváez war zu wenig geschickt im Umgang mit der Waffe und wälzte sich bald im Blut – mit aufgeschlitztem Bauch, wie man später erfuhr. (Nach einem abenteuerlichen Bohemienleben in Santiago de Chile, verworrenen Liebesgeschichten mit Frauen aller möglicher Länder, nach fruchtlosen intellektuellen Streitereien in Bogotá und Auszeichnungen, die im ersten Preis des nationalen Künstlersalons gipfelten, gestand mir Rivera, dass ihn die letzten Zuckungen seines Freundes, als er blutspuckend im Straßengraben lag, immer noch nicht losließen ...)

Am gleichen Abend noch warnte ihn sein Vater: « Wenn du jetzt nicht sofort verschwindest, wirst du morgen vorgeladen, um als Zeuge auszusagen. Es ist nicht gut, gegen ein Söhnchen des Grundherrn unserer Gegend auszusagen. Verschwinde also. » Etwa um vier Uhr früh stieg Rivera also aufs Pferd, verließ das Haus durch eines der hinteren Gittertore und ritt zu einer Mine, die ungefähr eine halbe Tagereise entfernt lag und von der Familie seit Jahren nicht mehr ausgebeutet wurde.

Niemand begegnete ihm auf dem Weg, der ihn in Jagdreviere der Provinz Nariño führte, nachdem er den trügerischen Patía-Fluss durchwatet hatte. Rund um die Mine war

leguas de soledad, de escarpas, de tierras altas de ovinos y bajas de arrozales. Alcanzó a inspeccionar un poco la galería principal, cuyas vigas amenazaban una incurable bancarrota; a recorrer los roquedos aledaños, provocando estampidas de lagartos, y a agotar dos medias de aguardiente de su provisión, antes de atreverse a entrar en el rancho semidesahuciado, donde – lo sabía – empezaría a rondarlo otra vez la cara del muerto. Lo hizo, por último, con una cautela absolutamente irracional. Las viejas sillas de vaqueta, los aperos decrépitos, una descolorida fotografía de su madre, fue lo único que le recibió en el ámbito rancio y lleno de olores agrios.

Lo picoteaba, sin embargo, la conciencia de aquella soledad casi sobrenatural, de aquella misteriosa respiración de la sombra, propicia a cualquier manifestación. Pasó la primera noche bebiendo sorbo tras otro de aguardiente, sin conseguir emborracharse. Le sobresaltaba cualquier graznido lejano, cualquier pirueta de un insecto en la ventana, cualquier parpadeo del candilón. Era por filo la medianoche, cuando percibió a lo lejos el trote de un caballo. Tuvo que apretar el alma con los dientes, para que no se le fugara con el resuello.

Aprontó una vieja carabina de su padre. Oyó prolijamente cada avance de la montura, su ascender por la áspera ladera, hasta detenerse frente al rancho. Oyó descabalgar al jinete. Oyó sus pasos dirigirse hacia el portón. Oyó el golpe reiterado de los nudillos. Ahora estaba seguro: cuando abriese la puerta, el zambo Teofrasto Narváez, con sus ojos náufragos de difunto, su vientre asolado, sus intestinos afuera, estaría frente a él, reconviniéndole con un gesto presentible e intolerable. Pero sería, pensó, mucho más llevadero que saberlo allí, a la intemperie, el muerto en pie, golpeando y golpeando. Dejó a un lado el arma. La misma masa de su terror le impulsó a abrir. Y, en efecto, el visi-

meilenweit nur Einsamkeit: steile Berghänge, Schafherden im Hochland und Reisfelder in der Ebene. Er wagte sich ein Stück weit in den Hauptstollen der Mine hinein, deren Stützbalken unrettbar einzustürzen drohten, er streifte durch das felsige Gelände und scheuchte Eidechsen auf und leerte erst einmal zwei halbe Fläschchen Anisschnaps aus seiner Vorratstasche, bevor er sich getraute, das weitgehend ausgeräumte Wohnhaus zu betreten, wo ihn, das wusste er, das Gesicht des Toten wieder verfolgen würde. Mit unerklärlich großer Vorsicht ging er schließlich hinein. Alte Tragsättel, unbrauchbare Geräte, ein verblichenes Foto seiner Mutter war alles, was er in den traditionsreichen Räumen mit dem unangenehm beißenden Geruch vorfand.

Trotzdem prickelte ihn die Wahrnehmung der fast übernatürlichen Einsamkeit, und das geheimnisvolle Atmen der Dunkelheit fand er für jedwelche Erscheinung gut. Die erste Nacht trank er Anisschnaps, einen Schluck nach dem andern, aber es gelang ihm nicht, sich zu berauschen. Er erschrak bei jedem auch noch so fernen Krächzen, jedem surrenden Insekt am Fenster, jedem Flackern der Öllampe. Es mochte um Mitternacht sein, als er weit weg Pferdegetrappel hörte. Er musste die Seele mit den Zähnen festhalten, damit sie ihm nicht mit der Atemluft aus dem Leib fuhr.

Er entsicherte einen alten Karabiner seines Vaters. Bedachtsam lauschte er jedem Näherkommen des Reittiers, hörte es den Berg heraufkommen und schließlich vor dem Haus stillstehen. Er hörte den Reiter absteigen. Er hörte ihn auf das Tor zugehen. Er hörte ihn mehrmals mit den Fingergelenken anklopfen. Nun wusste er es sicher: wenn er die Tür öffnete, stünde der Mischling Teofrasto Narváez mit den weit aufgerissenen toten Augen vor ihm, seinem aufgeschlitzten Bauch mit dem herausquellenden Gedärm, und er sah jetzt schon seine unerträglich vorwurfsvolle Gebärde. Aber er dachte, das sei viel weniger grauenvoll, als den Toten schutzlos draußen im Freien zu wissen und immer und immer wieder an die Tür klopfen zu hören. Er legte die Waffe beiseite. Der übermächtige Schrecken selbst trieb

tante no era otro que Teofrasto Narváez de pies a cabeza. El mundo voltejeó ante él, con una sensación de náusea, y se disolvió ante sus ojos. Al volver en sí, el visitante le aplicaba leves dosis de aguardiente en los labios.

Siempre con sensación de desfallecimiento, escuchó la (muy razonable) explicación. No tenía por qué turbarse tanto. Había gran parecido entre él y su difunto primo Teofrasto, pero no imaginó que llegaría a asustarlo de esa manera. Había venido para implorarle, a nombre de la familia, que volviera al pueblo y accediera a declarar como testigo. Todos escurrían el bulto, y habían preferido apelar a la noble tradición de los Rivera. De otra forma, quedaría impune aquel crimen abominable, cuya víctima había sido, para mayor desdicha, uno de los mejores estudiantes del liceo.

Ya repuesto, Rivera hizo la promesa. Al otro día era sábado, y debería cumplir al menos con ciertas reparaciones encomendadas por su padre en la mina; pero el lunes estaría de regreso, para apersonarse como declarante. Bebieron un par de tragos y el otro se marchó en medio de la apretada noche, a fin de no perder el sepelio, que iba a celebrarse después del mediodía. Tendría, dijo, que ir al galope. No le asustaban las celadas nocturnas en el Patía, ni la oscuridad, ni las ánimas en pena.

Rivera cumplió la promesa. Los primeros sorprendidos, al verle presentarse, fueron los familiares del difunto. Sólo al indagar por el primo de Teofrasto – a quien deseaba agradecer el haberle sacado de su error – se enteró con un escalofrío en el espinazo de que (como el lector ya lo habrá previsto) Teofrasto no tenía primo alguno.

ihn, die Tür zu öffnen. In der Tat, der Besucher war niemand anders als Teafrasto Narváez von Kopf bis Fuß. Die Erde drehte sich vor ihm, er fühlte sich elend, und sie verschwamm vor seinen Augen. Als er wieder zu sich kam, tröpfelte ihm der Besucher Schnaps auf die Lippen.

Immer mit dem Gefühl, wieder in Ohnmacht zu fallen, hörte er sich die – durchaus vernünftige – Erklärung an. Seine Verstörtheit sei unbegründet. Er sehe zwar seinem Vetter Teofrasto sehr ähnlich, aber er hätte es nie für möglich gehalten, ihn dermaßen zu erschrecken. Er sei gekommen, ihn im Namen der Familie zu bitten, ins Städtchen zu kommen und als Zeuge auszusagen. Alle drückten sich nämlich vor der Last, und darum wollten sie nun die seit jeher wohlbekannte Hochherzigkeit der Rivera anrufen. Sonst bliebe das abscheuliche Verbrechen ungesühnt, dessen Opfer – das machte die Untat noch schlimmer – einer der besten Schüler des Gymnasiums gewesen war.

Als Rivera sich einigermaßen erholt hatte, gab er sein Versprechen. Am andern Tag war Samstag, und er musste wenigstens einige der Instandsetzungsarbeiten in der Mine erledigen, die ihm sein Vater aufgetragen hatte; aber am Montag sei er zurück, um als Zeuge aufzutreten. Sie tranken noch ein Gläschen, und der andere machte sich mitten in der Nacht auf den Weg, um nicht zu spät zur Beerdigung zu kommen, die auf den Nachmittag angesetzt war. Er müsse, sagte er, im Galopp davonreiten. Ihn schreckten weder die Nebelbänke über dem Patía-Fluss noch die Finsternis noch die ruhelosen Seelen.

Rivera hielt sein Versprechen. Die ersten, die sich verwundert zeigten, als er erschien, waren die Angehörigen des Toten. Als er sich dann nach Teofrastos Vetter erkundigte, denn er wollte sich bei ihm bedanken, dass er ihn aus seinem Irrtum befreit hatte, erfuhr er – und der Schauder lief ihm den Rücken hinunter – dass Teofrasto (wie der Leser bestimmt schon vermutet hat) gar keinen Vetter hatte.

Arturo Alape
Largo aprendizaje de la luz en la montaña

La neblina ha colmado la invasión sin dejar a su paso roto descubierto. Yo no escapo de sus despojos. Para espantar el frío, caliento mis manos en el fogón que aún respira en llamas con los soplos de mis alientos. Antes las he friccionado. Los dedos encosquillados duermen. Los compañeros duermen. Casi lejano también El Coreguaje duerme. Las caletas metidas en la noche, en el recorrido que realizo como relevante por los sitios donde están los compañeros de vigilancia. Vislumbro sus cuerpos porque conozco el sitio donde se encuentran y resplandecen un poco por el brillo de sus armas. Apenas me sienten, voltean cabeza y en susurros me dicen que nada raro han sentido. Intercambiamos frases cortadas y consignas y desentrañamos lo que se mueve en torno nuestro. Un compañero aprovecha mi visita para restregar sus ojos y ahuyentar el sueño. Lo acompaño un rato sin decir palabras, nuestros ojos vigilan, luego le digo, regreso pronto. Nada contesta.

Un árbol hueco y triste humeando por sus ramajes abiertos de frente a un cielo despejado, en el descumbre que hace poco hicieron los campesinos de la zona. Por su negra boca chispean lucecitas de candela que vuelan apagándose al instante al no resistir los vientos. Paseo mis manos por la boquilla del fusil.

No son chispas de candela las que ahora vuelan. La montaña tiene la luz en los cocuyos. Un trio, dos mayores y uno pequeño vuelan como encendidas culebras desenchipándose en el aire en movimientos de carbones prendidos, círculos de ojos, telarañas que no se enredan, curvas de ríos dibujadas con tizas rojas sobre el tablero de la noche en briosas maniobras envolventes que llegan sobre

Arturo Alape
Lange Lehrzeit braucht das Licht im Urwald

Der Nebel hat sein Werk vollendet und auf seinem Weg keinen einzigen Fleck freigelassen. Ich entgehe seinen Fetzen nicht. Um die Kälte zu verscheuchen, wärme ich meine Hände am Lagerfeuer, das nochmals aufflammt, wenn ich hineinblase. Vorher habe ich sie vergeblich gerieben. Die eingeschlafenen Finger prickeln und stechen. Die Kameraden schlafen. Auch der Coreguaje-Fluss scheint zu schlafen – weit weg. Die Verstecke sind im Dunkel angelegt; auf meinem Rundgang zur Ablösung komme ich an den Plätzen vorbei, wo die Kameraden Wache halten. Ich kann ihre Körper erkennen, weil ich weiß, wo sie sich befinden, und weil der helle Schimmer ihrer Waffen ein wenig Licht auf sie wirft. Kaum spüren sie mich, drehen sie den Kopf und flüstern mir zu, dass sie nichts Besonderes festgestellt haben. Wir tauschen Satzfetzen und Schlüsselwörter aus und suchen herauszubekommen, was sich um uns herum bewegt. Ein Kamerad nutzt meinen Besuch, um sich die Augen zu reiben und den Schlaf zu verscheuchen. Ich bleibe ein Weilchen bei ihm, aber es fällt kein Wort, nur unsere Augen sind wachsam, dann sage ich zu ihm, ich komme gleich zurück. Er antwortet nicht.

In einer erst kürzlich von Bauern der Gegend geschlagenen Lichtung steht gespenstisch ein hohler Baum mit qualmenden Ästen. Der Rauch steigt zum freien Himmel empor, aus seinem schwarzen Maul sprühen Funken, die im Flug aber sogleich verglühen; sie halten dem Wind nicht stand. Ich streiche mit meinen Händen über die Gewehrmündung.

Was jetzt umherfliegt, sind keine Funken. Der Urwald bekommt Licht von Glühwürmchen. Zu dritt – zwei größere und ein kleines – fliegen sie wie brennende Schlangen, dann rollen sie sich aus wie glühende Kohlestücke, werden zu kreisenden Augen, Spinnweben, die sich nicht verwikkeln, zeichnen mit roter Kreide Flussschleifen auf die Tafel der Nacht, gelangen in schwungvollen Windungen auf die Süßgraswiese, kundschaften die scharfen Spitzen der

el pasto quicuyo e indagan sobre sus puntas afiladas y al posarse sobre las dormideras las despiertan, para luego emprender carrera y alcanzar a las chispitas murientes y en competencia raparles su brillantez. Los mayores dejan escuchar como dos vocecitas que en recorrido de enseñanza indican al cocuyito, brizna de luz y de tormentas, los senderos que debe seguir y de cómo aprovechar sus ojos-luz. Endiablado tintineo en juego de cocuyos que amarran al árbol hueco prendido con candela por dentro, lo descienden sin temor porque piensan que la luz de la candela es la misma luz de los cocuyos y atemorizados huyen, es candela que quema y alumbra y al salir ellos de la huecura se esconden en la corteza-carbón caliente, rodeándola alumbrándola. Cómo les gusta detener su vuelo en el aire! Se vienen a pique sobre las hojas de corazón rastreando sus cicatrices, se tienden la mano como estrellitas y brotan los ojos a los sapos y ese sapo da un chapuzón al no comerse un pedazo de luz y al llegarme en vuelo parejo donde caliento mis manos, atrapo a los tres. Los grandes más despiertos escapan, entre mis dedos retengo al pequeño puntico negro, caminante miedoso sobre mis manos, apagador de sus ojos al sentir mis soplos. Lo retengo porque quiero verlo encenderse y como si comprendiera mis intenciones, es carbón negro inmóvil. Le doy libertad, desesperado vuela, sobre una rama oculta alcanza a los cocuyos mayores que en parpadeo de sus ojos-luz lo esperan campaneándolo y a oscuras me dejan.

De nuevo recorro los puestos de vigilancia y nada extraño ha sucedido y llevando en mente cuando una noche escondida en la niebla como la de hoy, perdidos de camino, macheteando sin saber abrirnos paso hacia la trocha, sin sitio para acampar, amenazados por la lluvia, tanteando maleza ciega como ciegos nosotros metidos en la oscuri-

Gräser aus, setzen sich auf die Mimosen, aber sobald diese erwachen, flitzen sie davon, um die erlöschenden Funken einzuholen und ihnen ihr Leuchten abzujagen. Die beiden größeren lassen etwas wie Stimmchen vernahmen, die dem kleinen Glühwürmchen, dem Licht- und Sturmsplitter, auf seinem Lehrweg aufzeigen sollen, welche Bahn es nehmen und wie es sein Licht als Auge nützen müsse. In neckischem Spiel stoßen sie zusammen, legen am hohlen, von innen brennenden Baum an, fliegen furchtlos in ihn hinein, weil sie meinen, das Feuerlicht sei gleich wie das ihre, doch verschreckt fliehen sie, denn das leuchtende Feuer brennt, und sobald sie aus dem Loch herauskommen, verstecken sie sich in der noch warmen Kohlerinde, umschwirren sie, beleuchten sie. Wie gerne sie in ihrem Flug in der Luft stehen bleiben! Pfeilgerade sausen sie auf die Herzblätter nieder und schleifen ihre Leuchtspur wie Narben hinter sich her, als Sternchen, die sich die Hände reichen, fliegen sie nebeneinander her, die Augen der Kröten quellen hervor, die eine taucht rasch unter, denn sie frisst kein Stück Licht; wie sie dann einträchtig daherfliegen, wo ich meine Hände wärme, fange ich alle drei. Die großen entkommen, sie sind gewitzter; zwischen meinen Fingern halte ich das kleine schwarze Ding; ängstlich wandert es auf meinen Händen, löscht sein Licht, als es mein Blasen spürt. Ich halte es fest, weil ich sehen will, wie es wieder aufleuchtet, aber als verstünde es meine Absicht, bleibt es kohlschwarz und rührt sich nicht. Ich schenke ihm die Freiheit, in verzweifeltem Flug gelangt es auf einem verborgenen Zweig zu den größeren Glühwürmchen, die es mit ihrem zwinkernden Lichtaugen wie mit Glockengeläute empfangen, und mich lassen sie im Dunkeln allein.

Wieder schreite ich die Wachposten ab, nichts Sonderbares ist geschehen. Da erinnere ich mich, wie wir uns einmal in einer nebelverhangenen Nacht wie heute verirrt hatten; mit Buschmessern schlugen wir uns durch das Dickicht, aber es gelang uns nicht, zum Pfad durchzukommen; da war kein Platz für die Zelte, der Regen drohte, blindlings tasteten wir uns durch das Gestrüpp, denn blind waren

dad, sin pilas para nuestras linternas, que resolvimos cambiar las linternas por la luz de los cocuyos, y a manotadas los cazamos y los metimos dentro de una bolsa de plástico, escuchamos de ellos un ronroneo de apagarse y prenderse y así, con la luz que tiene la montaña hicimos que nuestros ojos vieran. Los cucuyos arañaron el plástico y en silencio escaparon. Y como si hubiéramos jugado con ellos, nos alcanzaron por las espaldas y jugaron con nuestras narices.

Amanece y llamo al compañero que debe reemplazarme. Despiértese, que le toca el turno. Voy y lo dejo a su sitio, de regreso a la caleta enciendo mi linterna y caliento mis huesos. Antes me figuro el largo aprendizaje de la luz en la montaña. Y puedo dormir. El Coreguaje casi cercano aún duerme.

wir in der Dunkelheit, hatten keine Batterien für unsere Taschenlampen; da beschlossen wir, das Licht der Glühwürmchen zu nutzen: mit den Händen jagten wir sie, steckten sie in einen Plastikbeutel und hörten ihr Summen, wenn ihr Licht erlosch und wieder aufleuchtete, und so schafften wir es, dass unsere Augen mit der Helle des Urwalds sahen. Die Glühwürmchen kratzten die Tüte auf und flogen lautlos davon. Als ob wir mit ihnen gespielt hätten, holten sie uns von hinten wieder ein und umschwirrten zum Spaß unsere Nasen.

Es dämmert, und ich rufe den Kameraden, der mich ablösen soll. Wach auf, du bist dran. Ich gehe und überlasse ihm meinen Platz. Zurück in meinem Versteck, mache ich die Taschenlampe an und wärme meine Glieder. Vorher male ich mir aus, was für eine lange Lehrzeit das Licht im Urwald hat. Und ich kann einschlafen. Der Fluss schläft noch – fast nah.

Policarpo Varón
El árbol más potente es el que está más solo

No hay novedad en mí. Les contaré, pues, la historia de Santos con miedo, sin esperanza. Ignoro si contar es mi tarea.

En el Tolima, próximo a la capital, hay un pueblecito (no ha pasado de mil habitantes): montañas y primorosas colinas, riachuelos, árboles – de plátanos, de café, frutales, de caña de azúcar, balsos, guarumos, caracolíes, iguás, pelás... –, silencio, viento, rumor de hombres y elementos. El nombre: Coburgo. Santos nació allí. De Coburgo me habló.

De un mes lo habían llevado a una finquita de la cordillera. Dijo: que había imaginado tantas veces un niño que mira desde la altura la llanura (el río, los ríos y los pueblos y el verde y la luz y el alba y el ocaso y el paso del tren a un día de camino), que esas eran sus primeras imágenes, que la madre, el padre hablaban al atardecer de los mayores y de la llanura, que le gustaría contarme eso, dijo algo sobre un jardín, sobre el miedo, dijo que había allí en la gentil casita la madre y dos hermanas. El padre le había enseñado las primeras letras, luego lo había matriculado en la escuela de Coburgo.

Lo esencial es esto, así lo refirió Santos:

El año: inmediatamente antes o después del medio siglo que ha pasado. Santos asiste a la escuela de Coburgo. De la finquita al pueblecito hay – digamos – una hora de camino. Santos hace el recorrido con el hermano mayor, con Pio (un joven de hirsutos cabellos, un joven pálido, gipato es el vocablo que usan los tolimenses), con Lucrecia, una bella muchacha, vecina de su casa, a quien
su hermano y los Moreno acechan y los de mayor
edad sacan del camino; con Flórez, un joven vio-

Policarpo Varón
Der mächtigste Baum steht ganz allein

Es gibt nichts Neues bei mir. Darum erzähle ich Ihnen die Geschichte von Santos mit der großen Angst und Verzagtheit. Aber ich weiß nicht, ob Erzählen meine Aufgabe ist.

Im Departement Tolima gibt es nahe der Hauptstadt ein kleines Dorf (es hatte nie mehr als tausend Einwohner): Berge, wunderschönes Hügelland, Bächlein, Gehölze – Bananenstauden, Kaffeesträucher, Obstbäume, Zuckerrohr, Wollbäume, Brotpalmen, Nierenbäume, Mimosen, Akazien… – dazu Stille, Wind, Geräusche von Menschen und Natur. Sein Name: Coburgo. Santos wurde dort geboren. Von Coburgo erzählte er mir.

Als er einen Monat alt war, wurde er auf ein kleines Bauerngut in den Bergen gebracht. Er erzählte, er habe sich soundso oft als ein Kind vorgestellt, das von den Bergen auf die Ebene hinabschaut – auf den Strom, die Flüsse und die Dörfer, auf das Grün und das Licht, den erwachenden Morgen und den dunkelnden Abend, auf den Zug, der eine Tagereise weit weg vorbeifuhr – das seien seine ersten Eindrücke gewesen, dass am Abend die Mutter, der Vater von den Vorfahren und der Ebene erzählten, und davon möchte er mir gerne berichten, er sagte etwas von einem Garten, von der Angst, und auch, dass in dem gemütlichen Häuschen die Mutter und zwei Schwestern wohnten. Der Vater habe ihm die ersten Buchstaben beigebracht und ihn dann in der Schule von Coburgo angemeldet.

Das Wesentliche sei folgendes, so erklärte Santos:

Die Zeit: unmittelbar vor oder nach der letzten Jahrhundertmitte. Santos besucht in Coburgo die Schule. Vom Bauerngut zum Dorf ist es, sagen wir, eine Wegstunde. Santos geht die Strecke zusammen mit seinem älteren Bruder Pío, einem kraushaarigen Jungen, einem bleichen Jungen – «gipato» heißt das in der Sprache von Tolima – und mit Lucrecia, einem hübschen Mädchen aus der Nachbarschaft, dem sein Bruder und die Morenos auflauern und das die älteren Burschen vom Weg locken; und auch Flórez ist da-

lento de 18 años, que apenas va a la escuela primaria, que lleva terciada al pecho o a la espalda, o en la cintura, una peinilla de 22 pulgadas.

Santos almuerza en casa de familiares; lo miman dos pícaras niñas. Me dijo sus nombres: Carmen, Nina. Ellas no tienen el humor cáustico y feroz que es propio de su provincia.

Santos ha concluido un día de escuela. La salida es a las cuatro. Ese día – ¡ Dios nos bendiga ! – Santos tiene que hacer solo el camino. El camino esta tarde sube para el que va a casa. En la mañana, el camino es igual pero baja.

Al comienzo, un ligero repecho. Santos tiene una sierra a su izquierda y un riachuelo y un vallecito soñado (pugnó por imaginar la vida allí: « veo la espalda de mi casa defendida por la sierra ») a la derecha. El camino permite ver, luego, una hondonada. Santos ha atravesado el riachuelo más arriba, se llamaba en su infancia Santa Librada, y por entre un cafetal primero, por entre bosques después, por entre rozas, por un camino de áspera arena rosada o naranja « coge » la cuesta...

Tres o cuatro kilómetros antes de la visión de la casa balsámica (ignoro si mi personaje usó el adjetivo, ignoro si concierta)... es el ocaso y el sol descansa ya sobre las costillas de las sierras... Pero Santos se ha detenido, o se ha interrumpido, o ha vacilado y ha mirado al sur, a la llanura – vertiginosa – que crece a medida que se sube. Ha visto la tierra del padre, San Sebastián del Río de Las Piedras, el pueblo de la infancia de la madre, el río deseado y no conocido (*el Magdalena*), el calor, la memoria, el pasado... ¿Santos ha mirado al pasado?

Un poco de subida, un último resuello y usted, lector, verá a *Siete Pisos* (los campesinos bautizaron así a la casa de los Moreno: por lo *sapurra,* 112
por estar acurrucada en esos cincuenta metros 113

bei, ein aufbrausender achtzehnjähriger Kerl, der schräg über der Brust oder dem Rücken oder am Gürtel ein halbmeterlanges Buschmesser herumträgt.

Santos isst am Mittag bei Verwandten; er wird von zwei kecken Mädchen umschmeichelt. Er nannte mir ihre Namen: Carmen, Nina. Ihnen ist der beißende schnöde Spott fremd, der in der Gegend üblich ist.

Santos hat einen Schultag hinter sich. Um vier Uhr ist Aufbruch. Heute – Gott sei uns gnädig! – muss Santos den Weg allein machen. Am Abend nach Hause führt er aufwärts, am Morgen ist er der gleiche, nur abwärts.

Am Anfang ein leichter Anstieg. Santos hat eine Bergkette zur Linken und zur Rechten ein Bächlein und ein Traumtälchen (angestrengt versuchte er, sich das Leben dort vorzustellen: «Ich sehe, dass die Rückseite meines Hauses vom Berg beschützt wird.»). Nachher erlaubt der Weg den Blick auf eine Mulde. Weiter oben hat Santos das Bächlein überquert (in seiner Kindheit hieß es Santa Librada), durch eine Kaffeepflanzung zuerst, dann durch Waldungen und zwischen Äckern nimmt er schließlich die Steigung auf einem Weg mit grobem rosa- oder orangefarbenen Sand unter die Füße...

Drei oder vier Kilometer bevor das balsamische Haus (ich weiß nicht, ob meine Person dieses Adjektiv brauchte, ich weiß auch nicht, ob es passt) sichtbar wird ... dämmert schon der Abend, und die Sonne ruht auf den Berglehnen ... Aber Santos ist stehen geblieben oder hat angehalten oder gezögert und hat nach Süden auf die schwindelnd weite Ebene hinabgeschaut, die immer größer wird, je höher man steigt. Er hat das Land seines Vaters gesehen, San Sebastián del Río de Las Piedras, das Dorf, in dem seine Mutter aufgewachsen war, den ersehnten, aber noch unbekannten Magdalenenstrom, die Hitze, die Erinnerung, die Vergangenheit... Hat Santos Rückschau gehalten?

Eine kleine Steigung noch, einen letzten Atemzug, und Sie, lieber Leser, können «Siete Pisos» sehen – «sieben Böden» haben die Bauern das Haus der Morenos getauft, weil es auf den fünfzig Metern Berggrat so flach hinge-

de cresta de sierra). Los Moreno venden cerveza, gaseosa, guarapo, parva. Pasa cerca una acequia donde el viajero, de bruces, puede preferir el agua fría, el agua que viene de las altas cimas.

Los jóvenes Moreno deciden « jugar » con él. Las gentes de esas tierras son proclives a llagar. Saben que el chico es asustadizo. Comienzan pues a aludir al *OSO* del camino, al oso de adelante, o de más arriba, o al oso futuro y de la noche – porque ya la noche asoma su cara grande encima de las sierras… ¡ Cuánta la miseria del niño ! ¡ Cuánto su miedo ! ¡ Cuánta su ignorancia ! ¡ Cuánta su soledad ! ¡ Cuán frágil de interior… ! El «*OSO*»… El corazón de Santos salta. Llora. No quiere que lo vean, lo oigan… Y ahí, a esas horas, lo encuentra la noche. Esta llega maciza, imparcial… Santos sólo ve la sombra (han convivido con él oscuridad y miedo). Santos mira ese horizonte unánime, vastísimo…

Un hombre llega de Coburgo. Es catejo. Se llama Manuel Martínez. Santos no olvidará ese nombre. Súbitamente Manuel Martínez – el gentilísimo Manuel Martínez – entiende a Santos. La agonía casi concluye. Después de beber algo Martínez enciende su linterna y dice : « Vamos, mijo ». Y aunque su camino no es el camino de Santos lo deja en la puerta de su casa. Son las ocho de la noche… Algo que no se dice con palabras ha llegado al muchacho.

Esta evocación terminará con una meditación… Contar este final es recordar el temor y el temblor…

Años después – tres, uno –: tarde de Coburgo, viento solitario de la tarde en la plaza, calor y silencio : Santos, que después de almorzar distraía el angustiado ocio en la fantasía, en el inquieto movimiento físico e íntimo («*En el café El Globo*

duckt dasteht. Die Morenos verkaufen Bier, Mineralwasser, Zuckerwasser, Brot. In der Nähe fließt ein Wassergraben vorbei, wo der Wanderer bäuchlings kaltes Wasser, Schneewasser, von den hohen Gipfeln trinken kann.

Die jungen Morenos beschließen, mit ihm zu «spielen». Die Leute in diesen Gegenden neigen dazu, andere zu quälen. Sie wissen, dass der Knabe schreckhaft ist. Sie fangen an, vom Bären auf dem Weg zu reden, vom Bären weiter vorn, oder dem weiter oben, oder dem künftigen Bären im Dunkeln, denn schon schaut die Nacht mit übermächtigem Antlitz von den Bergen herab... Wie elend ist dem Kind zumute! Wie ängstigt es sich! Wie wenig weiß es Bescheid! Wie einsam fühlt es sich! Wie zerbrechlich ist sein Gemüt! ... Der «Bär» ... Santos bricht das Herz. Er weint. Er will nicht, dass sie ihn sehen, ihn hören ... Und da, um diese Zeit begegnet ihm die Nacht. Sie bricht undurchdringlich herein, mitleidlos... Santos sieht nur Schatten (Dunkelheit und Angst waren immer seine Gefährten gewesen). Santos schaut in die unendlich weite gleichförmige Dunkelheit...

Ein Mann kommt von Coburgo herauf. Er hat eine krätzige fleckige Haut. Er heißt Manuel Martínez. Santos wird diesen Namen nie vergessen. Manuel Martínez, der edle großherzige Manuel Martínez, begreift Santos auf Anhieb. Die Todesqual ist fast vorbei. Manuel Martínez trinkt noch etwas, dann zündet er seine Laterne an und sagt: «Komm, mein Kind!» Obwohl er nicht den gleichen Weg hat wie Santos, bringt er ihn bis zur Haustür. Es ist acht Uhr abends... Etwas ist dem Knaben begegnet, was sich nicht in Worte fassen lässt.

Die Erinnerung an diese Begebenheit schließt mit einer Besinnung ... Das Ende erzählen heißt, nochmals in Angst und Schrecken erzittern...

Jahre später – drei oder nur eines – : Nachmittagsstille in Coburgo, einsam weht der Wind über den heißen Platz: Santos vertrieb sich nach dem Mittagessen die beängstigende Muße mit seiner Phantasie, in äußerer und innerer Unruhe («Im Café El Globo lief das Stück ‹Humo› der

sonó Humo, de la Sonora Matancera; levanté la vista; el agente Fuentes Cantillo Eulogio Francisco, un negro samario, solo y ensoñado, bailaba; había buscado el disco en Ibagué») oyó voces o se sintió llamado… : una mula entraba al pueblo, venía por el camino de San Juan de la China: se paró frente a la casa-cuartel. Encima de la enjalma traía un cadáver. Un agente de policía desató los lazos o los rejos. El cuerpo cayó sobre el corredor y el ruido de su caída fue desgarrador… Santos oyó un nombre: «Manuel Martínez»… «Treinta y tres machetazos».

Santos comenzó una huída avergonzada (no quería que se le notara el dolor, el involuntario llanto, el salvaje corazón en el pecho). La suya era una tierra de machos, aseguraban, y no debía llorar. Desangrándose buscó un rincón en el cuarto de sus padres y allí – la cara cercana a la pared encalada, oculto, solo como Manuel Martínez – lloró… Reconstruía el amor de Manuel Martínez, dolían las tripas, los huesos, ignoraba. ¿Quién había muerto? ¿Quién moría?

Sonora Matancera; ich hob den Kopf; der schwarze Polizist von Santa Marta, Fuentes Cantillo Eulogio Francisco, tanzte ganz entrückt für sich allein: die Platte hatte er aus Ibagué gebracht»), als er Stimmen hörte oder sich gerufen fühlte...: von San Juan de la China her kam ein Maultier ins Dorf und hielt vor dem Polizeiposten an. Auf dem Rükken trug es einen Leichnam. Ein Polizist löste die Gurten oder Riemen des Tragsattels. Der Körper fiel zu Boden, und der Aufprall ging durch Mark und Bein ... Santos hörte einen Namen: «Manuel Martínez»... «Dreiunddreißig Hiebe mit dem Buschmesser».

Santos lief vor Scham davon, um zu vermeiden, dass jemand seinen Schmerz wahrnehme, seine ungehemmt fließenden Tränen, sein wild pochendes Herz. Dieser Landstrich sei Heimat harter Männer, hatte man ihm versichert, und er dürfe nicht weinen. Innerlich verblutend suchte er einen Winkel im Schlafzimmer seiner Eltern, drückte sein Gesicht an die gekalkte Wand und weinte dort im Versteckten – allein wie Manuel Martínez... Nochmals durchlebte er Manuel Martínez' Liebe, es schmerzten ihn die Eingeweide, die Knochen, er wusste nicht was. Wer war gestorben? Wer war am Sterben?

Hablo de mi hermano Salvador al que no le gusta la escuela y se la pasa a mañana y tarde serruchando y cepillando maderas y mamá andaba encima de él desde que Dios amanecía, levántate mijo, mira que los otros hermanos están ya arreglados y alistaron sus cuadernos y embetunaron sus botas, en cambio tú ahí revolviéndote en la cama, esperando el momento en que se te haga tarde para irte de ayudante del señor Pacheco, el carpintero, y se llevaba las manos a la cabeza y se lamentaba llorosa, virgen santa, qué será de este muchacho en la vida.

Pero Tita que la oía allá en la mitad del patio, desde la cocina, le replica déjalo que haga su inclinación, María, dicen que el que va a ser peluquero del cielo le caen las tijeras, así que él eligió la carpintería y hay que dejarlo, peor es que se hubiera metido a chofer donde nunca se está libre de una mala hora, o a maestro de escuela, en donde el asunto es peor que peor, pues ahí el peligro que se corre no es el de la mala hora sino el de la mala vida y es mucho lo que se sufre maromeando de aquí para allá y de allá para acá poniéndole una vela al santo y otra al diablo con tal de conseguir el condumio, en cambio no hay como tener un oficio, como decir albañil, como decir sastre, y si no carpintero, que no tienes que vivir moliendo vidrio con las nalgas, como se dice, abriendo un hueco aquí para poner un remiendo allá, y no vayas a creer que ese arte lo recoge del suelo: un tío tuyo que se llamaba Modesto, vieras las maravillas de cosas que hacía con el formón en la mano.

En la escuela la niña Pacha pone cara de enojo cuando descubre desocupado el puesto de Salvador y dice que va a perder el año y amenaza con mandarlo a traer con el señor Bordón, el agente de po-

Jairo Mercado Romero
Lieber kleiner Chevrolet

Ich erzähle von meinem Bruder Salvador, der nicht gern in die Schule geht und den lieben langen Tag Holz sägt und Bretter abbürstet, und Mama war – Gott weiß seit wann – schon hinter ihm her, so steh doch auf, mein Kleiner, schau, deine Geschwister sind schon fertig angezogen, haben ihre Hefte eingepackt und ihre Stiefel geputzt, und du wälzt dich immer noch im Bett und wartest, bis es zu spät ist und du zum Schreiner Pacheco entwischen und ihm in der Werkstatt helfen kannst, dabei greift sie sich mit beiden Händen an den Kopf und weint, heilige Jungfrau Maria, was wird einmal aus diesem Kind im Leben.

Aber Tita, die sie von der Küche aus im Hof schimpfen hörte, erwidert ihr, so lass ihn doch machen, was ihn freut, es heißt ja, wer zum Frisör geboren ist, dem fällt die Schere vom Himmel, er hat nun einmal das Schreinern gewählt, und man muss ihn lassen, schlimmer wäre es, wenn er Chauffeur werden wollte, da ist man nie vor einer schwarzen Stunde gefeit, oder Schullehrer, das wäre eine noch viel schlimmere Geschichte, denn da ist die Gefahr nicht eine Unglücksstunde, sondern ein unglückliches Leben, es ist nämlich sehr schmerzlich, dauernd von Pontius zu Pilatus zu laufen und da einem Heiligen und dort einem Teufel eine Kerze zu stiften, um zu seinem täglichen Brot zu kommen, hingegen gibt es nichts Besseres als ein ehrbares Handwerk, sei es Maurer, sei es Schneider oder eben Schreiner, da brauchst du dir nicht dein Leben lang die Füße wundzulaufen, wie man so sagt, und da ein Loch aufzureißen, um dort eines zu stopfen, und glaube nur ja nicht, diese Kunst lese man vom Boden auf: ein Onkel von dir, er hieß Modesto, den hättest du sehen sollen, was der mit dem Beitel in der Hand für Wunderwerke schuf.

In der Schule macht Señorita Pacha ein ärgerliches Gesicht, wenn sie feststellt, dass Salvadors Platz leer ist, und sie sagt, er wird sitzenbleiben, und droht, sie wird ihn von Señor Bordón holen lassen, das ist der Polizist, der in Häu-

licía que persigue por casas y patios y por calles y arroyo abajo, a los muchachos desaplicados que se echan la leva para irse de pajareros, o cuando no a cazar iguanas y a nadar en los pozos, enseguida le decimos, no, profesora, Salvador no es callejero, lo que pasa es que él prefiere el olor de la madera nueva que las lecciones de las cartillas, y entonces la niña Pacha lo mandó traer y Salvador vino con el señor Bordón, y él bajaba los ojos y escondía las manos delante de todos los niños, abochornado, esperando el regaño y el tirón de orejas, pero la profesora tomó entre sus manos suaves las manos obreras de mi hermano embadurnadas de cola y barniz de carpintería, y ahí mismo nos enseñó aquella lección bonita de que ningún oficio por muy humilde que sea puede avergonzar a un hombre, y que recordáramos, dijo, que san José el papá del niño Jesús era carpintero y que el mismo niño Jesús nació y creció labrando cruces con las sobras de madera del taller del papá y aspirando la fragancia de los cedros recién talados, sino que así como se pule la madera bruta debe pulirse también el espíritu, eso dijo.

Entonces mi hermano volvió a la escuela y encaramados en los árboles del patio le ayudábamos a memorizar las lecciones, Josefina le repetía y le volvía a repetir la historia aquella de Moisés abriendo con los brazos caminos en el mar para que pasaran los hijos de Israel y haciendo llover codornices y panes sobre el desierto y abriendo con una vara brechas en la roca para que brotaran las aguas, mientras Salvador quitaba los ojos de la puntilla que sostenía con una mano y detenía en el aire el martillo, para fijarlos incrédulo en la cara de mi hermana, y ella lo convencía de que eso era verdad porque lo decía la cartilla de historia sagrada, y le enseñaba la lección con la promesa de que le haría una cunita
con balancines para mecer la muñeca que le iba a 120
traer el niño Dios, y te enseño la resta de números 121

sern und Höfen, auf den Straßen und unten am Bach die Kinder zusammensucht, die ausreißen und Vögel jagen oder mindestens Leguane oder in den Brunnen baden, aber dann sagen wir gleich, nein, Frau Lehrerin, Salvador ist kein Straßenjunge, er riecht einfach lieber frisches Holz als Aufgabenblätter, und dann ließ ihn Señorita Pacha holen, und Salvador kam mit Señor Bordón, und er schaute auf den Boden und versteckte seine Hände vor den Mitschülern und wurde ganz rot, denn er meinte, er werde geschimpft und an den Ohren gezogen, aber die Lehrerin nahm die mit Leim und Firnis verschmierten Arbeitshände meines Bruders in ihre zarten Frauenhände und vermittelte uns die schöne Lehre, dass kein auch noch so niederes Handwerk einem Menschen zur Schande gereiche, und wir sollten bedenken, sagte sie, dass der heilige Josef, der Vater des Jesuskindes, Zimmermann war und dass der kleine Jesus schon mit Holzabfällen aus seines Vaters Werkstatt Kreuze zimmerte und mit dem Geruch frisch gefällter Zedern aufwuchs, und dann sagte sie, so wie man das rohe Holz glätte und glänze, so müsse man auch seinen Geist zum Glänzen bringen.

Dann ging mein Bruder wieder in die Schule, und wir kletterten mit ihm auf die Bäume im Hof und halfen ihm beim Auswendiglernen der Hausaufgaben, Josefina wiederholte ihm immer und immer wieder die Geschichte von Moses, wie er mit seinen Armen das Meer teilte, damit die Kinder Israels hindurchgehen konnten, und wie er in der Wüste Wachteln und Brot regnen ließ und mit seinem Stab Spalten in den Fels schlug, damit Wasser herausströme, aber Santiago schaute über die Bleistiftspitze in seiner Hand hinweg, hielt im Geist einen Hammer in die Luft und heftete seine Augen ungläubig auf meine Schwester, doch sie beteuerte, das sei wahr, denn es stehe im Büchlein mit den biblischen Geschichten, und sie versprach ihm, die Lektion mit ihm durchzuarbeiten, wenn er ihr dafür eine Wiege mit Kufen mache für die Puppe, die ihr das Christkind bringen werde, und ich erkläre dir

decimales y la suma de quebrados de distinto denominador, le decía Manuel, si me haces un cofrecito con llave y cerradura para guardar las cartas de amor que me va a mandar Olinda cuando sea mi novia, y al mismo tiempo que las manos de José trazaban rayas misteriosas en su cuaderno de geografía y le iba indicando, aquí queda Alaska y le puse color de algodón para que sepas que ahí en vez de caminar sobre la tierra uno camina día y noche sobre el hielo, y esto que te pinté de solferino es Canadá y estas columnas de rapé son las cordilleras y esto coloreado de azul es el mar, Salvador con los ojos despepitados de asombro, a cambio, le pulía en guayacán macizo un bate de beisbol, y a Hugo Aduén en la escuela le labró un revólver con cacha de palo en puro carreto, igualito, igualito a los revólveres de verdad, y a Jairo Taboada le hizo una cauchera con horqueta de cedro cortado en luna llena para cazar conejos y la misma niña Pacha le encargó una repisa blanca para entronizar en la pared del patio el cuadro de la virgen de Fátima, con alberca y comedero, de modo que pudieran bajar a posarse las palomitas domésticas.

A Julio Carazo, un primo de nosotros que recibe cartas de la casa Rosenkranz de Estados Unidos y que aprendió a manejar avión por correspondencia pero que nunca nunca conoció a uno en persona, le fabricó un Douglas DC-4 con dos motores en cada ala, con tableros de instrumentos y palancas de mando adentro, con ventanillas de vidrio para los pasajeros, y llantas para el aterrizaje abajo, y atrás timón de cola, y todo, que lo único que le faltaba era volar.

Aunque a Salvador lo que más le gusta es hacer carros y los arma de todos los modelos y tamaños y un día hizo una chiva parecida a la que lleva pasajeros a Sincelejo y le escribimos en la carrocería con pincel y pintura La Cubita y la otra vez fabricó un camión ñato de caparazón alta y cabrilla a la

das Abziehen von Dezimalzahlen und das Zusammenzählen von Brüchen mit verschiedenen Nennern, sagte Manuel, wenn du mir dafür ein Kästchen mit Schloss und Schlüssel machst, wo ich dann die Liebesbriefe aufbewahren kann, die mir Olinda schicken wird, wenn wir verlobt sind, und während Ramón mit seinen Händen geheimnisvolle Linien in sein Geografieheft zeichnete und ihm dazu erklärte, schau, hier ist Alaska, das habe ich baumwollweiß angemalt, damit du weißt, dass man hier nicht auf Erde, sondern Tag und Nacht auf Eis geht, und das Lilafarbene hier ist Kanada, und die kaffeebraunen Balken sind die Kordilleren, und das blau Angemalte ist das Meer, saß Salvador mit weit aufgerissenen verwunderten Augen da und polierte im Geist einen Baseball-Schläger aus massivem Gujakholz für ihn, und für Hugo Aduén in der Schule schnitzte er einen Revolver aus reinem Platanenholz, ganz genau gleich wie die richtigen Revolver, und für Jairo Taboada verfertigte zum Kaninchenjagen er eine Steinschleuder aus Zedernholz von einem bei Vollmond gefällten Baum, und sogar Señorita Pacha bestellte bei ihm eine weiße Konsole für die Hofmauer, um das Bild der Jungfrau von Fatima daraufzustellen, und dazu wollte sie auch ein Wasserbecken und einen Futternapf, damit die Haustauben sich dort hinsetzen könnten.

Für Julio Carazo, einen Vetter von uns, der Briefe von der Firma Rosenkranz aus den USA bekommt und per Fernunterricht ein Flugzeug steuern lernte, aber nie, gar nie, selber eines gesehen hat, fertigte er eine Douglas DC-4 an mit zwei Motoren an jedem Flügel, Armaturenbrett und Steuerknüppel im Cockpit, Glasfenstern im Passagierraum und Gummirädern zum Landen und dazu noch einem Schwanzsteuer und allem, es fehlte bloß noch, dass es fliegen konnte.

Am allerliebsten aber macht Salvador Autos, er bringt alle Modelle in allen Größen zustande; einmal sogar einen Überlandbus, fast so wie die, die mit Passagieren nach Sincelejo fahren, da schrieben wir mit Pinsel und Farbe « La Cubita » auf die Karosserie, ein andermal machte er einen Lastwagen, einen von denen ohne Motorhaube, mit hohem

derecha, como los que se ven en las películas de guerra, y como era igualito igualito al Ford de Fernando Vargas, en letras grandes bien grandes en la defensa le escribimos El Currimbi.

Hablo también del señor Pacheco, el que tiene el taller de carpintería en un rincón del patio de la casa de nosotros, y lo único que fabrica es cajones de muertos y cuando trabaja de noche es que hay difunto en el pueblo, de manera que de madrugada entre dormidos y despiertos oíamos el rumor del serrucho abriendo camino en la madera y luego bien luego es cuando empiezan a sonar los dobles y en esto Tita le pasa la taza humeante de café, y así contra la claridad lechosa del alba se me figura que no es de carne y hueso sino de palo seco, como de pijiño por fuera, y que por dentro está rellenado de aserrín, y no es que se me figura sino que salta a la vista que en vez de brazos lo que le cuelga de los hombros son ramas torcidas de mamón patiero y que en el alboroto de pelos de la cabeza puede anidar una docena de chorrondés.

Papá no es carpintero, el de él es oficio de oficina, y cada rato dice riéndose que el sordo Pacheco, como le dicen, va a enterrar a uno por uno los habitantes del municipio, que un día enterró a su papá, lo va a enterrar a él también, a Tita la mamá de mamá, y a mamá más ligero porque está muy enferma, y a toda su descendencia, y que el día que el señor Pacheco se muera no quedará nadie para cargarlo hasta el cementerio, y que aquí todos se van a matar entre todos y un día no va a quedar nadie ni para contar el cuento, pero ninguno se atreve a meterse con el viejo, pues papá dice que un hombre puede ser enterrado descalzo, un hombre puede ser enterrado sin sombrero y aún desnudo como se viene al mundo, pero nadie sin que lo metan entre las cuatro tablas de un cajón, y aquí el único que los fabrica es el señor Pacheco.

Führerhaus und rechts dem Steuer, genau wie die in den Kriegsfilmen, und da er haargenau gleich aussah wie der Ford von Fernando Vargas, schrieben wir mit ganz großen Buchstaben «El Currimbi» auf die Stoßstange.

Ich will auch von Señor Pacheco erzählen, der hat seine Schreinerwerkstatt in einer Ecke das Hofes, der zu unserm Haus gehört; er stellt ausschließlich Särge her, und wenn er nachts arbeitet, dann ist jemand gestorben im Städtchen, dann hörten wir jeweils vor Tagesanbruch im Halbschlaf die Säge sich durch das Holz fressen, und gleich fangen dann die Totenglocken an zu läuten, und nun reicht Tita ihm eine Tasse dampfenden Kaffee, und wenn seine Gestalt sich im milchigen Frühlicht abhebt, kommt er mir gar nicht vor, als sei er aus Fleisch und Blut, sondern eher aus einem dürren Stock, außen so hart wie Pijiño-Holz und innen voll Sägemehl, ich stelle ihn mir nicht nur so vor, es springt in die Augen, dass von seinen Schultern nicht zwei Arme herabhängen, sondern zwei knorrige Platanenäste, und dass in seinem wirren Haarschopf ein ganzes Dutzend Singvögelchen nisten könnte.

Papa ist nicht Schreiner, er hat einen Büroberuf, und alle Augenblicke sagt er lachend, dass «der taube Pacheco», wie man ihn nennt, die Einwohner des Städtchens einen nach dem andern begraben wird, früher einmal hatte er seinen Vater beerdigt, später wird er einmal ihn beerdigen, Tita, die Mama der Mama, bald auch Mama, denn sie ist sehr krank, auch alle ihre Nachkommen, und wenn dann Pacheco stirbt, wird niemand mehr da sein, um ihn zum Friedhof zu tragen, und hier werden sich alle gegenseitig umbringen, und eines Tages wird nicht einmal mehr jemand da sein, um wenigstens die Geschichte zu erzählen, aber niemand wagt es, sich mit dem Alten anzulegen, denn Papa sagt, einen Toten kann man wohl ohne Schuhe begraben, auch ohne Hut kann man ihn begraben, oder sogar nackt, wie er auf die Welt gekommen ist, aber nicht, ohne dass man ihn in die Kiste aus vier Brettern legt, und hier gibt es einen einzigen, der sie macht, und das ist Pacheco.

A mí me da miedo asomarme al taller, especialmente cuando el señor Pacheco le está dando el último retoque de barniz a sus ataúdes y el roce del trapo ensopado de tintura y la sobaquina del viejo y la hediondez del humo del tabaco remansado en el aire cargan de muerte la penumbra del cuarto, en cambio Salvador que apenas alcanza con su cuerpo el banco de carpintería, se empina y estira las manos y frota y frota la superficie de la madera hasta que adquiere el tono tristón del caoba, y el carpintero se ríe de verlo con esa risa desacompasada de los sordos y lo deja después que recoja las tablas desperdiciadas y los clavos torcidos y enseguida toma la segueta y serrucha siguiendo la raya trazada con un lápiz y vuelve a colocárselo detrás de la oreja tal como lo hace el señor Pacheco, y luego retira la segueta y toma el escoplo o la escofina, y después pule una por una las piezas cortadas con el cepillo al tiempo que las repasa al tacto con la yema de los dedos, y por último se va sacando de la boca los clavos como el señor Pacheco y a golpes de martillo empiezan a aparecer como por encanto las figuras de los vehículos.

El otro día se le metió en la cabeza que iba a hacer para navidad un camión bien grandotote con llantas de palo forradas de caucho de llanta y firme troja de roble rojo, con capó de latón que al abrirlo se pudieran ver las piezas íntegras del motor y con la plata de la venta le iba a comprar a mamá de regalo de navidad una caja de polvo rosado con espejo en marco de nácar que habia visto en el baratillo de Sacramento de la Rosa, y en su etiqueta se leía valor $10.00, y la había visto una vez y regresaba cada rato a volver a verla en la vitrina del baratillo, y era una sorpresa y por eso no le iba a contar a mamá que la notaba muy pálida últimamente, así que se esmeró en la hechura del carro poniéndole guardafangos metálicos y platinas de flejes, lo mis-

Mir macht es Angst, in die Werkstatt zu gehen, vor allem, wenn Señor Pacheco die letzte Firnisschicht aufträgt, denn das reibende Geräusch des getränkten Lappens auf den Särgen, der übelriechende Achselschweiß des Alten und der Gestank des abgestandenen Tabakrauchs in der Luft lasten im halbdunklen Raum wie tödlicher Moder; Salvador hingegen, der nur knapp über die Hobelbankkante hinaussieht, reckt sich, streckt die Hände aus und reibt die Oberfläche, bis sie den düsteren Farbton des Mahagoniholzes bekommt, und wenn der Schreiner es sieht, lacht er stockend, wie alle Tauben lachen, und nachher lässt er ihn Abfallbretter und krumme Nägel zusammenlesen, und Salvador sägt sofort den Bleistiftlinien entlang, die er vorher gezogen hat und klemmt den Bleistift hinters Ohr, wie es Señor Pacheco macht, dann legt er die Laubsäge weg und nimmt den Beitel oder den Raspel und bürstet nachher die ausgesägten Teile einen nach dem andern und prüft immer wieder die Oberfläche mit der Fingerbeere, zum Schluss nimmt er die Nägel aus dem Mund wie Señor Pacheco, und nach einigen Hammerschlägen wird wie durch Zauber die Gestalt eines Fahrzeuges sichtbar.

Kürzlich hatte er sich in den Kopf gesetzt, zu Weihnachten einen richtigen Lastwagen zu machen, einen schön großen mit Rädern aus Holz und einem Überzug aus Reifengummi, einer Ladefläche aus massiver roter Eiche und einer Motorhaube aus Blech, damit man beim Öffnen die Bestandteile des Motors sehen könne; vom Verkaufserlös wollte er der Mutter zu Weihnachten eine Puderdose schenken mit einem Spiegelchen im Perlmuttrahmen und rosa Puder darin, die hatte er beim Krämer von Sacramento de Rosa gesehen, und auf dem Schildchen stand der Preis – zehn Pesos; nachdem er sie bemerkt hatte, war er immer wieder dort vorbeigegangen, um sie im Schaufenster anzusehen; das Geschenk sollte eine Überraschung werden, darum wollte er der Mutter nicht sagen, dass er sie in letzter Zeit sehr blass finde, und deswegen gab er sich große Mühe mit dem Lastwagen und machte Kotflügel aus Blech

mo que tanque de gasolina, compuertas de poner y quitar y mofle con su largo tubo de escape.

Cuando el camión estuvo terminado, con la carrocería pintada de todos los colores, su cabrilla, su corneta con pera en vez de pito al alcance de la mano izquierda, su barra de cambios y los pedales con breque y todo, le pusimos arriba en la caparazón con letras bien grandes «*Mi Chevrolito*» y abajo delante del motor en la placa, *1950*, entonces mi hermano Salvador me dijo móntate y yo me acomodé en la cabina, y le amarró un cable a la defensa y empezó a arrastrarlo calle arriba, y yo iba pegado a la pera del pito, buu buu buu buuu, iba sonando y a medida que andaba los muchachos se asomaban a verlo, y lo ayudaban a empujar y era menos lo que empujaban que el estorbo que hacían.

Con el tumulto de muchachos rodeando el camión fuimos recorriendo el marco de la plaza, y don Gumersindo el de la botica desde el mostrador nos dijo el niño Dios no trae los regalos hoy sino mañana, no, le dijo mi hermano mientras se escurría el sudor de la frente, no estamos jugando con él, lo traemos a vender en diez pesos, y el padre García casi sin levantar los ojos de los papeles que examinaba le dio tres bendiciones al camión y con su expresión bondadosa declaró que podía certificar ante el cielo que el de nosotros era un Chevrolet de verdad, y todos celebramos el chiste, menos Salvador que hablaba con el turco Asís, el del almacén de telas, que le estaba ofreciendo cinco pesos por el carro, y por último dimos la vuelta por donde don Arturo el que tiene una casa con setenta balcones y una docena de criados, y que sin reparar de los ojos, preguntó si mamá se lo había mandado de regalo.

Y por la pura nochecita, en vista de tanta averi- 128
guación necia de la peladera de la escuela y de exa- 129

und Stoßstangen aus Eisen, einen Benzintank und abnehmbare Hintertüren sowie ein langes Auspuffrohr.

Als der Lastwagen fertig und die Karosserie ganz bunt bemalt war, als er sein Steuerrad hatte, seinen Gummiball zum Hupen, seinen Schaltknüppel, seine Pedale zum Bremsen, da schrieben wir oben auf das Führerhaus mit großen Buchstaben «Mi Chevrolito» und unten vor dem Motor auf das Schild 1950; darauf sagte mein Bruder Salvador zu mir, steig ein, und ich machte es mir bequem in der Kabine, er band ein Kabel an der Stoßstange fest und zog den Wagen die Straße hinauf, und ich drückte dauernd auf den Gummiball und hupte, es dröhnte in einem fort Buhbuhbuhbuh, und wo wir vorbeikamen, strömten die Kinder herzu und wollten den Wagen sehen und stoßen helfen, aber eigentlich störten sie mehr, als dass sie halfen.

Mitsamt der Kinderschar, die den Lastwagen umschwärmte, fuhren wir um das ganze Geviert des Hauptplatzes, ich drückte dauernd auf die Hupe – buhbuhbuh – damit die Kinder den Weg frei machten, zuerst sah uns Gumersindo, der von der Apotheke, er rief uns vom Ladentisch aus zu, das Christkind bringt die Geschenke nicht heute, sondern erst morgen, mein Bruder wischte sich den Schweiß von der Stirn und sagte zu ihm, wir spielen nicht damit, Don Gumersindo, wir wollen ihn für zehn Pesos verkaufen, dann fuhren wir vor dem Pfarrhaus vorbei, und Padre García hob kaum den Kopf von den Papieren, über denen er brütete, er segnete den Wagen mit drei Kreuzzeichen und versicherte uns, er könne es vor dem Himmel bezeugen, dass unser Chevrolet ganz echt sei, wir lachten alle über den Scherz, nur Salvador nicht, denn er redete gerade mit dem Araber Asís vom Stoffladen, der bot ihm fünf Pesos für den Wagen, zuletzt fuhren wir bei Don Arturo vorbei, der hat ein Haus mit siebzig Fensterbalkonen und einem Dutzend Bediensteten, aber er schaute das Wundergefährt vor seinen Augen gar nicht richtig an und fragte nur, ob meine Mutter es ihm als Geschenk schicke.

Es war schon ganz dunkel, als wir uns auf den Heimweg machten; all die dummen Fragen der Mitschüler, die jeden

minar una por una las piezas del motor y de que nadie nos compraba el camioncito, emprendimos el regreso a casa, y en el camino yo a veces miraba la cara afligida de Salvador, que no le hizo caso a las palmaditas de aplauso del agente Bordón y del saludo de lejitos de la niña Pacha, y yo mismo no tenía tiempo de estar feliz manejando aquel carro, porque debía estar con el pulso firme sobre el timón y el pie atento en el breque para evitar una estrellada.

A puerta cerrada, en medio del ruido de la pólvora y la algarabía de la calle, papá comentaba que los dineros de los juguetes del niño Dios se fueron en los remedios de mamá, pero más alto que el ruido de afuera y que el desconsuelo de adentro era el regocijo de estar ahí unidos en mitad de la noche riéndonos del fracaso de la venta del camión y apenas rayó el día salimos en el camión al patio y Tita con el pocillo de café en la mano miraba orgullosa a su nieto carpintero, Manuel caminaba adelante trazando la carretera con puentes y señales de tránsito y de la carretera que culebreaba en el horizonte como las carreteras de verdad, José ponía en letreros grandes los nombres de las ciudades y los ríos por donde pasábamos, en la troja del camión iban mis hermanas con las cabelleras abatidas por el viento y diciendo adiós con las manos, el señor Pacheco desde la puerta de su taller reía con la risa desacompasada de los sordos, reía de ver a Salvador empujando y de verme a mí con una mano en la cabrilla y la otra pegada del pito y el pito hacía buu buu buu, y el ruido ese rebotaba en los árboles del patio, y apoyada en papá, mamá salió a la claridad de la mañana, y estaba feliz de vernos felices y tenía los ojos radiantes y las mejillas encendidas como si bajara por la luz del sol una lluvia menuda de polvo de rosas.

einzelnen Bestandteil des Motors begutachten wollten, waren uns verleidet, und ausserdem wollte niemand unsern Wagen kaufen; unterwegs sah ich manchmal, dass Salvador ein betrübtes Gesicht machte und gar nicht merkte, dass der Polizist Bordón Beifall klatschte und dass Señorita Pacha von weitem winkte, und ich selbst hatte vor lauter Aufpassen auch keine Zeit, mich in diesem Gefährt glücklich zu fühlen, denn ich musste das Steuerrad dauernd festhalten und den Fuß auf der Bremse haben, um nicht umzukippen.

Hinter verschlossenen Türen sagte uns dann Papa im Lärm der Feuerwerkskörper und dem Trubel auf der Straße, dass dieses Jahr das Geld statt für Kinderspielzeug für Mutters Arzneien gebraucht worden sei; aber größer als der Trubel draußen und die Niedergeschlagenheit drinnen war das Wonnegefühl, mitten in der Nacht beisammen zu sein und über den Misserfolg mit dem Verkauf des Lastwagens zu lachen, und bei Tagesanbruch schon gingen wir hinaus in den Hof mit dem Wagen, Tita schaute mit der Kaffeetasse in der Hand stolz ihren Schreinerenkel an, Manuel ging voraus und zeichnete mit Kreide die Landstraße auf den Boden, auch Brücken und Verkehrszeichen, bei der Straße, die sich am Horizont in Schlangenlinien wie eine richtige Bergstraße wand, schrieb Ramón in großen Buchstaben die Namen der Städte und Brücken und Flüsse hin, an denen wir vorbeikamen, auf der Ladefläche des Wagens fuhren meine Schwestern mit und winkten mit den Händen Lebewohl, ihre Haare waren vom Wind ganz zerzaust, und Don Pacheco lachte stockend unter der Werkstattür, wie Taube immer lachen, er lachte, als er sah, wie Salvador den Wagen schob und wie ich mit einer Hand das Steuer hielt und mit der andern hupte – buhbuhbuh –, dass der Lärm von den Bäumen im Hof widerhallte, dann erschien Mama draußen in der Morgenhelle, sie stützte sich auf Papa und war glücklich, uns glücklich zu sehen, ihre Augen strahlten, und ihre Wangen waren gerötet, als fließe mit dem Sonnenlicht Rosenstaub als feiner Regen auf sie nieder.

– ¡ Solicito permiso para sacar la mierda !

Como si no hubieran escuchado, los soldados apostados a la entrada continuaron espantando las moscas, grandes como cucarrones.

Manuel repitió su solicitud. Un capitán que estaba a la sombra de un naranjo en cosecha, le gritó:

– ¡ Negado el permiso, godo hijueputa !

Manuel se mordió los labios hasta sentir el sabor de la sangre, y se retiró de la entrada, hacia el interior de la iglesia.

A la mañana siguiente el hedor envenenaba el ambiente. Manuel se acercó de nuevo al portón:

– Pido permiso para sacar un cadáver, y … la caneca de la mierda.

Sólo cuando había cadáveres los dejaban salir. Los únicos tres hombres que podían tenerse en pie marcharon con la caneca de los excrementos hacia el caño vecino, bajo la severa mirada de los soldados liberales, quienes, pálidos y encorvados bajo el peso de sus viejas escopetas, parecían tan moribundos como sus prisioneros. Después regresaron por el cadáver y lo enterraron al borde de la selva. Manuel improvisó una cruz burda. Alrededor de la tumba, otras tumbas y otras cruces igualmente burdas marcaban la morada final de sus amigos.

Manuel respiró hondo. Hacía calor. ¡ Si tuviera siquiera un sombrero para protegerse del sol ! A pesar de todo se alegró. Era un alivio salir un par de horas. Y pensó en los viajes que todavía tendría que hacer para efectuar otros entierros.

Desde el interior de la iglesia semiderruida, por el boquete abierto sobre el altar, Manuel miró el cielo. Contra el azul intenso resaltaban las pequeñas
manchas negras de unas aves, y pensó que ellas no 132
reconocerían la diferencia entre un liberal y un 133

Alvaro Pineda-Botero
Der Bürgerkrieg

« Bitte um Erlaubnis, die Scheiße rauszutun ! »

Die Soldaten am Eingang taten so, als hörten sie nichts, und verscheuchten weiterhin die käfergroßen Fliegen.

Manuel wiederholte seine Bitte. Ein Hauptmann, der im Schatten eines Orangenbaums mit reifen Früchten stand, rief ihm zu:

«Abgelehnt, du konservativer Hurensohn!»

Manuel biss sich auf die Lippen, bis er sein Blut schmeckte, und zog sich vom Eingang der Kirche ins Innere zurück.

Am nächsten Morgen verseuchte der Gestank die ganze Gegend. Manuel näherte sich wieder der Tür:

«Bitte um Erlaubnis, eine Leiche rauszuschaffen und... den Eimer mit der Scheiße.»

Nur wenn es Leichen gab, durften sie hinaus. Unter dem strengen Blick der liberalen Soldaten, die vom Gewicht ihrer alten Gewehre fast erdrückt wurden und ebenso bleich und sterbenskrank aussahen wie ihre Gefangenen, schleppten die einzigen drei Männer, die sich noch aufrecht halten konnten, den Eimer mit dem Kot zum nahegelegenen Bach. Dann kehrten sie zurück, um die Leiche zu holen, und begruben sie am Rande des Urwalds. Manuel bastelte in aller Eile ein plumpes Kreuz. Um das Grab herum bezeichneten andere Gräber und andere ebenso plumpe Kreuze die letzte Ruhestätte ihrer Freunde.

Manuel atmete tief. Es war heiß. Wenn er doch wenigstens einen Hut hätte, um sich vor der Sonne zu schützen! Trotz allem freute er sich. Es war eine Erleichterung, ein paar Stunden an die Luft zu kommen. Und er dachte an die Ausgänge, die ihm noch für weitere Begräbnisse bevorstünden.

Im Innern der halbzerfallenen Kirche sah sich Manuel durch die Öffnung über dem Altar den Himmel an. Vom tiefen Blau hoben sich einige Vögel als kleine schwarze Flecken ab, und er dachte, diese wüssten den Unterschied zwischen einem Liberalen und einem Konservativen

conservador. Maldijo el día cuando aparecieron en Altagracia, su pueblo paramuno perdido en la montaña andina, unos arreboles morados y verdes, anunciando el inicio de la guerra. Maldijo también el día, poco después, cuando llegaron unas cuadrillas conservadoras de reclutamiento. Habrían podido ser liberales; en tal caso, él estaría en el bando contrario. Manuel se presentó, y dijo tener dos años más de los que en realidad tenía, porque quería ser reclutado a toda costa. Era la única forma de salir de ese pueblo de eriales, de conocer el mundo, de llegar a ser alguien.

Durante meses recorrió los caminos sin toparse con ningún liberal. Sus talones se endurecieron y su piel se puso morena de tanto sol y tanto viento. Eran unas jornadas largas por senderos de montaña y de selva, por lindas vegas de ríos claros, con un grupo de jóvenes felices, dispuestos más al jolgorio que al combate. Pero luego vinieron los enfrentamientos. Pronto aprendió a matar y a vencer la náusea de la sangre derramada. Su nariz se curtió con el olor ácido de la pólvora. Supo, además, lo que era luchar contra sus mismos compañeros para poseer una hembra a la fuerza.

Sus jefes les gritaban que todo eso era patriotismo y valor civil, y que, para beneficio del glorioso partido conservador, estaban ganando la guerra. Y Manuel les creía. Se habían internado por un territorio costanero, muy lejano de sus queridas cordilleras azules y blancas. Ahora todo era ciénagas interminables, un calor abrasador, mosquitos y alimañas; malas aguas, fiebres. Se consolaban pensando que con este último esfuerzo pronto terminaría la guerra.

Mas sin mediar presagios, les llegó la mala hora: hubo varias escaramuzas con saldo negativo, perdieron a su jefe y fueron perseguidos por esa selva 134
pantanosa, quedando reducidos a una pandilla sin 135

nicht. Er verfluchte den Tag, an dem in Altagracia, seinem Heimatdorf irgendwo im Andenhochland, ein paar rote und grüne Lichtstreifen am Himmel auftauchten, die den Kriegsbeginn verkündeten. Er verfluchte auch den Tag, an dem wenig später konservative Rekrutierungstrupps eintrafen. Es hätten auch Liberale sein können, dann wäre er jetzt auf der Gegenseite. Manuel stellte sich und behauptete, zwei Jahre älter zu sein, als er in Wirklichkeit war, denn er wollte um jeden Preis eingezogen werden. Es war die einzige Möglichkeit, aus diesem Dorf in der Ödnis wegzukommen, die Welt kennenzulernen, jemand zu werden.

Monatelang war er unterwegs und traf keinen einzigen Liberalen. Seine Fersen wurden härter und seine Haut gebräunt, von all der Sonne und all dem Wind. Es waren lange Tagesmärsche auf Berg- und Urwaldpfaden, über schöne Auen an klaren Flüssen; sie waren eine Gruppe glücklicher Jugendlicher, denen der Sinn mehr nach Feiern als nach Kämpfen stand. Doch dann kam es zu Zusammenstößen. Bald lernte er töten und den Ekel vor vergossenem Blut überwinden. Seine Nase wurde gegen den beißenden Pulverdampf unempfindlich. Er lernte außerdem, was es hieß, gegen seine eigenen Kameraden zu kämpfen, um gewaltsam eine Frau zu besitzen.

Die Vorgesetzten schrien ihnen zu, das alles sei Patriotismus und Zivilcourage, und sie seien dabei, den Krieg für die glorreiche konservative Partei zu gewinnen. Und Manuel glaubte ihnen. Sie waren in ein Küstengebiet vorgedrungen, das von seinen geliebten blauweißen Bergketten sehr weit weg war. Jetzt war alles nur noch unendliches Sumpfgebiet, sengende Hitze, Mücken und wildes Getier, abgestandenes Wasser, Fieber. Sie trösteten sich mit dem Gedanken, mit dieser letzten Anstrengung nähme der Krieg bald ein Ende.

Doch wie aus heiterem Himmel traf sie plötzlich das Unheil: Es kam zu Scharmützeln mit Toten: sie verloren ihren Anführer und wurden durch den sumpfigen Urwald verfolgt, bis sie nur noch als zielloses Häuflein herumirrten.

rumbo. Los acosó el hambre y las fiebres. Una tarde, junto al borde de la selva, no lejos del mar, divisaron el poblacho de pescadores negros. Ciegos de dicha, se dispusieron a arrebatarles la comida y las mujeres. ¡ Seguro también tenían aguardiente ! Pero en la mitad de la fiesta llegó el destacamento enemigo. El combate fue breve. Ardieron algunas chozas y los moradores huyeron. Los conservadores tuvieron que rendirse para salvar sus vidas. Luego se dieron cuenta que más les hubiera valido morir en la contienda. Cuando los metieron en esa iglesia semiderruida a modo de prisión, el capitán liberal gritó:

– ¡ Metámole candela; vamos a ofrecerle una lamparita al Altísimo, alimentada con cebo de godo. Resonó la carcajada de la tropa, pero la orden no se cumplió.

Ahora llevaban más de una semana recibiendo sobras de comida, frutas en descomposición, agua putrefacta. Algunos murieron de fiebres y gangrena. Los moribundos clamaban para que los ajusticiaran de una vez.

Manuel también cayó fulminado por la fiebre y durante varios días, nunca supo cuántos, su cuerpo tembló en un rincón de la iglesia y su mente se debatió en negras pesadillas. Un amanecer despertó sin fiebre. Estaba débil pero pudo ponerse en pie. ¿Qué será de mis compañeros? Apoyándose en el muro de madera recorrió el templo silencioso: todos habían muerto y, afuera, también los liberales habían dejado de blasfemar y reír, de izar bandera y de tocar diana.

Decide salir. Su mirada se cruza con la mirada de desolación de un santo que cuelga malamente en el retablo, en medio del muro. Se santigua. Sale por el portón entreabierto. Por el boquete, encima del altar, pronto entrarán los gallinazos en busca de despojos. Negros, en fila, semejarán un grupo de seminaristas en la procesión del Corpus.

Hunger und Fieber bedrängten sie. Eines Tages erblickten sie am Rande des Urwalds, unweit vom Meer, das Fischerdorf. Blind vor Glück machten sie sich auf, bei den Schwarzen etwas zum Essen zu holen und ihnen die Frauen wegzunehmen. Bestimmt hatten sie auch Schnaps! Doch mitten im Fest kam das feindliche Kommando. Der Kampf war kurz. Es brannten einige Hütten, die Einwohner flohen. Die Konservativen mussten sich ergeben, um ihr Leben zu retten. Dann merkten sie, dass es besser gewesen wäre, im Gefecht zu sterben. Als sie nämlich in diese halbzerfallene Kirche geschleppt wurden, die als Gefängnis diente, rief der liberale Hauptmann:

«Zünden wir sie an, wir werden dem Allerhöchsten ein Lichtlein aus konservativem Talg darbringen.» Es erscholl das Gelächter der Truppe, aber der Befehl wurde nicht ausgeführt.

Seit über einer Woche erhielten sie nur noch Essensreste, verfaulende Früchte, stinkendes Wasser. Einige erlagen dem Fieber und dem Brand. Sterbende forderten den Gnadentod.

Manuel wurde auch vom Fieber befallen, und tagelang – wie lange, erfuhr er nie – lag er in einem Winkel der Kirche, sein Körper zitterte, und sein Geist kämpfte mit schwarzen Alpträumen. Eines Morgens erwachte er ohne Fieber. Er war schwach, doch er konnte aufstehen. Was mag aus meinen Kameraden geworden sein? Er stützte sich an der Holzwand und ging das stille Gotteshaus ab: Alle waren gestorben, und draußen waren auch keine Liberalen mehr, um Gott zu lästern und zu lachen, die Fahne zu hissen und zum Wecken zu blasen.

Er beschließt, hinauszugehen. Sein Blick trifft auf die kummervollen Augen eines Heiligen, der mitten in der Wand schief über dem Altaraufsatz hängt. Manuel bekreuzigt sich. Er geht durch die angelehnte Tür ins Freie. Durch die Öffnung über dem Altar werden bald die Geier auf der Suche nach Beute hereinfliegen. Wenn sie dann in schwarzen Reihen dasitzen, werden sie wie Seminaristen auf der Fronleichnamsprozession aussehen.

El enemigo se ha marchado. Los alrededores están solitarios; lo inunda una oleada de esperanza. Llega hasta el naranjo que tantas veces ha visto desde el portón de la iglesia y se harta con la fruta. El sol cae con fuerza y recoge un sombrero que algún soldado liberal ha dejado abandonado. Del mar viene la brisa fresca; entonces se marcha hacia la playa. Pero no avanza demasiado: dos lugareños, cargados de peces, vienen por la trocha. Al verlo, uno de ellos se alarma:

– ¡El godo que violó a mi hermana!

– ¡Qué va, hombre! ¿No ve que es un liberal? Mírale el sombrero.

– ¡Ah!, los cachacos son tan parecidos...

Manuel siente que el alma le regresa al cuerpo y, dispuesto a ser liberal, regresa con los negros al poblado y estos le ofrecen pescado frito, plátano y coco. ¿Qué hacer con los muertos? El calor es agobiante y la podredumbre mucha: deciden incinerarlos. Poco después las llamas trepan por los muros y los pajarracos vuelan por la techumbre derruida, confundidos con el humo del incendio. Manuel recuerda la lamparita con cebo de godo que el liberal quería ofrecerle al Altísimo.

Luciendo todavía su sombrero de paja, echa a andar hacia la playa.

Der Feind ist weg. Die Gegend ist verlassen, Hoffnung durchflutet ihn. Er geht zum Orangenbaum, den er so oft vom Kirchentor aus gesehen hat, und stopft sich mit Früchten voll. Die Sonne brennt unerbittlich, und er hebt einen Hut auf, den wohl ein liberaler Soldat verloren hat. Vom Meer weht die frische Brise; dann geht er Richtung Strand. Doch er kommt nicht weit: Zwei schwerbeladene Fischer vom Dorf begegnen ihm auf dem Pfad. Als sie ihn sehen, erschrickt einer von ihnen:

«Der Konservative hat meine Schwester vergewaltigt!»

«Ach was, Mann! Siehst du nicht, dass das ein Liberaler ist? Schau doch seinen Hut an.»

«Ah! Die aus den Bergen sehen alle so ähnlich aus...»

Manuel fühlt wieder Leben in seinen Körper strömen, und, entschlossen, ein Liberaler zu sein, geht er mit den Schwarzen ins Dorf zurück, und diese laden ihn zu gebratenem Fisch, Bananen und Kokosnüssen ein. Was tun mit den Toten? Die Hitze lastet bleischwer, und der Gestank wird unerträglich: Man beschließt, sie einzuäschern. Wenig später züngeln die Flammen an den Mauern empor, der Rauch verscheucht die hässlichen Vögel, und sie fliegen verwirrt durch das zerfallene Gebälk davon. Manuel erinnert sich an das Lichtlein mit konservativem Talg, das der Liberale dem Allerhöchsten darbringen wollte.

Mit seinem Strohhut noch auf dem Kopf macht er sich auf den Weg zum Strand.

Luis Fayad

Un día Carlos Guillermo no volvió al colegio

Rodrigo pensó que a la mañana siguiente su compañero se presentaría en el salón de clases con un papel escrito en su casa y dirigido al rector general para justificar su ausencia. Durante tres mañanas Rodrigo llegó más temprano al colegio con los ojos inquietos, sin sentir la falta de sueño, tratando de encontrar a Carlos Guillermo entre los alumnos que puntuales se acercaban por las calles vecinas al portón de la entrada y que luego se ordenaban por filas en el patio. Lo buscaba en el aula, lo buscaba sentado a su lado en el pupitre vacío. Entonces se encaminó a las oficinas de la rectoría, y en el trayecto ya llevaba el ansia de que iba a escuchar una mala noticia. No hubo una respuesta personal para él acerca de la ausencia de Carlos Guillermo, y más tarde el rector del colegio, sin que nadie se sorprendiera, se presentó en el salón de clases. Era una de las acostumbradas apariciones a la hora de libre estudio cedida cada semana a los estudiantes, y que el rector les robaba una vez al mes para comprobar y deleitarse con su rendimiento. Distribuía los días para visitar las diversas aulas y hoy le correspondía la de Rodrigo. El rector les hizo un repaso de conocimientos generales mediante preguntas formuladas al azar y dirigidas al alumno que como una ruleta señalara su dedo, Gómez habló de geografía y Pedraza de aritmética, y Martínez y Morales de física y de literatura y se habló de otras lenguas, de inglés y de francés. Antes de que la campana diera fin a la hora de estudio, el rector suspendió satisfecho el fogueo de preguntas, y sin embargo el gesto de su rostro no estuvo de acuerdo con el esfuerzo de los muchachos. El rector les iba a dar noticias de su compañero Carlos Guillermo, y les dijo que una enfermedad no lo dejaría asistir durante un tiempo

Luis Fayad
Eines Tages kam Carlos Guillermo nicht mehr zur Schule

Rodrigo meinte, sein Kamerad werde am folgenden Morgen im Klassenzimmer auftauchen und von daheim einen Zettel für den Direktor mitbringen, um sein Fehlen zu entschuldigen. In den nächsten drei Tagen kam Rodrigo früher in die Schule und suchte – ohne den fehlenden Schlaf zu spüren – mit unruhigen Augen Carlos Guillermo unter den Schülern, die sich pünktlich von den Nachbarstraßen her dem Haupteingang näherten und sich dann reihenweise im Hof aufstellten. Er suchte ihn im Klassenzimmer, er suchte ihn auf dem leeren Platz neben sich auf der Schulbank. Dann ging er zu den Büros der Schulleitung, und unterwegs spürte er schon die Angst, eine schlechte Auskunft zu erhalten. Es war keine persönliche Auskunft für ihn da über Carlos Guillermos Abwesenheit, und später kam der Direktor ins Klassenzimmer, ohne dass es jemanden überraschte. Es war dies einer seiner gewohnten Auftritte in der Aufgabenstunde, die den Schülern jede Woche eingeräumt wurde und die er ihnen einmal im Monat stahl, um sich von ihren Leistungen zu überzeugen und sich über ihre Fortschritte zu freuen. Er teilte seine Tage auf, um die verschiedenen Klassen zu besuchen, und heute war die von Rodrigo an der Reihe. Der Direktor fragte ihre allgemeinen Kenntnisse ab, pickte zufällig ein Fach heraus und zeigte mit seinem Finger wie beim Roulette auf einen Schüler. Gómez sprach über Erdkunde, Pedraza über Rechnen und Martínez und Morales über Physik und über Literatur; dann kamen die Fremdsprachen an die Reihe, Englisch und Französisch. Bevor die Glocke läutete, hörte der Direktor zufrieden mit seiner Salve von Fragen auf, aber obwohl die Jungen sich viel Mühe gegeben hatten, blieb er sehr ernst. Als Neuigkeit teilte er ihnen mit, dass eine Krankheit ihren Kameraden Carlos Guillermo eine Zeitlang vom Unterrichtsbesuch abhalte und dass er höchstwahrscheinlich bis zum Ende des Schuljahres fehlen

al colegio y que muy posiblemente su ausencia se prolongaría por el resto del año. Tras un silencio en el que no se oyeron ni las exclamaciones íntimas el salón se transformó en un murmullo de aleteos que hubieran sido un vuelo desordenado sin la presencia del rector, en un asombro y en un pesar en los que no participó Rodrigo. El se quedó mirando al rector como si aún fuera posible cambiar la noticia, se quedó lívido, con los labios enmudecidos y sintiendo en ellos las palpitaciones como un eco de los golpeteos del corazón que le dio un tremendo vuelco.

Fue vana la curiosidad que llevó a un grupo de estudiantes a la rectoría a indagar las señas de la casa de Carlos Guillermo, y en la intriga se quedó el nombre de la enfermedad, oculto en la discreción del rector. Y como ningún signo le borraba la incertidumbre de Carlos Guillermo, Rodrigo, en el aula, se volvía a un lado, a otro para atraparlo invisible, miraba el pupitre vacío ya con el horrible presentimiento de que ese fuera su estado normal y esperanzado en que en cualquier momento volviera a ocuparse. Guardaba esa esperanza, esa inútil esperanza. De ella sólo sacó la decisión de ir a la rectoría, y quizá porque al final apareció con una súplica que podía repetirse fue que el rector le concedió al menos una revelación. Por la tarde se oía en el colegio el rumor de la enfermedad que padecía Carlos Guillermo. Surmenaje, le dijeron a Rodrigo, una enfermedad provocada por exceso de trabajo, cansancio mental. Cuando Carlos Guillermo superara la crisis del surmenaje Rodrigo le prestaría los apuntes de las clases y lo pondría al corriente de las asignaturas, pero entretanto debía comprobar que su compañero era algo más que la existencia de un nombre casi olvidado en los rumores del colegio. Obtuvo el dato del domicilio de Carlos Guillermo a través del muchacho que atendía la tienda de pasteles y de bebidas gaseosas del colegio, y quien en sus horas

werde. Nach einer Pause, in der man nicht einmal die leisesten Äußerungen hörte, verwandelte sich das Klassenzimmer in ein murmelndes Geflatter, das ohne die Anwesenheit des Direktors wohl in einen ungeordneten Flug ausgeartet wäre, in ein Wundern und Bedauern, aber Rodrigo nahm daran nicht teil. Er sah weiterhin den Direktor an, als ob es noch möglich gewesen wäre, die Nachricht zu ändern, er blieb blass und hielt seine Lippen zusammengepresst; er spürte in ihnen eine Art Echo seines Herzschlags, dessen rasendes Gehämmere ihn fast umwarf.

Vergeblich wandte sich eine Gruppe neugieriger Schüler an die Schulleitung, um die Adresse von Carlos Guillermo herausbekommen, und rätselhaft blieb auch der Name der Krankheit, denn der Direktor verriet nichts. Kein Anzeichen befreite Rodrigo von der Ungewissheit über Carlos Guillermo; er drehte sich im Klassenzimmer hierhin und dorthin und versuchte, den Unsichtbaren zu erhaschen und er schaute auf die leere Schulbank; er hatte schon die Vorstellung, dass dieser schreckliche Zustand von jetzt an selbstverständlich sei, und doch hegte er die Hoffnung, unversehens werde der Platz wieder besetzt. Er bewahrte diese Hoffnung, diese sinnlose Hoffnung. Sie ließ seinen Entschluss reifen, zur Schulleitung zu gehen, und schließlich brachte er seine Bitte vor; da sie sich wiederholen konnte, verriet ihm der Direktor wenigstens etwas. Am Nachmittag ging in der Schule das Gerücht um, Carlos Guillermo leide an einer Krankheit – Überanstrengung, erklärte man Rodrigo: Die Krankheit werde durch übermäßiges Arbeiten, das heiße: durch geistige Erschöpfung ausgelöst. Sobald Carlos Guillermo die schlimmste Krise überwunden hätte, würde ihm Rodrigo seine Aufzeichnungen leihen, damit er nacharbeiten könne, doch zunächst musste er aufgrund der Gerüchte in der Schule feststellen, dass sein Kamerad etwas mehr war als ein fast vergessener Name. Er bekam Carlos Guillermos Adresse von dem Burschen, der den Kuchen- und Limonadenstand der Schule betreute und in seinen

libres ayudaba a la limpieza de las aulas y de las demás dependencias, entre ellas la oficina de la rectoría y de los archivos. Rodrigo le alargó un dinero, y el muchacho, que hubiera podido ser su compañero de curso, le hizo jurar hasta el último momento que guardaría el secreto y antes de soltarle el papel con el dato le hizo desembolsar otro billete. Las señas ubicaron a Rodrigo en la zona suroeste de la ciudad y llevaron su pensamiento como cuando se le iba tras Carlos Guillermo e imaginó viviendas y calzadas y la fachada de la casa de su compañero. Sabía que era un lugar remoto, ahora a su alcance con las señas en la mano temblorosa. Le consultó a su padre, y éste, antes de darle las indicaciones de la travesía, aún sin devolverle el papel, le preguntó qué horas tenía programadas. A la salida de clases, fue la respuesta de Rodrigo y para abreviar las precauciones del padre le dijo que iría con otros compañeros. Sin embargo el padre le pidió que no alargara la visita porque ya para entonces había llegado la noche.

Calles sin pavimentar lo esperaban al descender del bus, charcos de lluvia que el viento deslizaba y aceras de polvo entre piedras de estructura desigual. Rodrigo, en su apuro, no pudo aprovechar el alumbrado público de los antiguos faroles que hubieran resultado atractivos porque eran postes de madera ennegrecidos por el tiempo y con un bombillo que apenas si parpadeaba su débil luz amarilla en lo alto. Quizá bastaran para localizar la casa pero Rodrigo dio con ella a tientas y por inspiración y comprobó los números de las señas dos veces. Pensó con fuerza en Carlos Guillermo como si alguien más allá de la puerta debiera acudir a su llamado angustioso. La fachada tenía la apariencia de un solo cuarto, aunque en realidad había dos espacios y un patio improvisados en un pequeño terreno. Una mujer le abrió la
puerta y Rodrigo antes de ninguna pregunta quiso 144
mirar detrás de ella por si descubría algo, al menos 145

freien Stunden die Klassenzimmer und andere Räume putzen half, darunter das Büro der Schulleitung und die Archive. Rodrigo steckte dem Burschen, der sein Klassenkamerad hätte sein können, etwas Geld zu, und dieser ließ ihn bis zum letzten Augenblick schwören, das Geheimnis nie zu verraten, doch bevor er ihm den Zettel mit den Angaben aushändigte, ließ er sich noch einen Geldschein geben. Die Adresse führte Rodrigo in Gedanken in den Südwesten der Stadt, hinter Carlos Guillermo her, und er stellte sich Wohnhäuser und gepflasterte Straßen und die Fassade des Hauses vor, wo sein Freund wohnte. Er wusste, dass es weit weg war, jetzt aber, da er zitternd die Adresse in der Hand hielt, war es in Reichweite. Er zog seinen Vater zu Rate, und bevor dieser ihm den Weg erklärte und ihm den Zettel zurückgab, fragte er ihn, um welche Zeit er den Besuch geplant habe. Nach der Schule, war Rodrigos Antwort, und um seinen Vater zu beruhigen, sagte er ihm, dass er mit anderen Kameraden hingehen werde. Dennoch bat ihn der Vater, nicht zu lange zu bleiben, da es dann schon dunkel sei.

Ungepflasterte Straßen erwarteten ihn, als er aus dem Bus stieg, Regenpfützen, die der Wind kräuselte, und auf den Bürgersteigen nur einzelne unregelmäßige Steinplatten in der Erde. Rodrigo konnte in seiner Not nicht einmal das Licht der alten Straßenlampen nutzen, die ihm sicher gefallen hätten, denn es waren im Lauf der Zeit schwarz gewordene Holzpfosten mit einer matten, gelblich flackernden Glühbirne hoch oben. Vielleicht hätte sie ihm gereicht, um das Haus zu finden, aber Rodrigo stieß aufs Geratewohl und ohne zu suchen darauf und überprüfte die Hausnummer zweimal. Er dachte mit aller Kraft an Carlos Guillermo, so, als ob jemand auf der anderen Seite der Tür auf sein angstvolles Klopfen antworten müsse. Die Fassade sah nach einem einzigen Zimmer aus, doch es gab auf dem kleinen Grundstück zwei notdürftige Räume mit einer Art Hof dazwischen. Eine Frau öffnete ihm, und noch bevor Rodrigo sie etwas fragte, wollte er an ihr vorbeischauen, um etwas zu entdecken, und sei es nur einen

una sombra. La mujer no se preocupó de quién preguntaba por su hijo y lo único que no supo fue si invitar a pasar al desconocido, quizá un amigo del barrio o a lo mejor alguien que se valía de esa treta para introducirse en la casa. Pero enseguida la mujer se rió de haberle dado dignidad a lo que era su casa con tamaña ocurrencia, y por entre la penumbra condujo a Rodrigo a un cuarto. Quedaba a dos pasos de la puerta de entrada, se presentía que era minúsculo y todavía no se distinguía su mobiliario. La mujer lo dejó de pie y se fue al cuarto de enfrente, separado del primero por dos tabiques de madera que formaban un corredor, y de donde salía la luz de una vela que iluminó a la mujer en el momento de reanudar el oficio de doblar pilas de prendas de vestir y de ordenarlas en una canasta. Rodrigo no se detuvo a observarla y buscó por todos lados con la mirada, por donde hubiera un rayito de luz o por donde la oscuridad pudiera brindarle una sorpresa. Esperó que la mujer regresara para guiarlo por fin al lecho de Carlos Guillermo, dejó pasar un minuto o un siglo y decidió indagar él mismo. Con sólo intentar volverse su pie tropezó, y luego sus ojos, esclarecidos por el tiempo transcurrido y con la ayuda de los reflejos del otro cuarto, vislumbraron dos camas y en medio de ellas una mesita de noche. Frente había un armario. Y después se oyeron unos pasos que le cortaron el aliento. Del patio de atrás llegó Carlos Guillermo portando sobre el hombro una palangana de ropa. Rodrigo lo vio acercarse a su madre y dejar la carga al lado del otro montón, y le pareció que la mujer protestaba porque no iba a alcanzar a entregarles a sus clientes el trabajo acumulado. Carlos Guillermo empezó a sacar la ropa de la palangana para hacer otra pila, pero la mujer lo interrumpió con algo como un susurro y señaló a Rodrigo. A pesar de la corta distancia Carlos Guillermo no pudo identificar la silueta que se erigía

Schatten. Die Frau kümmerte es nicht, wer da nach ihrem Sohn fragte, sie wusste nur nicht, ob sie den Unbekannten hereinbitten sollte, vielleicht war es ein Freund aus dem Viertel oder sogar jemand, der mit diesem Trick ins Haus eindringen wollte. Doch gleich darauf lachte die Frau, dass sie mit einem solchen Einfall ihrem Haus so hohe Würde verliehen hatte, und führte Rodrigo durch das Halbdunkel zu einem Zimmer. Es war zwei Schritte von der Eingangstür entfernt, man spürte, dass es winzig war, und noch konnte man seine Einrichtung nicht ausmachen. Die Frau ließ ihn stehen und ging ins Zimmer gegenüber, das vom ersten durch zwei Holzwände getrennt war, die einen Flur bildeten und von woher das Licht einer Kerze die Frau beleuchtete, als sie wieder daran ging, Wäsche zu falten und die fertigen Stapel in einen Korb zu schichten. Rodrigo beobachtete sie nicht weiter und suchte überall mit seinem Blick nach einem kleinen Lichtstrahl oder einer Überraschung in der Dunkelheit. Er erwartete, die Frau werde zurückkommen, um ihn endlich an Carlos Guillermos Bett zu bringen, ließ eine Minute oder ein Jahrhundert vergehen und beschloss, selbst nachzuforschen. Schon beim ersten Versuch, sich umzudrehen, stolperte er, und dann gewöhnten sich seine Augen an die Dunkelheit, und im Lichtschein aus dem anderen Zimmer erkannte er zwei Betten und dazwischen ein Nachttischchen. Gegenüber stand ein Schrank. Dann waren Schritte zu hören, die ihm den Atem raubten. Vom Hinterhof kam Carlos Guillermo mit einer Wanne voll Wäsche auf den Schultern. Rodrigo sah, wie er zu seiner Mutter ging und die Ladung neben dem anderen Haufen absetzte, und es schien ihm, als beschwere sich die Frau über die anstehende Arbeit, weil sie es nicht schaffen würde, ihren Kunden die Wäsche rechtzeitig zurückzubringen. Carlos Guillermo machte sich daran, mit der Wäsche aus der Wanne noch einen Stapel zu machen, aber die Frau flüsterte ihm etwas zu und zeigte auf Rodrigo. Trotz der Nähe konnte Carlos Guillermo die schattenhaften Umrisse in der Mitte des anderen Zimmers nicht erkennen, aber er nahm einen Geruch wahr,

como una sombra en medio del otro cuarto, pero percibió un olor que se había alejado de él hacía unos días, y se estremeció, y creyó que era como tantas veces una ilusión. Se aproximó y con el tenue resplandor de la vela del cuarto vecino descubrió el rostro de Rodrigo y dejó que el suyo apareciera por fin ante él. Rodrigo musitó el nombre de Carlos Guillermo, quiso abrazarlo y sin saber cómo se contuvo, temiendo perjudicar en algo su enfermedad. También Carlos Guillermo dio un paso, uno solo, y también él aguardó con la misma actitud. Los dos se apretaron las manos, ambas manos, y Rodrigo cedió a su impulso y tomó a su compañero de los brazos y lo atrajo a su pecho. Carlos Guillermo lo ayudó en el abrazo con las pocas fuerzas que le había dejado el sobresalto. Rodrigo lo soltó para examinarlo, feliz. Lo encontraba rebosante de salud como si estuviera simulando el surmenaje para faltar al colegio, y se lo dijo sonriendo porque ignoraba qué los había separado tantos días hasta ese momento. Carlos Guillermo no tenía preparada ninguna mentira y se le ocurrió decir que la fiebre se le había subido a cuarenta grados. Rodrigo le tocó la frente, le controló el pulso y le examinó los ojos hasta donde le permitió la penumbra, y celebró con otro abrazo la mejoría de su compañero.

Los dos se sentaron en el borde de una de las camas. El alborozo de Rodrigo ocultaba el desconcierto de Carlos Guillermo, quien pasados los primeros segundos sólo podía susurrar qué alegría, qué alegría, como si fuera cierto y a la vez como si le saliera de un hondo pesar. Rodrigo no dejaba de mirarlo, lo sacudió de los hombros para participarle el alivio en que descargaba el bochorno de los últimos días, lo miró, quería llevárselo de vuelta ya mismo al colegio. En el cuarto vecino se oyó el trasiego de unas
ollas de aluminio, seguramente colocadas sobre un 148
fogón al lado de la pila de ropa, fuera de la vista de 149

der sich vor einigen Tagen von ihm entfernt hatte, und schaudernd dachte er, es sei, wie so oft, nur eine Einbildung. Er trat näher, und im schwachen Kerzenschein aus dem Nachbarzimmer entdeckte er Rodrigos Gesicht, und schließlich kam auch seines ins Licht. Rodrigo murmelte Carlos Guillermos Namen, er wollte ihn umarmen, doch ohne zu wissen wie, blieb er plötzlich stehen, als fürchte er, die Krankheit irgendwie zu verschlimmern. Auch Carlos Guillermo tat nur einen einzigen Schritt, und auch er blieb plötzlich stehen. Die beiden drückten einander die Hände, beide Hände, und Rodrigo gab seiner Freude nach, fasste seinen Kameraden an den Armen und zog ihn an seine Brust. Carlos Guillermo half ihm bei der Umarmung mit den wenigen Kräften, die ihm wegen der Überraschung geblieben waren. Rodrigo ließ ihn los, um ihn genau anzusehen; er war glücklich. Er fand, Carlos Guillermo strotze vor Gesundheit, als ob er die Überanstrengung vortäusche, um nicht zur Schule gehen zu müssen, und er sagte es lächelnd zu ihm, weil er nicht wusste, was sie so viele Tage bis zu diesem Augenblick getrennt hatte. Carlos Guillermo hatte keine Lüge parat, es fiel ihm nur ein zu sagen, er habe vierzig Grad Fieber gehabt. Rodrigo berührte seine Stirn, fühlte seinen Puls und sah ihm, so gut es im Halbdunkel ging, in die Augen, und er zeigte die Freude über die Genesung seines Freundes mit einer weiteren Umarmung.

Die beiden setzten sich auf den Rand eines der zwei Betten. Rodrigos Jubel überdeckte die Ratlosigkeit Carlos Guillermos, der nach den ersten Sekunden nur noch flüstern konnte, was für eine Freude, was für eine Freude, als ob es wahr wäre und gleichzeitig, als ob es aus einem tiefen Kummer käme. Rodrigo sah ihn ständig an, er schüttelte ihn an den Schultern, um ihn an der Erleichterung teilhaben zu lassen, in der sich die Bedrückung der letzten Tage entlud, er sah ihn an, er wollte ihn auf dem Rückweg gleich mit in die Schule nehmen. Im Nachbarzimmer hörte man das Klappern von Aluminiumtöpfen, die bestimmt auf einem Herd neben dem Kleiderhaufen außerhalb von

Rodrigo. De todos modos la llama que cocía el caldo no hubiera atraido sus ojos, cuando Carlos Guillermo regresara al colegio tendría en sus manos los cuadernos, los apuntes al día, se los traería a la casa para que los aprovechara en el tiempo de reposo, cuándo, cuándo volverían a estar los dos juntos a la hora de clases y al sonar la campana de salida y alejarse los dos por las calles. Carlos Guillermo no sabía, pronto, dijo, sabía que nunca. La luz de la vela, en la mano de la mujer, iluminó mejor sus siluetas y proyectó en la pared sus sombras unidas, y los distrajo por un instante, mientras ella se dirigía al patio y se llevaba el único rayo que les había permitido adivinar sus rostros. Pronto, sí, y entretanto Rodrigo le adelantaba a Carlos Guillermo el avance de los estudios en su ausencia, de todas las asignaturas a la vez para que alcanzara hoy mismo a los compañeros, de modo que si ese fuera su deseo Carlos Guillermo no hubiera sacado nada de tantas lecciones.

La mujer regresó del patio con un andar más pesado y luego se oyó el ruido que hacía en el cuarto de enfrente al librarse de la carga de la palangana. Tras unos segundos Rodrigo vio una sombra blanca en el marco de la puerta. La mujer no siguió adelante sino que fue a traer la vela porque quería ver al amigo que le hablaba y le hablaba a su hijo, y cuando todos estuvieron iluminados también Rodrigo pudo ver por primera vez el rostro de la mujer y el camisón que le llegaba hasta los pies. Ella sonrió, sin decir ninguna palabra, pero es que de momento le pareció inverosímil la presencia de alguien distinto a ella o a Carlos Guillermo en el cuarto, y al cabo de contemplar la escena lo único que dijo fue que iría por dos tazas de café. Antes de salir dejó la vela en la mesita de noche, y aún antes se le oyó decir que no la necesitaba, que la luna brillaba alto e iluminaba bien el patio. De allí, mientras el café se hacía en el otro cuarto, llegó el ruido de

Rodrigos Blickfeld standen: Die Flamme, über der die Brühe kochte, hätte allerdings seinen Blick ohnehin nicht angezogen. Wenn Carlos Guillermo wieder zur Schule käme, hätte er die Hefte mit den vollständigen Aufzeichnungen, er brächte sie ihm nach Hause, damit er sie in den Ruhezeiten nutzen könnte; wann, ach wann würden sie beide im Unterricht wieder nebeneinander sitzen und beim Läuten der Glocke zusammen von der Schule weggehen? Carlos Guillermo wusste es nicht, bald, sagte er, er wusste aber, nie. Das Kerzenlicht in der Hand der Frau beleuchtete ihre Umrisse besser, warf ihre Schatten vereint an die Wand und lenkte diese einen Augenblick lang ab, als sie mit dem einzigen Lichtstrahl, der ihnen erlaubt hatte, ihre Gesichter zu erraten, in den Hof ging. Bald, ja, und Rodrigo erzählte unterdessen Carlos Guillermo, was sie in seiner Abwesenheit alles durchgenommen hatten, er erzählte von allen Fächern gleichzeitig, damit Carlos Guillermo noch heute die Kameraden einholen könne, wenn dies sein Wunsch sei, und nichts von all den vielen Lektionen verpasst hätte.

Die Frau kam mit schleppenden Schritten vom Hof zurück, und dann hörte man sie im Zimmer gegenüber die schwere Wäschewanne auf den Boden stellen. Einige Sekunden später sah Rodrigo einen weißen Schatten im Türrahmen. Die Frau kam nur, um die Kerze zu bringen, denn sie wollte den Freund sehen, der da auf ihren Sohn einredete und einredete, und als sie alle beleuchtet waren, konnte auch Rodrigo zum ersten Mal das Gesicht der Frau erkennen und das lange Hemd, das ihr bis zu den Füßen reichte. Sie lächelte, sagte aber kein Wort, denn einstweilen hielt sie es für ganz unwahrscheinlich, dass außer ihr und Carlos Guillermo noch jemand im Zimmer war, und als sie den Anblick ausgekostet hatte, sagte sie nur, sie werde zwei Tassen Kaffee holen. Bevor sie hinausging, ließ sie die Kerze auf dem Nachttisch stehen, und noch vorher hörte man sie sagen, sie brauche sie nicht, denn der Mond stehe hoch und beleuchtete den Hof gut genug. Während im anderen Zimmer der Kaffee kochte, hörte

la ropa que la mujer restregaba contra un lavadero de piedra y del agua que vaciaba con una totuma.

Rodrigo y Carlos Guillermo quedaron con más luz de la que habían tenido desde el comienzo del encuentro, y fue como si se descubrieran por primera vez, lo que motivó la sonrisa de ambos y un gesto desbordado de Rodrigo que aprovechaba cualquier ocasión para tomar a Carlos Guillermo de los brazos y decirle vamos, vamos de vuelta al colegio. Pero era visible el esfuerzo de Carlos Guillermo por corresponder al entusiasmo, y en una pausa en que fue mayor el desaliento Rodrigo le preguntó, aún a sabiendas de lo que iba a oír y precisamente para sacarle una sonrisa más amplia, si no se alegraba de verlo. Carlos Guillermo se arrojó a sus manos y se las apretó en silencio y sin mirarlo, y luego levantó la cara y le brindó la sonrisa esperada. Estoy feliz, le dijo con otro apretón y mientras lo soltaba repitió estoy feliz y quiso demonstrarlo cuando ya Rodrigo había recibido con un zumbido en el oído la tristeza de sus palabras. Lo contempló y temió que no estuviera curado del todo, y le preguntó si le dolía algo. Carlos Guillermo negó sin mirarlo. Entonces lo único que podía pensar Rodrigo era que con su visita había interrumpido los cuidados de su compañero, y le recomendó acostarse en la cama, bajo las cobijas, y le dijo que si Carlos Guillermo quería, Rodrigo hacía el enorme sacrificio y lo dejaba solo. La mujer los encontró en silencio. Llegó con dos tazas de café y como la bebida se había calentado demasiado por andar ella en otros oficios, los previno para que no se quemaran los labios. Se retiró, y luego no se oyó en la casa sino el golpe de la ropa y el chorrear del agua en el lavadero.

Carlos Guillermo dio la impresión de hacerle caso a su madre y preocuparse del ardor de la bebida,
y no preguntaba nada del colegio, nada de Rodrigo. 152
Lo dejaba solo, palpitando en su intento de acercár- 153

man die Frau die Wäsche im steinernen Trog reiben und mit einem Kürbisgefäß das Wasser darübergießen.

Rodrigo und Carlos Guillermo hatten nun mehr Licht als zu Beginn ihrer Begegnung, und es war, als entdeckten sie einander erst jetzt, was ihnen beiden ein Lächeln entlockte und Rodrigo zu einer ausladenden Gebärde veranlasste: Er nutzte jede Gelegenheit, um Carlos Guillermo am Arm zu packen und zu sagen, gehen wir, gehen wir zurück zur Schule. Carlos Guillermo strengte sich sichtlich an, die Begeisterung zu erwidern, und in einer Pause, in der die Mutlosigkeit besonders deutlich war, fragte ihn Rodrigo, ob er sich nicht freue, ihn zu sehen, obwohl er ja wusste, was er hören würde, aber er wollte ihm wenigstens ein breiteres Lächeln entlocken. Carlos Guillermo ergriff seine Hände und drückte sie still, ohne ihn anzusehen, und dann schaute er auf und schenkte ihm das erwartete Lächeln. Ich bin glücklich, sagte er, und bevor er seine Hände losließ, drückte er sie nochmals und wiederholte, ich bin glücklich und wollte es zeigen, aber Rodrigo hatte die Traurigkeit aus seinen Worten schon herausgehört. Er betrachtete ihn und fürchtete, dass er nicht ganz geheilt sei; darum fragte er ihn, ob ihm etwas wehtue. Carlos Guillermo verneinte, ohne ihn anzusehen. Rodrigo kam nur der eine Gedanke, er habe mit seinem Besuch die Genesung seines Freundes gestört, und er empfahl ihm, sich ins Bett zu legen und sich gut zuzudecken. Auch sagte er zu ihm, er werde das riesige Opfer bringen, ihn allein zu lassen, wenn er dies wünsche. Die Frau traf sie schweigend an. Sie kam mit zwei Tassen Kaffee, und da das Getränk zu heiß geworden war, weil sie anderes zu tun gehabt hatte, riet sie ihnen aufzupassen, damit sie sich nicht die Lippen verbrannten. Sie ging wieder, und dann war es still, und man hörte nur noch, wie sie die Wäschestücke auf den Stein schlug und Spülwasser darübergoss.

Carlos Guillermo schien nur auf seine Mutter zu hören und auf das brennende Getränk zu achten; er fragte nichts über die Schule, und wollte auch von Rodrigo nichts wissen. Er ließ ihn alleine, ließ ihn beben beim Versuch, sich

sele con unas palabras, perdido en el silencio del cuarto, y lo dejó contemplando sobre el armario los escombros majestuosamente reconstruidos de una estatua cuya falta de la espada le daba la apariencia de haber sido recogida por pedazos afuera de la casa. De pronto la mujer vino corriendo del patio y le preguntó a Carlos Guillermo si este que estaba a su lado era su amigo Rodrigo. Carlos Guillermo no tuvo necesidad de contestar. Era Rodrigo, claro, la mujer había debido suponerlo, siempre mejor vestido, lo sabía. La mujer lo miró otro rato asombrada de no haberlo identificado antes, pero es que ahora estaba tan apartada del colegio, lo mismo que su hijo, olvidada de lo que él le contaba de su Optica de Newton, de sus cuadernos, de su querido Rodrigo. Pero pronto regresaría, dijo Rodrigo levantándose y dejando a un lado la taza de café que ni siquiera había probado. También Carlos Guillermo dejó la suya y quiso huir. Rodrigo buscó un poco de aliento en la mujer para ver si ella ayudaba a infundírselo a su hijo, y le dijo que en el colegio tenía quien lo esperara con los brazos abiertos cuando se mejorara. La mujer no entendió y al cabo de un rato preguntó, ¿mejorarse?, y al cabo de otro rato preguntó de qué. Rodrigo guardó silencio y aunque supuso que era lo más obvio dijo que de la enfermedad, y como nadie agregaba nada dijo que del surmenaje. El desconcierto de la mujer se fue transformando en una larga sonrisa. Con una exclamación dio a entender que ahora sí comprendía, y se mostró asombrada de que llamaran de ese modo a ésto. Ella lo conocía con otro nombre, era una enfermedad que a ella le había durado toda la vida, y sin levantar el brazo hizo creer que señalaba todos los objetos, la casa entera y que ni el decoro escapaba al peso de su gesto. Rodrigo la miró espantado y no supo qué oyó de pronto en ese sarcasmo ni con qué amargura se le revelaba la amargura de la mujer. Fue

ihm mit einigen Worten zu nähern; verloren saß er im stillen Zimmer und betrachtete die aus Scherben zusammengeflickte majestätische Statue auf dem Schrank, deren fehlendes Schwert ihr den Anschein gab, als seien die Stücke draußen vor dem Haus zusammengelesen worden. Auf einmal eilte die Frau vom Hof herein und fragte Carlos Guillermo, ob der neben ihm sein Freund Rodrigo sei. Carlos Guillermo brauchte nicht zu antworten. Es war Rodrigo, klar, die Frau hatte es vermuten müssen, immer gut angezogen, sie wusste es. Die Frau staunte ihn noch eine Weile an und wunderte sich, ihn nicht eher erkannt zu haben, aber sie war jetzt so weit weg von der Schule wie ihr Sohn, hatte vergessen, was er ihr von der Newton-Optik, von seinen Heften, von seinem lieben Rodrigo erzählt hatte. Aber bald werde er wiederkommen, sagte Rodrigo, stand auf und ließ die Tasse Kaffee stehen, von der er nicht einmal gekostet hatte. Auch Carlos Guillermo ließ die seine stehen und wollte weglaufen. Rodrigo suchte ein bisschen Mut in der Frau, er wollte sehen, ob sie ihm helfe, solchen auch ihrem Sohn einzuflößen, und er sagte ihr, in der Schule habe er jemanden, der ihn mit offenen Armen aufnehme, sobald er sich wieder erholt habe. Die Frau verstand nicht und sagte nach einer Weile, erholt? und nach noch einer Weile fragte sie, wovon denn? Rodrigo blieb stumm, und obwohl er meinte, das sei doch wohl klar, sagte er, von der Krankheit, und da niemand etwas hinzufügte, sagte er, von der Überanstrengung. Die Verwirrung der Frau verwandelte sich in ein breites Lächeln. Mit einem Ausruf gab sie zu verstehen, dass sie begriffen habe; sie zeigte sich verwundert, dass man es so nannte. Sie kannte es unter einem anderen Namen, es war eine Krankheit, die sie ihr Leben lang gehabt hatte, und ohne den Arm zu heben, erweckte sie den Anschein, sie zeige auf alle Gegenstände, auf das ganze Haus, und nicht einmal die Ehrbarkeit entkam dem Gewicht ihrer Gebärde. Rodrigo sah sie entsetzt an; es war ihm nicht klar, was er auf einmal in diesem Sarkasmus hörte, noch weniger, welche Bitterkeit in ihm die Bitterkeit der Frau weckte. Er wurde in den Taumel seines eigenen Grauens geworfen, und als

lanzado al vértigo de su propio horror y cuando pudo se sentó de nuevo al lado de Carlos Guillermo, esta vez más cerca, le buscó los ojos en los que se había reflejado tantas veces y vio el calor que siempre los poblaba, y allá en el fondo vio que se extendía una llama fría, por fortuna no contra él.

Ninguno de los dos se percató de la vuelta de la mujer al patio ni del coraje con que reanudaba la tarea de darle duro a su ropa contra el lavadero. Carlos Guillermo le cogió una mano a Rodrigo como si fuera éste quien debiera ser consolado, pidiéndole él excusas por no haberlo enterado desde el principio de la catástrofe. Rodrigo cerró la caricia y emergió de su pesadumbre, Carlos Guillermo estaba vivo y había que preparar el regreso al colegio. No dijo cómo hacerlo y más bien creía no encontrar ningún impedimento y de nuevo le preguntó cuándo, cuándo volvía a acompañarlo en los momentos de recreo. Carlos Guillermo negó en silencio con un movimiento de cabeza que puso sus ojos frente a los de Rodrigo, y a la otra insistencia ya no repuso sino apretándole más la mano. Durante un buen rato se quedaron así. Carlos Guillermo esperó y a pesar de los ojos suplicantes de Rodrigo se incorporó, durante un segundo dio la impresión de que lo atraía con un gesto brusco y sin soltarlo intentó facilitarle la partida. No quería hablar más del colegio, de nada más. Cogidos de la mano, en la que Carlos Guillermo sujetaba el temblor de Rodrigo, se encaminaron a la puerta de salida. Allí los alcanzó la mujer. Le agradeció a Rodrigo la visita y le ofreció la casa para cuando él quisiera volver, y le recomendó guardar el secreto para que en el colegio no sufrieran con el surmenaje de su hijo. Carlos Guillermo le dio a Rodrigo el abrazo más fuerte de su vida, le pidió que no lo volviera a visitar y los dos se vieron por última vez.

er konnte, setzte er sich wieder neben Carlos Guillermo, diesmal näher zu ihm, er suchte die Augen, in denen er sich so oft gespiegelt hatte, und sah die Wärme, die immer darin gewohnt hatte, und nun erblickte er eine kalte Flamme sich auf ihrem Grund ausbreiten, doch zum Glück richtete sie sich wenigstens nicht gegen ihn.

Keiner von beiden beachtete, dass die Frau in den Hof zurückging, und sie ahnten auch nicht, wieviel Mut sie nun brauchte, um von neuem ihre Wäsche mit aller Kraft gegen den Waschstein zu schlagen. Carlos Guillermo nahm Rodrigos Hand, als müsste dieser getröstet werden, und bat ihn um Entschuldigung, dass er ihn nicht gleich zu Anfang über das Verhängnis ins Bild gesetzt habe. Rodrigo löste sich aus der Umarmung und tauchte aus seinem Gram auf, schließlich lebte Carlos Guillermo ja, und man musste seine Rückkehr in die Schule vorbereiten. Er sagte nicht, wie er es machen wolle, glaubte vielmehr, kein Hindernis zu finden und fragte ihn nochmals wann, ach wann er wieder die Pause mit ihm verbringen dürfe. Carlos Guillermo schüttelte stumm seinen Kopf, bis seine Augen genau in Rodrigos Augen schauten, und auf dessen weiteres Beharren antwortete er nur mit einem noch festeren Händedruck. Eine gute Weile blieben sie so sitzen. Carlos Guillermo wartete, und trotz Rodrigos flehenden Augen stand er auf, eine Sekunde lang schien es, er zöge ihn mit einem heftigen Ruck an sich, er versuchte dann aber, ohne ihn loszulassen, ihm den Weggang zu erleichtern. Er wollte nicht mehr über die Schule sprechen, über gar nichts mehr. Hand in Hand – Carlos Guillermo hielt in der seinen Rodrigos Zittern fest – gingen sie zur Haustür. Dort holte sie die Frau ein. Sie dankte Rodrigo für seinen Besuch und bot ihm das Haus an, wann immer er kommen wolle, bat ihn aber, das Geheimnis für sich zu behalten, damit in der Schule niemand wegen der «Überanstrengung» ihres Sohns leide. Carlos Guillermo umarmte Rodrigo so innig wie nie zuvor im Leben und bat ihn, nicht mehr zu Besuch zu kommen; die beiden sahen sich nie wieder.

Fanny Buitrago
Rojo constante

Esta es la historia del gran poeta Orígenes, quien vivió y murió en Santa Fe de Bogotá, la ciudad de intensa neblina y crepúsculos diáfanos, ardiente o helada entre las montañas, pintada en sus engañosos veranos de azul añil, caótica bajo los aguaceros torrenciales. Vivió y murió.

Esta es la historia del poeta Orígenes, quien charlaba con sus amigos en *Taxi Bar*, ante tazas de café y copas de brandy; tomaba cerveza y aguardiente en un sitio llamado *Quiebracanto*; cenaba en *Casa Vieja*, y regresaba a casa a una hora sensata, a estrechar sus relaciones espirituales con Beethoven, Wagner y Bach, y a veces Blas Emilio Atehortúa o Jacqueline Nova, pues nunca quiso aprender a bailar. Nunca. Nunca. Ni salsa ni rock, ni bambuco y menos mapalé, ni balada ni bolero, ni siquiera cumbia o vallenato. Orígenes consideraba que el genio no puede admitir la totalidad de la música y menos la distorsión del movimento. Era del tipo amoroso, puedo jurarlo.

Esta es la historia del poeta Orígenes Cardona, quien poseía anillo de familia, árbol genealógico, pergaminos, diplomas universitarios, perfil académico. También se dice que heredó un extenso bosque, que fue vendido poco a poco, talado a retazos y sin compasión, invertido en papeles de la Bolsa de Bogotá, transformado en nervio y aliento de su carrera poética.

Esta es la historia del poeta Orígenes, quien vendió la casa paterna y sus muebles y su cristalería y sus bargueños y damajuanas y todos los retratos de sus antepasados colocados en marcos de madera tallada; y dicen que también la mantelería bordada a mano y los cubiertos de plata,pa-

Fanny Buitrago
Stets rot

Das ist die Geschichte des großen Dichters Orígenes Cardona: Er lebte und starb in Santa Fe de Bogotá – das ist die Stadt zwischen den Bergzügen, die Stadt mit dem dicken Dunstschleier und den durchsichtig klaren Abenddämmerungen, mit der Gluthitze oder dem Frost, indigoblau schimmernd beim trügerischen Schönwetter und ein heilloses Durcheinander bei tropischen Regengüssen. Er lebte und starb.

Das ist die Geschichte des Dichters Orígenes: Er plauderte mit seinen Freunden bei Kaffee und Brandy in der «Taxi Bar»; er trank Bier und Schnaps in einer Schenke mit Namen «Quiebracanto»; zum Nachtessen ging er in die «Casa Vieja» und kehrte zu vernünftiger Zeit nach Hause zurück, um seine geistigen Beziehungen zu Beethoven, Wagner und Bach zu pflegen, manchmal auch zu den kolumbianischen Komponisten Blas Emilio Atehortúa oder Jacqueline Nova, denn tanzen lernen hatte er nie gewollt. Nie. Nie. Weder Salsa oder Rock, noch Bambuco und noch weniger Mapalé, weder Balada noch Bolero, nicht einmal Cumbia oder Vallenato. Orígenes fand, das Genie könne nicht die Gesamtheit der Musik aufnehmen, und Körperverrenkungen schon gar nicht ertragen. Er war der Liebhaber-Typ, ich kann es schwören.

Das ist die Geschichte des Dichters Orígenes Cardona: Er besaß einen Wappenring, Stammbaum, Urkunden, Universitätsdiplome, ein Gelehrtenprofil. Es heißt auch, er habe einen großen Wald geerbt, der nach und nach mitleidlos abgeholzt, zersägt und in Wertpapieren der Börse von Bogotá angelegt wurde und damit in Lebensnerv und Atemluft seiner dichterischen Laufbahn verwandelt war.

Das ist die Geschichte des Dichters Orígenes: Er verkaufte sein Vaterhaus, Möbel und Tafelgeschirr, Truhen und Vorratskrüge, alle die Bildnisse seiner Vorfahren in den holzgeschnitzten Rahmen; es heißt, auch die handgestickten Tischdecken und das Silberbesteck habe er verkauft, um sich den Luxus zu leisten, mit goldener Feder zu schreiben

ra darse el lujo de escribir con pluma de oro, en esbeltos cuadernos cosidos y engomados por un artesano de la Calle del Agrado, y buscar imágenes transparentes y palabras justas, mientras luchaba por arrancar al verbo el resplandor de la pasión, secreto y melodía. De la máquina de escribir, los computadores, nunca quiso saber nada.

Esta es la historia del poeta Orígenes, tan magnífico y generoso de alma que emprendió la aventura de editar los textos de sus amigos y de los amigos de los amigos y de las mujeres que los acompañaban. Mientras él, durante años y años, se dedicaba a corregir el primero y el único de sus libros de amor, en un cuaderno siempre nuevo, forrado en piel de antílope, paño lency o cuero rojo, porque no admitía error o tachadura. Altivo, casi inédito, desconocido para el gran público, de repente leía sus poemas a un auditorio selecto y en cenáculos de prestigio indiscutible.

Esta es la historia del poeta Orígenes, quien tenía fama de mirar en forma benévola y paternal a todos aquellos jóvenes amantes de las musas que él mismo había ayudado a promocionar, en tanto imaginaba el papel, los tonos, el equilibrio y la portada de ese libro que el tiempo y su inconformidad transformarían en una colección de sesenta tomos y factura exquisita.

Esta es la historia del poeta Orígenes Cardona, quien hasta el último día de su vida – como no tardarán en decir sus biógrafos y detractores – corrigió sin cesar los poemas que había escrito, desarticulado, roto, amado y odiado desde que tenía doce años hasta que su edad se estimaba en setenta; estimaba, nada más, pues nunca fue amigo de celebrar onomásticos. Allá los burócratas con sus fechas y documentos, a él le gustaban las
fiestas hasta el amanecer y las camisas floreadas 160
o de satín rojo geranio. 161

– und zwar in schlanke Hefte, die ein Buchbinder in der Calle de Agrado für ihn von Hand näht und verleimt – und kristallklare Bilder und ganz genaue Wörter zu suchen, um den Verben den Glanz der Leidenschaft, ihr Geheimnis und ihren Wohlklang abzutrotzen. Von der Schreibmaschine, von Computern hatte er nie etwas wissen wollen.

Das ist die Geschichte des Dichters Orígenes: Er war so edelsinnig und großherzig, dass er sich das Abenteuer leistete, die Werke seiner Freunde und der Freunde seiner Freunde und der Frauen in ihrer Begleitung herauszugeben. Indessen widmete er selbst Jahre um Jahre seines Lebens, das erste und einzige seiner Bücher mit Liebesgedichten immer wieder neu und besser zu schreiben, jedesmal in ein neues Heft – eines war in Wildleder gebunden, ein anderes in Noppenstoff, ein anderes in rotes Leder – denn er gestattete sich keinen Fehler und keine Streichung. Er war dünkelhaft, aber, da er kaum etwas veröffentlicht hatte, beim großen Publikum so gut wie unbekannt; unversehens jedoch trug er seine Gedichte einer ausgewählten Hörerschaft anlässlich unzweifelhaft prestigeträchtiger Bankette vor.

Das ist die Geschichte das Dichters Orígenes: Er stand im Ruf, väterlich gütig auf alle die jungen Musensöhne zu blicken, zu deren Förderung er selbst beigetragen hatte; derweil malte er sich im Geist die Art das Papiers, die Farbtöne, die ausgewogene Wirkung und den Deckel des bewussten Buches aus, welches im Laufe der Zeit und mit laufenden Umarbeitungen zu einer Sammlung sechzig kostbar gestalteter Bände heranwachsen würde.

Das ist die Geschichte des Dichters Orígenes Cardona: Bis zum letzten Tag seines Lebens – so würden seine Biografen und Kritiker bald sagen – verbesserte er unermüdlich die Gedichte, die er geschrieben, auseinandergenommen, zerrissen, geliebt und gehasst hatte, seit er zwölf Jahre alt war, bis man ihn auf siebzig schätzte; man konnte es nur schätzen; er war nie ein Freund von Namenstagsfeiern gewesen. Daten und Urkunden waren für Bürokraten, seine Liebe galt den Festen bis zum Morgengrauen und den Hemden mit Blumenmustern oder aus geranienrotem Satin.

Esta es la historia del poeta Orígenes, quien murió durante el último sismo que sacudió a Bogotá, nuestra capital, situada a 2.600 metros sobre el nivel del mar, rebautizada por la Constitución del año 91 *Santa Fe de Bogotá*, tal como figura en los anales de su fundación y cuando pertenecía a un capítulo del Virreinato de la Nueva Granada, sepultado por una avalancha de originales, libros, folletos, fascículos, diccionarios, enciclopedias, fotocopias, resmas de papel, exlibris, con una sonrisa homérica, extasiada, porque se disponía a fundar una nueva editorial, a cambiar el mapa de la poesía colombiana e irrumpir en la historia de la literatura como el hombre que había revolucionado el idioma castellano hacia el fin del Milenio. Orígenes nunca cometió la torpeza de dedicar línea, ni página o soneto, ni oda, ni alejandrino, ni verso libre, tampoco acróstico, a ninguna de las mujeres con las cuales compartió el techo en diferentes etapas de su vida. Por lo mismo no dejó herencia maldita, ni a nadie disputándose su memoria o sus despojos. El honor de acompañarlo hasta el umbral de la eternidad y sufragar los gastos lo compartieron sus amigos.

Esta es, sepan ustedes, la historia del gran poeta Orígenes Cardona, a quien sepultamos, contra las protestas de su última compañera, con un pijama rojo amatista (nuevo y de seda natural) y quien recibió una despedida principesca. Durante las honras fúnebres y el entierro, todos y cada uno de sus colegas, críticos, detractores, rivales, admiradores y envidiosos – también los enemigos – leyeron odas, romances, elegías, sentidos versos y semblanzas. Declamaron, canturrearon su orfandad literaria con tersas o espinosas palabras, salmodiaron de gratitud o dolor al recordar su generosidad, don de gentes, fastos y virtudes.

Das ist die Geschichte des Dichters Orígenes: Er starb beim letzten Erdbeben, welches Bogotá erschütterte, unsere Hauptstadt auf 2600 Meter über dem Meer, die in der neuen Verfassung von 1991 in Santa Fe de Bogotá zurückgetauft wurde (so hieß sie bekannlich in den Gründungsakten und während ihrer Zugehörigkeit zum Vizekönigreich Neu Granada); er lag unter einer Lawine von Handschriften, Büchern, Broschüren, Faszikeln, Wörterbüchern, Nachschlagewerken, Fotokopien, Papierpaketen, Ex-Libris-Schildern begraben und lächelte homerisch, verzückt, denn er stand soeben in den Vorbereitungsarbeiten für eine Verlagsgründung und beabsichtigte, die Landkarte der kolumbianischen Lyrik zu verändern und als der große Erneuerer der kastilischen Sprache am Ende des Jahrtausends in die Literaturgeschichte einzugehen. Orígenes hatte nie die Ungeschicklichkeit begangen, auch nur eine Zeile, geschweige denn eine Seite oder ein Sonett, eine Ode oder einen Alexandriner, auch nicht einen freien Vers oder ein Akrostichon einer der Frauen zu widmen, die in verschiedenen Lebensabschnitten mit ihm unter einem Dach gewohnt hatten. Aus dem gleichen Grund hinterließ er nicht die lumpigste Erbschaft und niemanden, der um sein Andenken oder seinen Leichnam streiten konnte. Die Ehre, ihn an die Schwelle der Ewigkeit zu begleiten und für die Kosten aufzukommen, teilten sich seine Freunde untereinander auf.

Das ist, damit Sie es wissen, meine Herrschaften, die Geschichte des großen Dichters Orígenes Cardona: Wir begruben ihn unter dem Protest seiner letzten Gefährtin, in einem amethystroten Schlafanzug (er war neu und aus reiner Seide), und ihm wurde eine fürstliche Beisetzung zuteil. Während der Bestattungfeier lasen sämtliche seiner Kollegen, Kritiker, Schmäher, Rivalen, Bewunderer und Neider – auch seine Gegner – Oden, Romanzen, Elegien, innige Verse und Lebensbilder vor. Sie deklamierten oder wisperten mit geschliffenen oder stachligen Worten den Verlust ihres literarischen Vaters, sie zerschmolzen vor Dankbarkeit oder Schmerz, wenn sie sich in Lobpreisungen über seine Hilfsbereitschaft und Leutseligkeit, sein Gepränge

Gritaron, aullaron, electrizaron el aire bogotano con sus discursos, coparon la programación radial en diferentes emisoras y contemplaron con ceños agraviados las cámaras de televisión.

Historia que ha terminado, para recomenzar; la del poeta Orígenes Cardona de primer apellido y Asencio de segundo, puesto que entre el fulgor del atardecer incendiado por una resolana carmesí, el vocerío y el llanto, su silueta espigada se interna en la leyenda. Leyenda que viaja y crece de boca en boca, pues como todos sabemos lo mejor y lo peor de un poeta es invención y fantasía. En palabras del mismo artista, según confesara en su diario, tomadas del novelista Rojas Herazo y ajustadas a su personalidad y circunstancias:

A uno se lo inventan, lo añaden, lustran, educan, abrillantan y dulcifican los amigos.

– Y la mujer que amas – decía yo.

La leyenda dirá que escribió los versos más perfectos que mortal ninguno ha creado jamás, a pesar de haberse extraviado muchísimo en la avalancha de originales y pruebas, libros, cartas, invitaciones, sobres de manila (hubo saqueo, dice la policía, y se culpa a la segunda esposa, los acreedores, el vecindario) y hasta incunables y facsímiles que, al caer sobre él, lo apartaron para siempre de sus amores, amistades, devotos, fanáticos y malquerientes.

Esta es, así, tal cual, la verdadera historia del poeta Orígenes Cardona Asencio. Y como soy, aunque nadie quiera creerlo, su único y verdadero amor, a pesar del sigilo y la clandestinidad de nuestras relaciones, advierto a todos los interesados que sus derechos de autor están registrados 164
a mi nombre. Desde ayer tengo alquilado el úl- 165

und seinen Seelenadel ergingen. Sie schrien, brüllten, brachten mit ihren Vorträgen die Luft in Bogotá zum Knistern, sie nahmen mehrere Radiosender in Beschlag und schauten mit gerunzelter Stirn in die Fernsehkameras.

Die Geschichte ist zu Ende, um sogleich neu anzufangen, nämlich die des Dichters Orígenes Cardona mit erstem und Asencio mit zweitem Familiennamen; denn inmitten von Tränen und Wehklagen fährt im Glanz des karminroten Abendhimmels sein überlanger Schatten in die Legende ein. Sie reist von Mund zu Mund und wächst und wächst, denn wir alle wissen, dass das Beste und das Schlechteste über einen Dichter fantasievolle Erfindung ist. Oder wie der Künstler selbst in seinem Tagebuch gesteht – in Worten, die er von Rojas Herazo übernommen und sich und seinen Lebensumständen angepasst hat:

«Man wird erfunden, verziert, poliert, erzogen, lackiert und überzuckert von den Freunden.»

«Und von der Frau, die man liebt», sagte ich.

Die Legende wird erzählen, er habe die vollkommensten Verse geschrieben, die ein Sterblicher je ausgedacht hat, obwohl sehr viele verloren gegangen seien, als die Lawine von Handschriften, Probedrucken, Büchern, Briefen, Einladungen, verschnürten Packen (es habe Plünderungen gegeben, sagte die Polizei, und man beschuldigt die zweite Ehefrau, die Gläubiger und Nachbarn), sogar Wiegendrucken und Faksimile-Ausgaben ihn verschüttete und für immer seiner Geliebten, seinen Freunden, Verehrern, blindergebenen Bewunderern und gehässigen Widersachern entriss.

Dies ist schlicht und einfach die wahre Geschichte des Dichters Orígenes Cardona Asencio. Und da ich trotz dem Siegel der Verschwiegenheit und der Heimlichkeit in unseren Beziehungen – obwohl mir das niemand glauben wird – seine einzige wahre Liebe bin, tue ich hiermit allen Interessierten kund, dass seine Autorenrechte auf meinen Namen eingetragen sind. Seit gestern habe ich im Hotel «La Fuente» das oberste Stockwerk gemietet; aus

timo piso del Hotel La Fuente, no registrado en el directorio telefónico por medidas de seguridad, pero recibo a sus amistades todos los viernes de siete a once de la noche y atiendo citas con editores y periodistas, a diario, de diez a doce del día.

Esta es, quedan enterados, la verdadera historia del poeta Orígenes Cardona Asencio. Desde el día de hoy, con respecto a la publicación de sus libros, una antología dedicada a los poetas del Milenio, sus magníficos versos, notas, ensayos y otros escritos, tengo la última palabra. Su testamento está protocolizado en la Notaría 687 de Bogotá, Centro Internacional. Allí consta todo lo relacionado con la verdadera herencia, puesto que las últimas casas y terrenos y potreros y fincas y muebles heredados de su señora madre (y el aderezo de diamantes, las esmeraldas, así como las celebradas colecciones de objetos precolombinos, pijamas de seda y primeras ediciones) me fueron legados como un asunto afectivo.

Me atrevo a decir que la herencia no tiene el valor inmenso de sus hechos y únicamente interesa a una soledad como la mía, a una vida en adelante consagrada a la memoria de Orígenes Cardona Asencio, a trabajar por el reconocimiento de su obra en la ciudad de Santa Fe de Bogotá, Colombia, así como en América, Europa y el resto del mundo. Y como también soy su albacea, a enaltecer su vida, a colocar su pensamiento, apellidos y aliento poético al lado de los prohombres destinados a guiar con sus voces históricas a los habitantes de los próximos siglos. De ahora en adelante mi sagrado deber con la humanidad consiste en inscribir el nombre del Poeta en la estela de la gloria.

Aquí comienza, todos están notificados, la nueva historia de Orígenes Cardona Asencio y de la mujer que compartió su regio anonimato, templó

Sicherheitsgründen ist meine Telefonnummer geheim, aber ich empfange seine Freunde jeden Freitagabend zwischen sieben und elf Uhr, und für Verleger und Reporter bin ich jeden Vormittag von zehn bis zwölf Uhr zu sprechen.

Das ist, müssen Sie wissen, die wahre Geschichte des Dichters Orígenes Cardona Asencio. Vom heutigen Tag an habe ich das letzte Wort in allen Belangen, welche die Veröffentlichung seiner Bücher, einer Anthologie, die den Dichtern des Jahrtausends gewidmet ist, seiner herrlichen Verse, Aufzeichnungen, Essays und anderer Schriften betreffen. Sein Testament ist im Notariat Nr. 687 von Bogotá im «Centro Internacional» aufbewahrt. Darin ist festgehalten, dass sein eigentliches Erbe, nämlich die letzten Häuser und Grundstücke, dazu Weiden und Bauernhöfe sowie Möbel, die er von seiner Mutter geerbt hat (auch ihr Diamantgeschmeide und die Smaragde, wie auch seine vielbestaunten Sammlungen vorspanischer Kunstwerke, seidener Schlafanzüge und wertvoller Erstausgaben) mir als Liebesgabe vermacht sind.

Ich wage zu sagen, dass sein Erbe nicht den unermesslichen Wert seiner Taten hat und nur für eine einsame Seele wie mich von Bedeutung sein kann, für ein Leben, das fortan dem Andenken an Orígenes Cardona Asencio geweiht ist und den Bemühungen um die Anerkennung seines Werkes in der Stadt Santa Fe de Bogotá, Kolumbien, wie auch in Amerika, Europa und dem Rest der Welt. Da ich auch seine Nachlassverwalterin bin, will ich zudem sein Leben preisen, will sein Denken, seinen Namen und seinen dichterischen Atem neben die großen Gestalten der Geschichte einreihen, die dazu bestimmt sind, mit ihren Stimmen den Erdenbürgern künftiger Jahrhunderte den Weg zu weisen. Von heute an ist es meine heilige Pflicht der Menschheit gegenüber, den Namen des großen Dichters in die Bahn des Ruhms zu lenken.

Hier beginnt, seien Sie alle in Kenntnis gesetzt, die neue Lebensgeschichte des Orígenes Cardona Asencio und der Frau, die an seiner königlichen Anonymität teilhatte, seine Persönlichkeit ausglich, sein Wort zu den Gipfeln der

su personalidad, impulsó su verbo a la cima de la genialidad y aceptó sin falsos complejos su pasión por las camisas floreadas, los pijamas rojos y las muchachas de seda. Su única, amada, legítima heredera. Q.e.p.d.

Genialität beflügelte und ohne falsche Scham seine Leidenschaft für Hemden mit Blumenmustern, für rote Schlafanzüge und seidene Mädchen duldete. Seine einzige geliebte rechtmäßige Erbin. Er möge in Frieden ruhen.

Benhur Sánchez
Hasta mañana, tío

Llego y no lo miro. Para qué. Me sé de memoria su casa y su figura. Además, creo que ya no quiere hablar conmigo. Tal vez sea por pena que no lo hace. O que se le acabó la furia de otros tiempos. Imagino que en su interior se agiganta como un tumor la afrenta que le hacen a diario de permitirle recoger los frutos podridos como si tal cosa. O tal vez sea por su convencimiento de que sólo por piedad permiten que lo haga y no quiere que yo me percate de su decadencia.

Para qué penas conmigo, viejo, entiendo lo que pasa.

Yo no sé. La tristeza nos ha invadido a los dos de la misma manera. Me acuerdo de cuando me contaba sus cosas con entusiasmo. Sus aventuras de joven. Sus proyectos. La enredadera de una cabellera negra que se desligó de su destino un martes por la tarde, quizá por su pereza de brindarle una caricia duradera. De tantas otras cabelleras y de tantos martes por la tarde. Que siempre era en febrero, o algo así. Hoy desdice sus historias con su quietud de roble caído, de mirada que mira sin mirar y de boca que aprieta escasos dientes para romper con crujidos el silencio.

El viejo está cansado. Se nota en su compostura. Yo dejo que camine el caminador por otro rumbo. Que tiemble la tembladera de su sueño largo con ritmo acompasado y moscas que rondan su ronquido. Sólo que frente a él me camina por el cuerpo el dolor ajeno de su agotamiento. Es que se ve su deterioro. Yo me pregunto qué se hizo su vitalidad arrolladora, por qué lo abandonó tan de repente. No entiendo ahora su esta-

Benhur Sánchez
Bis morgen, Onkel

Ich komme und schaue ihn nicht an. Wozu auch. Ich kenne sein Haus und seine Gestalt auswendig. Außerdem glaube ich, dass er gar nicht mehr mit mir reden will. Vielleicht aus lauter Kummer. Vielleicht auch hat sich die Wut aus früheren Zeiten gelegt. Ich stelle mir vor, dass in ihm wie ein Geschwür die Beleidigung wächst, die ihm täglich mit der Erlaubnis angetan wird, fauliges Fallobst nach Belieben zusammenzulesen. Vielleicht ist es auch die Überzeugung, dass ihm die Erlaubnis nur aus Mitleid zuteil wurde, und er will nicht, dass ich seinen Verfall bemerke.

Warum sorgst du dich meinetwegen, Alter, ich verstehe wohl, was sich da abspielt.

Ich weiß nicht. Die Traurigkeit hat uns beide in gleicher Weise übermannt. Ich erinnere mich, wie er mir voller Begeisterung seine Erlebnisse erzählte. Seine jugendlichen Abenteuer. Seine Pläne. Die Wirrnis wegen eines schwarzen Haarschopfs, der sich ihm an einem Dienstagnachmittag entwand, weil er vielleicht zu träge war, ihn mit einer herzhaften Liebkosung für immer an sein Schicksal zu binden. Wirrnisse mit andern Haarschöpfen und so und so vielen andern Dienstagnachmittagen. Es war nämlich immer im Februar, oder darum herum. Heute straft er seine Geschichten Lügen, denn er wirkt kraftlos wie eine gefällte Eiche, seine Augen blicken nirgendwo hin, und der zusammengekniffene Mund bricht die Stille mit dem Knirschen der wenigen übriggebliebenen Zähne.

Der Alte ist müde. Man merkt es seiner Haltung an. Ich lasse den Wanderer durch andere Gefilde wandern. Das Beben seines langen Erinnerungstraumes möge weiterbeben und im Gleichtakt mit den Mücken sein Schnarchen umschwirren. Wenn ich ihm gegenüberstehe, dann allerdings rieselt der Schmerz fremder Erschöpfung durch meinen Körper. Man sieht ihm eben den Verfall an. Ich frage mich, was aus seiner strotzenden Lebenskraft auf einmal geworden ist, warum sie ihm so plötzlich abhanden gekommen

tura. Porque así están de acabadas su contextura y sus palabras.

–Tío.

No me contesta. Permanece mudo después de ser un charlatán sin contendor, después de tanto hablar y hablar en cementerios y reuniones, en desfiles patrios y fiestas familiares, en cantinas y en paseos. Toda una época en que hizo sentir su voz y la metió en la mente de todos sus paisanos. Ahora permanece con los ojos clavados en el techo, pero sin mirarlo.

Yo sé que no lo mira para nada.

Sólo mira para adentro.

He venido a saludarlo. A traerle noticias. Pero me frena su postura y no le digo nada. Yo sé que ya no me contestará ningún interrogante. Es una historia que se repite en todas partes, viejo. No es sólo nuestra. Continúa dormido o se hace el que duerme. Mientras tanto yo revivo el trajín de su rostro, que traga aire desde su ronquera taciturna, en los años de su esplendor. Y es como si se me viniera el olor de los guayabos y su presuroso caminar por el valle y las laderas, con su cargamento amarillo para las fábricas caseras.

Como una abeja.

Así es como recuerdo su antes.

Su antes de tirarse en este camastro a no mirar nada.

Pienso que los demás sienten como yo su deterioro. Porque los fabricantes de dulce de guayaba están cansados de luchar. Y es verdad. Han destripado una y mil veces la masa informe y han echado el rojizo componente en los fondos de cobre con la misma esperanza de otros tiempos. Tiempos duros, claro, aunque mejores para algunos, ¿cierto, tío? Sin embargo, ninguno de ellos recuerda que Peregrino Rodríguez, roble

ist. Ich verstehe sein jetziges Gehaben nicht. Denn sein Gebaren und seine Worte sind wie erloschen.

«Onkel.»

Er antwortet nicht. Er bleibt stumm, obwohl er früher, wie kein zweiter, pausenlos geredet und noch und noch Ansprachen gehalten hat: an Beerdigungen und Versammlungen, bei patriotischen Umzügen und Familienfesten, in Schenken und auf Plätzen. Über eine lange Zeitspanne war seine Stimme zu vernehmen und prägte sich fest in die Erinnerung seiner Landsleute ein. Jetzt heftet er den Blick an die Decke, aber er schaut sie nicht an.

Ich weiß, dass er sie überhaupt nicht anschaut.

Er schaut nur in sich selbst hinein.

Ich bin zu einem kurzen Besuch zu ihm gekommen, wollte ihm Neuigkeiten bringen. Aber sein Aussehen hemmt mich, und ich sage nichts. Ich weiß, dass er mir auf keine Frage mehr Antwort gibt. Solche Geschichten ereignen sich allerorts und immer wieder, Onkel. Wir sind da nicht allein. Er schlummert weiter oder tut so, als ob er schlummere. Während er schweigend daliegt und mit heiserer Kehle Luft einsaugt, versuche ich, sein Gesicht in seinen Glanzjahren vor mir lebendig werden zu lassen. Es ist mir, als dufte es nach Guayabe-Bäumen und als sähe ich ihn hastigen Schrittes im Tal und an den Abhängen die gelben Früchte für die häusliche Verarbeitung einsammeln.

Wie eine Biene.

So ist er mir von früher her in Erinnerung.

Bevor er sich auf diese Pritsche legte und nirgends mehr hinschaute.

Ich nehme an, die andern empfinden seinen Verfall genauso wie ich. Denn die Hersteller von Guayabe-Paste sind alle müde vom Kämpfen. Ja, es ist wahr. Tausend und einmal haben sie immer gleich hoffnungsvoll wie in früheren Zeiten die formlose rote Masse herausgelöst und in die Kupfertöpfchen eingefüllt. Harte Zeiten, klar, aber immerhin für einige besser gegenüber vorher, nicht wahr, Onkel? Trotzdem erinnert sich keiner von jenen daran, dass Peregrino Rodríguez, diese gefällte Eiche mit dem asch-

caído de hojas ceniza y ramajes sin savia, tuvo mucho que ver con la iniciación de ese sustento. Tal vez por rencor no lo recuerdan, como yo, aunque son partícipes de su mismo deterioro. Rencor por los que vinieron después, se adueñaron de las tierras e hicieron con esa actividad su propio fruto.

El no se ha lamentado por eso, que recuerde.

Solamente calla.

Ahora los recuerdos pesan más que los billetes. Más que la cara del dueño de la fábrica, a quien he visto jactándose de su opulencia. Y mucho más que la cara del otro, aquel que no ha dado bien la cara pero que, sabemos, también es dueño de todo este progreso. Y de las tuercas de las máquinas. Y de los camiones. Y de las llavecitas y las puertas que dan acceso al hormiguero tapiado de la producción: mister Smith. Dicen que los dos se ven en la capital y desde allá deciden paso a paso la vida de la empresa. Por más pequeño que el siguiente aparente ser ellos ya lo tienen planeado. Eso dicen, tío. Y que han amenazado con traer de su gente si los de acá se ponen remisos en el trabajo... Debe ser porque tú los incitaste a organizarse para que no desconozcan sus derechos.

Yo sé que de eso se da cuenta mi tío, aunque no diga nada. Ni una queja. Siempre tan conforme el pobre viejo. Como tan sin espíritu. Se le ve en la mirada, que parece detenida en su época de luchador. Y de ella también me acuerdo yo. Cómo no voy a recordar cuando tío Peregrino caminaba de madrugada con los cajones de madera al hombro, se internaba en las tierras de Fulgencio Varo, exponiéndose a los tiros o a las mordeduras de los perros. Caminaba con cuidado, encorvado, en esa forma de su andar y de su cuerpo que vino a caracterizar su figura y sus palabras en la memoria

farbenen Laub und den dürren Zweigen, in den Anfängen viel zum Aufbau dieses Beschäftigungszweiges beigetragen hatte. Aus Groll vielleicht wollen sie sich nicht erinnern, wie ich, obwohl sie den Zerfall selbst miterlebt haben. Aus Groll auf die, welche später kamen, sich die Ländereien aneigneten und mit diesem Herstellungsverfahren ihre eigenen Gewinne machten.

Nicht darüber hat er sich beklagt, soviel ich weiß.

Er schweigt einfach.

Jetzt wiegen die Erinnerungen schwerer als die Geldscheine. Schwerer als das Antlitz das Fabrikbesitzers, den ich selbst mit seinem Reichtum habe prahlen hören. Viel schwerer auch als das Antlitz jenes andern, der nie richtig Farbe bekannt hat, aber auch Besitzer dieses ganzen Fortschrittswerkes ist. Und auch der Schraubenmuttern der Maschinen. Sowie der Lastwagen. Und der Schlüsselchen und der Tore, die zum eingezäunten Ameisenbau der Produktionsanlage Zugang verschaffen: Mister Smith. Es heißt, die beiden treffen sich in der Hauptstadt und entscheiden dort Stufe für Stufe über das Leben im Unternehmen. Auch wenn die nächste noch so klein ist, sie ist schon eingeplant. So erzählt man es herum, Onkel. Auch dass sie gedroht haben, ihre eigenen Leute zu bringen, falls die von hier sich in der Arbeit widerborstig gebärden sollten... Vielleicht weil du sie angespornt hast, sich zusammenzutun, damit sie ihre Rechte wahrnehmen können.

Ich weiß, mein Onkel weiß darüber Bescheid, obwohl er nichts sagt. Nicht eine einzige Klage. Immer so geduldig, der arme Alte. Auch ganz ohne Kämpfergeist. Man sieht es an seinem Blick: Er scheint in der Zeit des Widerstands stecken geblieben zu sein. An jene Zeit erinnere auch ich mich. Wie sollte ich vergessen haben, dass Onkel Peregrino in aller Herrgottsfrühe mit Holzharassen auf den Schultern in Fulgencio Varas Ländereien einschlich und sich Flintenschüssen oder Hundebissen aussetzte. Sich vorsichtig duckend bewegte er sich weiter, und diese besondere Art des Ganges und der Körperhaltung blieb als Kennzeichen seines Wesens und auch seiner Worte im Gedächtnis der

de los otros. Y en la mía. Hay que recoger las guayabas, sin mucho ruido, llenar cuantos cajones sea posible, el promedio exacto que piden en la fábrica, para después recibir unos cuantos pesos: para el arriendo, para la alimentación, para la ropa y, de vez en cuando, para un gustico fuera de rutina.

Decía esperanzado.

Tío Peregrino, a medida que escarbaba a tientas en la oscuridad, debajo de los guayabos, con seguridad recordaba, tanto como yo ahora, cómo antes no había problema con eso de la recolección de las guayabas. Y que él, ahora carcomido de canas y de sufrimientos, fue en su juventud el primero en negociar con ellas.

Antes... qué va. Se descomponían en los potreros y los que más las aprovechaban eran los cerdos. Nadie, que recuerde, le prestaba atención al hecho de que unas cuantas familias las recogieran del suelo o estropearan los árboles con piedras y palos para hacerlas caer como lluvia amarilla, y sacaran los sábados al mercado unos bloquecitos oscuros, de a cinco centavos cada uno. Ni que los llamaran «bocadillos» o «espejuelos», según su consistencia. Que va. No importaba. Parecía un juego tolerable por los propietarios de tantos potreros poblados de guayabos. Hasta permitían que los directores de escuelas y colegios programaran tardes de recreo en sus propiedades, con tal que se cargaran con esos malditos frutos que reproducían como curíes. Sólo cuando unos forasteros hablaron de una gran industria de la guayaba, comenzaron a pararle bolas al asunto. Que era un producto local, muy folclórica la cosa, digno de ser promocionado no sólo en el resto del país sino también en el exterior.

– ¡Qué delicia!, exclamaban entusiasmados.

Los notables de Laboyos abrían atónitos los ojos pues no llegaban a entender por qué los forasteros

anderen haften. Auch in meinem. Man muss die Guayabe-Früchte möglichst geräuschlos einsammeln, muss möglichst viele Harasse füllen, genau die Durchschnittsmenge, die in der Fabrik verlangt wird, um dafür einige Pesos Lohn zu erhalten: für die Miete, die Lebensmittel, die Kleider und hin und wieder eine kleine Extrafreude.

Er sagte es hoffnungsvoll.

Wenn Onkel Peregrino in der Dunkelheit den Boden unter den Guayabe-Bäumen abtastete, ging ihm sicher durch den Kopf – so wie mir jetzt –, dass es früher mit dem Guayabesammeln nie Schwierigkeiten gegeben hatte. Auch dass er – jetzt grauhaarig und «wurmstichig» vom Leiden – damals der erste gewesen war, der damit Handel getrieben hatte.

Früher... du meine Güte. Da verfaulten sie auf den Grundstücken; am meisten hatten eigentlich die Schweine davon. Niemand, soweit er sich erinnern konnte, machte Aufhebens davon, dass ein paar Familien sie auf dem Boden zusammenlasen oder mit Steinen und Stecken die Bäume beschädigten, damit die Früchte wie gelber Regen herunterprasselten. Auch nicht davon, dass sie auf dem Samstagsmarkt dunkle Würfel verkauften, fünf Centavos das Stück. Auch nicht, dass sie die weichen «Mundbiss» nannten und die festen «Spiegelchen». Nichts dergleichen. Es war unwichtig. Die meisten Eigentümer von Grundstücken mit Guayabe-Bäumen schienen das Spiel stillschweigend zu dulden. Sie gestatteten sogar den Vorstehern von Grund- und Mittelschulen, Spielnachmittage in ihren Besitzungen durchzuführen, nur um die verwünschten Früchte loszuwerden, die wie Araukarien-Schösslinge überhandnahmen. Erst als Fremde von einer großen Guayabe-Industrie redeten, merkten sie auf: Es sei eine einheimische Besonderheit, etwas Volkstümliches, und verdiene es, nicht nur in anderen Landesgegenden bekanntgemacht zu werden, sondern auch im Ausland.

«Wie köstlich es schmeckt!» bekundeten sie begeistert.

Die Machthaber in Laboyos sperrten erstaunt die Augen auf und verstanden die Begeisterung der Fremden für die

se entusiasmaban y ponderaban un producto que cuatro pelagatos hacían por rutina.

Cosas de la vida.

Fue entonces cuando hablaron de la fábrica.

De billete en cantidades.

– Claro, progreso y empleo – dijeron unos.

– Cimientos de ciudad próspera – barruntaron otros.

Y hablaron del señor con dinero y hablar raro, que financiaría el proyecto. Del precio que iban a pagar por cada kilo de fruta recogida. De los productos que harían para vender en todo el país y en el extranjero. Y sin que se hubieran percatado de ese nuevo símbolo, como por arte de magia, los potreros se cercaron y lo que antes no servía sino de estorbo y alimento para cerdos, pasó a ser causa de denuncias, amenazas y disparos, cuidanderos armados y camiones cargados de cajones. Y uno que otro muerto junto a la alambrada. Y el pitido uuuuuululante a las doce meridiano, que reemplazó el rítmico accionar de las campanas de la torre de San Antonio. Pleno empleo para otros, digo yo. Y promesa de casa para los obreros y una piscina muy grande y limpia para el dueño.

Para turistas también, dijeron otros.

Por patriotismo llamaron a la fábrica *La Laboyana*, con la intención quizás de que todos quedaran satisfechos y se apropiaran sin más de su existencia. Menos mi tío, claro, que ya empezaba a perder movilidad y a sentirse desplazado de su oficio. Por eso fue de los pocos que no asistió a la inauguración, con el alcalde a la cabeza, ni a la fiesta que ofrecieron después, que se prolongó hasta pasadas las doce de la noche.

¡Cuánta ingratitud! Olvidaron que tío Peregrino fue el primero en descubrir que las guayabas
se podían vender y que eran un futuro promisorio 178
para el pueblo. Fue el mejor juego de su vida. Sa- 179

unscheinbare Süßigkeit nicht, welche ein paar einfache Leute so ohne weiteres herstellten.

So geht es im Leben.

Damals fing man an, von einer Fabrik zu reden.

Von großen Geldsummen.

« Klar, Fortschritt und Arbeitsplätze », sagten die einen.

« Stützpfeiler für eine blühende Stadt », meinten andere.

Man sprach von dem Herrn mit dem vielen Geld und der seltsamen Redeweise, der das Vorhaben finanzieren würde. Von dem Preis, der für jedes Kilo zusammengelesener Früchte bezahlt würde. Von den Erzeugnissen daraus, die dann im ganzen Land und im Ausland verkauft würden. Ohne dass das neue Zeichen bemerkt wurde, waren die Grundstücke auf einmal wie durch Zauberhand eingezäunt, und was vordem nur ein Ärgernis und zum Schweinefüttern brauchbar war, wurde jetzt zum Anlass für Anzeigen, Drohungen, Flintenschüsse, bewaffnete Aufseher und mit Harassen beladene Lastwagen. Auch für den einen und andern Toten neben den Stacheldrahtzäunen. Auch für das Sirenengeheul um zwölf Uhr mittags, das die Stundenschläge vom Turm der Antoniuskirche übertönte. Vollbeschäftigung für andere, immerhin. Verheißung auf Häuser für die Arbeiter und ein großes sauberes Schwimmbad für den Landbesitzer.

«Auch für die Urlaubsgäste», sagten andere.

Aus Heimatliebe bekam die Fabrik den Namen «La Laboyana », vielleicht steckte die Absicht dahinter, so alle zufriedenzustellen und es ihnen leicht zu machen, sie als zu ihnen gehörig hinzunehmen. Mein Onkel ließ sich nicht gewinnen, klar; er war damals schon nicht mehr so beweglich und fühlte sich bei dieser Tätigkeit fehl am Platz. Als einer von wenigen nahm er darum an der Eröffnung mit dem Bürgermeister an der Spitze nicht teil, auch nicht dann am Volksfest, das sich bis nach Mitternacht hinzog.

Welche Undankbarkeit ! Alle hatten vergessen, dass Onkel Peregrino als erster auf die Idee verfallen war, man könnte Guayabe verkaufen und sie bedeuteten für das Dorf eine verheißungsvolle Zukunft. Es war der beste Schach-

lía de madrugada para hacer su recorrido por los potreros, saludaba la neblina con ojos legañosos, y recogía, en sus cajones de madera burda, la desperdiciada fruta.

¡ Buenos días, don Pere ! – le decían.

Luego los llevaba a los dulceros para evitarles así, como les explicaba el viejo, pérdidas de tiempo en recolectas. Nadie cultivaba los guayabos. ¡ Qué va ! Eran silvestres. Como también era silvestre su costumbre de recoger la fruta, entregarla y darle gracias a Dios y a los dulceros, que se desperezaban a las siete de la mañana con el ruido de los cajones de mi tío.

– ¡ Después vuelvo por la plata ! – les soltaba entusiasmado.

Y así. Un cajoncito en una puerta, otro en otra y en otra, hasta el sueño. A él nunca le dieron las gracias por el descubrimiento. Pero, claro, su negocio se vino al suelo y ahí comenzaron las canas y los sufrimientos. De él y de todos. Ya fueron muchos los que empezaron a madrugar por el asunto de la fábrica. Y los dueños de las tierras a creer que habían cultivado esos guayabos por herencia y a cercar sus propiedades con unas alambradas tupidas, erizadas de púas peligrosas, donde muchas veces se rasgaron las camisas de mi tío. Y a contratar peones para la recolección de la fruta, a bajos salarios por la gran demanda, y a armar a otros para defenderse de los madrugadores y metidos. Y a comprar tierras. Porque los baldíos, donde en un tiempo se refugiaron los recolectores independientes, con mi tío a la cabeza, también recibieron su alambrada y unos papeles en la Notaría. Fue una época difícil. Su oficio pasó a ser un oficio clandestino, con gruñido de perros y disparos que disipaban las brumas del
amanecer. 180

Tío Peregrino, sin embargo, continuó su re- 181

zug seines Lebens gewesen! Jeden Morgen ging er in aller Herrgottsfrühe durch die Grundstücke, grüßte mit verschlafenen Augen die Nebelschleier und sammelte die verachteten Früchte in seine grob gefügten Holzharasse.

«Guten Tag, Don Pere!» wurde er dann angesprochen.

Dann brachte er die Harasse zu den Fruchtpastenherstellern, damit sie, wie er ihnen erklärte, ihre Zeit nicht mit Einsammeln vergeuden mussten. Niemand pflanzte Guayabe-Bäume. Wozu auch! Sie wuchsen ja wild. Wie auch seine Gewohnheit wild gewachsen war, die Früchte zu sammeln und abzuliefern und Gott zu danken – und den Pastenköchen, die um sieben Uhr morgens von den polternden Harassen meines Onkels geweckt wurden.

«Später komme ich das Geld holen!» rief er ihnen wohlgelaunt zu.

So ging das immerzu: ein Harässchen vor diese Tür, eines vor jene, und noch eines vor eine andere und so weiter, bis er müde war. Niemand hatte sich jemals für die Entdeckung bei ihm bedankt. Aber natürlich war es mit seinem Geschäft nun aus, es begann die Leidenszeit, und er bekam die ersten grauen Haare. Er und alle andern. Mittlerweile standen wegen der Fabrik schon viele früh auf. Allmählich glaubten die Landbesitzer, schon ihre Vorfahren hätten hier Guayabe-Bäume gepflanzt und gehegt, sie zäunten ihr Eigentum mit dichten Stacheldrahtverhauen ein, und manches Hemd meines Onkels zerriss an den gefährlich langen Spitzen. Bald stellten sie Taglöhner zum Einsammeln der Früchte an – wegen der großen Nachfrage zu niedrigen Löhnen – andere ließen sie zum Schutz vor den unerlaubterweise einsteigenden Frühaufstehern bewaffnen. Später kauften sie neues Land hinzu, denn die herrenlosen Grundstücke, wo die selbständigen Sammler, allen voran mein Onkel, eine Zeitlang sicher gewesen waren, bekamen nun auch ihre Zäune und die nötigen Papiere auf dem Notariat. Es war eine schwierige Zeit. Er musste seinen Beruf nun in aller Heimlichkeit ausüben, musste auf Hundegeknurre gefasst sein und auf Schüsse, die die Stille der Morgennebel durchschnitten.

Onkel Peregrino blieb bei seinen frühmorgendlichen

colección en las madrugadas a pesar de estar expuesto a un disparo o ser acusado de ladrón si era acorralado por los perros detrás de algún arbusto.

Eso es triste, tío.

Recordarlo ahora en la hora de su quietud.

Las familias que sacaban sus dulces al mercado han tenido que cambiar de oficio. Unos, muy pocos, fueron contratados en la fábrica. Ahora se las dan, aunque no ganen lo mismo que cuando eran propietarios. Pero se les ve reírse, tristemente satisfechos, cuando salen de la fábrica después de otra dura jornada de trabajo. No les han dado casa pero viven aferrados a esa ilusión, que cada año les renuevan en la reunión de aniversario de la Empresa. Los otros se han olvidado en el ruido de los camiones, atestados de cajas, y en el llanto de los niños cuyas madres hacen colas interminables en el puesto de salud.

Tío Peregrino, dicen, ha continuado con sus madrugadas, por costumbre, aunque ya los achaques no le permitan recoger lo suficiente para vivir. También dicen que, a veces, los peones de Fulgencio Varo lo dejan recoger los frutos podridos, como si fueran sus amigos y quisieran ayudarlo. Pero yo sé que lo hacen para burlarse de su efímera alegría porque saben que esos frutos no se los compran en la fábrica.

¡Mierdas que son!

Ahora se agita como si despertara de un sueño. Me animo. Le traigo la noticia de que por fin han comenzado el cultivo técnico del guayabo, con asesores agrarios, ingenieros y suficiente maquinaria.

Que necesitan gente experimentada.

– ¡Alégrate, tío! 182

Se lo digo como en chanza. Pero él sigue calla- 183

Sammelgängen, obwohl er sich dadurch den Flintenschüssen aussetzte und Gefahr lief, als Dieb verklagt zu werden, wenn er im Gebüsch von Hunden eingekreist wurde.

«Das ist traurig, Onkel.»

Jetzt daran erinnert werden, wo es still ist um ihn.

Die Familien, die ihre Fruchtpaste auf dem Markt verkauft hatten, mussten ihren Beruf wechseln. Einige, nur vereinzelte, wurden in der Fabrik angestellt. Jetzt gibt man sie ihnen fertig, doch sie verdienen nicht mehr so viel daran wie früher, als sie selbständig waren. Man sieht sie immerhin leidlich zufrieden lächeln, wenn sie nach einem strengen Arbeitstag aus der Fabrik kommen. Das Haus hat man ihnen noch nicht gegeben, dennoch klammern sie sich immer noch eisern an das Versprechen, das an jedem Jahrestag der Fabrikeröffnung wiederholt wird. Die andern sind im Lärm der mit Harassen vollbeladenen Lastwagen und im Weinen der Kinder, deren Mütter an den Sanitätsposten Schlange stehen, in Vergessenheit geraten.

Onkel Peregrino, heißt es, sei bei seiner morgendlichen Gewohnheit geblieben, obwohl er wegen seiner Gebresten nicht mehr genug zum Leben zusammenbringe. Es heißt auch, Fulgencio Varos Taglöhner ließen ihn die verdorbenen Früchte einsammeln, so als wären sie seine Freunde und wollten ihm helfen. Aber ich bin sicher, dass sie nur ihren Spott mit seiner unschuldigen Freude treiben, denn sie wissen genau, dass er diese Früchte in der Fabrik nicht verkaufen kann.

«Mistkerle sind sie!»

Jetzt regt er sich, als erwache er aus einem Traum. Ich wage es. Ich bringe ihm die Neuigkeit, dass nun mit dem industriellen Guayabe-Anbau begonnen wird, mit technischen Beratern, Agrar-Ingenieuren und beträchtlichem Maschinenpark.

Es würden erfahrene Leute benötigt.

«Freu dich, Onkel!»

Ich sage es als Chance für ihn. Aber er schweigt immer

do, traga aire por su boca desdentada y de vez en cuando sacude el matorral cenizo de su cabeza.

Creo que me mira con odio.

Ni siquiera gruñe el saludo como en tantas otras tardes.

Mejor me voy.

– ¡Hasta mañana, tío!

noch, zieht die Luft durch seinen zahnlosen Mund ein und schüttelt hin und wieder seinen weißen Haarschopf.

Ich glaube, in seinem Blick ist Hass.

Er brummt nicht einmal einen Gruß wie an soundsovielen Abenden sonst.

Es ist besser, ich gehe.

«Bis morgen, Onkel!»

José Luis Garcés González
La noche alta y el titilar de las estrellas

Mi mujer es una mulata de pelo rizado que ahora duerme boca arriba. Tiene siete meses de preñada y su vientre tenso se levanta como una pequeña montaña dócil y viva.

Está acostada en una cama vieja pero amplia, sin toldo y sin mosquitos. Se ve tranquila, aprovechando la interrupción de su insomnio, respirando pausadamente. Es un abultado animal feliz, y por lo menos durante dos meses más seguirá siéndolo. De mi parte no saldrá una palabra.

No sabrá qué hay entre su padre y yo. Por un lado, de nada le valdría saberlo; por el otro, quien está por dar vida, no debe rozarse con las posibilidades de la muerte.

Son las tres de la madrugada, canta algún gallo lejano, un pájaro nocturno intenta trinar entre los mangles, y el viento que proviene del mar golpea contra el zinc húmedo del techo. La madera de la casa se estira como si fuera un gato cansado. Afuera, en la oscuridad, amenaza la lluvia, y algunos relámpagos introducen sus fugaces serpientes hasta el cuarto. Nadie está despierto por los contornos, pero en pleno mar se escucha, nítido, el chapoteo de la atarraya contra el agua. Luego, como si vinieran entre el embudo de piedra de un hueco, llegan las voces remotas de los pescadores que hablan, discuten, ríen y maldicen por razones confusas. Es una especie de borboteo, de palabras que hierven, de sonidos que se agitan y se adelgazan hasta caer en un rumor que se pierde en la distancia. Reitero que no hay nadie en el océano. Pero puedo jurar que es la hora del regreso. Del eterno retorno de las almas muertas. De los canoeros que se ahogaron
hace veinte años, y que jamás fueron rescatados. 186
No me extrañan los sonidos ni las voces. Ellos man- 187

José Luis Garcés González
Tiefe Nacht und Sternenfunkeln

Meine Frau ist eine kraushaarige Mulattin; jetzt liegt sie auf dem Rücken und schläft. Sie ist im siebten Monat schwanger, und ihr straffer Bauch wölbt sich gehorsam zu einer lebendigen Rundung.

Sie liegt in einem alten, aber großen Bett ohne Netz und ohne Moskitos. Sie sieht gelassen aus, scheint die Unterbrechung ihrer Schlaflosigkeit zu genießen, atmet ruhig und langsam. Sie ist glücklich wie ein trächtiges Tier und wird es mindestens noch zwei Monate bleiben. Von mir wird sie kein Wort erfahren.

Sie wird nicht erfahren, was es zwischen ihrem Vater und mir gibt. Einerseits würde es ihr nichts nützen, wenn sie es wüsste; andererseits soll jemand, der Leben schenken wird, nicht mit den Möglichkeiten zu sterben in Berührung kommen.

Es ist drei Uhr morgens, in der Ferne kräht ein Hahn, in den Mangroven versucht ein Nachtvogel zu trällern, und vom Meer her peitscht der Wind gegen das feuchte Zinkdach. Wie eine müde Katze, die ihre Glieder reckt, dehnt sich das Holz der Hauswände. In der Dunkelheit draußen droht der Regen, und bis ins Schlafzimmer herein leuchten die zuckenden Blitze. Niemand in der Umgebung ist wach, aber draußen auf dem Meer hört man deutlich die Fischernetze auf das Wasser klatschen. Dann dringen wie durch einen steinernen Trichter die fernen Stimmen der Fischer herüber: Sie reden, streiten, lachen, fluchen aus unerfindlichen Gründen. Es hört sich an wie das Summen siedenden Wassers, die Stimmen werden lebhafter und verdünnen sich wieder, bis sie dann in den allgemeinen Geräuschen der Ferne untergehen. Ich wiederhole, es ist niemand auf dem Ozean draußen. Aber ich kann schwören, dass es die Zeit der Rückkehr ist. Der ewigen Wiederkehr der Verstorbenen, der Seelen von Schiffern, die vor zwanzig Jahren ertrunken sind und nie gefunden wurden. Die Geräusche befremden mich nicht, auch die Stimmen nicht. Die Toten

tienen la fertilidad de las aguas. No permiten que la pesca disminuya. Muy pocos lo creen en la ciudad, pero los muertos ayudan a los vivos.

Ella duerme y es feliz en el sueño, y es feliz porque no sabe. Ella se vino a vivir conmigo en este pueblo de pescadores, rodeado de mar y cocoteros. Dos cosas que su padre no perdona. El no gusta de los pescadores ni de los hombres que en la noche alta se aprenden de memoria la ubicación de las estrellas. Hombre de ruido inútil, me citó seis veces a la ciudad para disfrutar del lánguido placer de insultarme. No pudo tolerar lo que para él es una afrenta. Su orgullo de falso patriarca no acepta que su hija haya « dañado » el apellido con alguien que no tuviera simpatía para los blasones u oídos para el tintinear de las monedas. En un principio creí inadmisible que semejante torpeza fuera la conducta de una persona del siglo veinte. Pero después de que habló de reivindicar la ofensa con el correr de la sangre, supe que los caprichos de ciertos hombres sólo se sacian con la muerte. Entonces, llegado al límite de la ofensa, convinimos, con furia, en mantener el secreto: alguno de los dos morirá un día después de que nazca mi hijo.

Ella duerme con el abdomen hinchado, y dentro del abdomen el niño, porque estoy seguro de que será varón y crecerá y saldrá a pescar y desafiará a los tiburones y será hermano del mar. Es delgada, tiene los senos erectos y los pezones inmensamente negros. Duerme desnuda, continuando la costumbre de los primeros tiempos. En los muslos fuertes unas venitas moradas dispersan sus débiles ramas. Duerme con la boca entreabierta, y sus ojos cerrados se mueven a veces de Oriente a Occidente. Es joven, y hace siete meses su abdomen era liso, y ella hacía largas caminatas por la
playa, y en silencio conserva el temor por la ira pa- 188
terna. Y fue entonces cuando le dije: que la rabia 189

sorgen für die Fruchtbarkeit der Gewässer. Sie sorgen dafür, dass der Fischfang ergiebig bleibt. Nur wenige in der Stadt glauben es, aber die Toten helfen den Lebenden.

Sie schläft und ist glücklich in ihrem Traum, ist glücklich, weil sie nichts weiß. Sie ist in dieses Fischerdorf gekommen, das von Meer und Kokospalmen umgeben ist, um mit mir zusammenzuleben. Beides verzeiht ihr Vater nicht. Er mag weder Fischer noch andere Leute, die in tiefer Nacht den Standort der Sterne auswendig kennen müssen. Der Mann gefällt sich darin, unnötig Lärm zu machen, und ließ mich sechsmal in die Stadt kommen, nur um sich dem öden Genuss hinzugeben, mich zu beschimpfen. Er konnte nicht dulden, was für ihn eine Beleidigung bedeutet. Sein falscher Patriarchenstolz nimmt es nicht hin, dass die Tochter seinen Namen mit jemandem besudelt, der keinen Sinn für Familienwappen und kein Ohr für das Klingeln der Geldstücke hat. Am Anfang fand ich es verwerflich, dass ein Mensch des zwanzigsten Jahrhunderts sich so benehmen könne. Aber als er davon redete, dass zur Sühne der Beleidigung Blut fließen müsse, wurde mir klar, dass die Schrullen gewisser Leute nur mit Totschlag zu befriedigen sind. Auf dem Gipfel der Beleidigung schließlich vereinbarten wir im Zorn, das Geheimnis zu hüten: Einer von uns beiden musste am Tag nach der Geburt meines Sohnes sterben.

Sie schläft mit ihrem gewölbten Bauch, und im Bauch ist mein Sohn, denn ich bin sicher, dass es ein Knabe sein wird, und er wird heranwachsen und aufs Meer hinausfahren zum Fischen, er wird den Haien trotzen und sich dem Meer verbrüdern. Sie ist schlank, ihr hoher Busen straff, tiefschwarz sind die Brustwarzen. Sie schläft nackt, bleibt bei der Gewohnheit der ersten Zeit. An ihren kräftigen Schenkeln verästeln sich schwach sichtbare blaue Venen in alle Richtungen. Sie schläft mit halboffenem Mund, und ihre geschlossenen Augen bewegen sich manchmal von Osten nach Westen. Sie ist jung, und vor sieben Monaten war ihr Bauch noch glatt; sie machte lange Spaziergänge auf dem Strand und ertrug schweigend die Angst vor dem väterlichen Zorn. Damals sagte ich einmal zu ihr: «Möge die Wut des Alten

del viejo caiga sobre mí. Y entonces ella me dijo: Préñame, de pronto el nieto le quita la hiel. Y atendí su voz, y una noche sentí que mi semilla había llegado lejos, a tierra fértil. El viejo lo supo, y sólo un desdén fue su comentario. Desde ese instante presentí que algo turbio se instalaba entre los dos.

Parece que la madrugada aplaca el olor del pescado que está en la bodega vecina. O quizá es el viento que se lo lleva hacia tierras de nunca volver. No creo que el resto de la noche me alcance para clarificar el primer cuaderno de cuentas. He adelantado algo, pero la tarea es larga. Además, los números están opacos y algunas hojas, de tanto manoseo, pronto empezarán a desleírse. El zinc húmedo entona su lánguido canto, y las serpientes de luz se filtran por las junturas de las tablas. La lámpara de kerosén, colgada del travesaño, se tambalea con el viento. Regresan los rumores del océano, las voces de las almas conflictivas, el arrebato de los cocoteros, el galope del mangle contra el mangle. ¿Se parece ella en algo de su padre? En la penumbra no le encuentro el rasgo común. Ha lanzado un brazo por encima de su cabeza y deja abierto el abundante vello de sus axilas, una de mis secretas debilidades, y ella lo sabe y el sueño la ayuda.

Cuando se despierte me encontrará a su lado, y yo, igual que ella, estaré desnudo, y trataré de amarla, y ella se dejará, y es posible que el hijo le brinque dentro de su montaña benigna, y después del amor ella bajará a orinar y con el orín botará algo de mi vida, y entonces percibirá el olor del pescado que regresa, y verá la luz del día que nuevamente se apodera del mundo.

Yo, aún en la cama, escucharé los golpes del mar contra los acantilados rudos, y antes de dormirme recordaré que un día después de que nazca mi hijo, el que será hermano del mar, un desafío habrá de

auf mich fallen.» Darauf antwortete sie mir: «Schwängere mich, vielleicht vergeht ihm mit dem Enkelkind auf einmal die Galle.» Ich hörte auf ihre Stimme, und eines Nachts spürte ich, dass mein Samen weit fort in fruchtbares Erdreich gelangt war. Der Alte erfuhr es, und Verachtung war seine einzige Antwort darauf. Seitdem schwante mir, dass zwischen uns sich ein Verhängnis zusammenbraute.

Der dämmernde Morgen scheint den Fischgeruch vom benachbarten Lagerhaus abzuschwächen, oder vielleicht nimmt ihn der Wind in Länder mit, von denen es keine Rückkehr gibt. Ich glaube nicht, dass mir die restlichen Nachtstunden genügen, um das erste Buchhaltungsheft zu überprüfen. Ich bin zwar ein Stück weit gekommen, aber es ist eine langwierige Arbeit. Außerdem sind die Zahlen nur undeutlich sichtbar und einige Blätter vom vielen Herumfingern am Zerfallen. Das feuchte Zinkdach trommelt sein träges Lied, und durch die Bretterritzen huschen zuckende Lichblitze herein. Die Petroleumlampe am Querbalken schaukelt im Wind. Lauter wird wieder das Rauschen das Meeres, das Stimmengewirr der ruhelosen Seelen, der Aufruhr in den Kokospalmen, das Aneinanderschlagen der Mangroven. Gleicht sie irgendwie ihrem Vater? Im Halbdunkel entdecke ich keine gemeinsamen Züge. Sie hat einen Arm über den Kopf nach hinten geworfen, und ihr üppiges Achselhaar liegt offen sichtbar da – eine meiner heimlichen Schwächen, sie weiß es, und der Schlaf hilft ihr.

Wenn sie erwacht, findet sie mich an ihrer Seite; wie sie bin auch ich nackt; ich werde versuchen, sie zu lieben; sie wird es zulassen, und es ist möglich, dass das Kind in der lieben Rundung hüpft. Nach dem Liebesakt wird sie hinuntergehen zum Wasserlösen, und mit dem Urin wird sie etwas von meinem Leben wegschütten; dann wird sie den Fischgeruch wahrnehmen, der wieder herweht, und das Tageslicht sehen, das wieder von der Welt Besitz ergreift.

Ich werde noch im Bett die Wellen gegen die zerklüfteten Felsriffe schlagen hören, und noch vor dem Einschlafen werde ich daran denken, dass einen Tag nach der Geburt meines Sohnes – der sich dem Meer verbrüdern wird –

cumplirse. No sé si a esta hora el viejo iracundo estará pensando lo mismo, mientras escupe su bilis contaminada de insomnio.

Para mi sólo existe la oscura certeza de que un hombre menos pisará esta tierra, de que alguno de los dos dejará de escuchar el canto solitario de los pájaros que en la madrugada desatan su trino entre los mangles rojizos pringados por la baba corrosiva del salitre. Después, sin yo saberlo, la neblina ocupará mis ojos.

De nuevo el viento combate contra las tablas resignadas de la casa. Su lengua fría penetra por las rendijas y va a sumergirse en la opacidad silenciosa del mar que a esta hora lame la playa como un remoto animal amoroso. La mulata, con su abultada montaña benigna, continúa durmiendo.

Sus senos en creciente apuntan al techo. Los vellos de su axila se doblegan como estambres derrotados. La noche avanza, los luceros se refunden, y yo no he terminado de aclarar el primer cuaderno de cuentas. De inmediato se oye el chapoteo de la atarraya contra el agua; luego las voces de los canoeros que se ahogaron hace veinte años regresan desde el profundo océano. Que ellos acompañen.

Los necesito. No sólo por la sangre que pronto tendrá que derramarse. Sino por la suerte que correrán mi mujer y el niño. Y no exagero, pues yo sigo creyendo que los muertos ayudan a los vivos.

eine Drohung sich erfüllen muss. Ich weiß nicht, ob der zornige Alte jetzt den gleichen Gedanken hat, während er seine von Schlaflosigkeit angesteckte Galle ausspeit.

Für mich zählt nur die dumpfe Gewissheit, dass ein Mensch weniger auf dieser Erde stehen wird, dass einer von uns beiden die Vögel nicht mehr hören wird, die ihre einsamen Triller in den rötlichen, vom Salzwasser besprenkelten Mangroven steigen lassen. Unmerklich werden dann die Nebelschleier meine Augen einhüllen.

Von neuem peitscht der Wind gegen die geduldigen Bretterwände des Hauses. Mit seiner kalten Zunge dringt er durch die Ritzen und taucht dann ins undurchsichtige schweigende Meer ein, das um diese Zeit den Strand beleckt wie ein liebesdurstiges Tier aus fernen Ländern. Die Mulattin mit ihrem lieblich gewölbten Bauch schläft noch immer.

Ihre hohen Brüste zeigen zur Decke. Die Achselhaare kräuseln sich wie zerzauste Wollfäden. Die Nacht schreitet voran, die Sterne verblassen, und ich bin immer noch nicht fertig mit dem ersten Buchhaltungsheft. Auf einmal hört man das Fischernetz auf das Wasser klatschen; dann sind aus der Tiefe des Ozeans die Stimmen der vor zwanzig Jahren ertrunkenen Schiffer wieder da. Sie sollen mich begleiten.

Ich brauche sie. Nicht nur, weil bald Blut fließen muss, auch wegen des Schicksals, das meiner Frau und meinem Sohn bevorsteht. Ich übertreibe nicht, denn ich glaube immer noch, dass die Toten den Lebenden helfen.

Jorge Eliécer Pardo
La muchacha de la cinta blanca

Al salir de la universidad con el colega Marino, La Muchacha se acercó y saludándolo por su nombre le pidió que me presentara. Marino lo hizo sin ninguna extrañeza y se despidió. Hubiera preferido que Marino no se marchara porque yo tenía prisa y las interrogaciones de la recién llegada vendrían como la lluvia. No fue así, me invitó a un café. Debía encontrarme con Sara en quince minutos, por eso no acepté.

– Adoro la literatura de Cortázar – me confesó. Ante la referencia me detuve un minuto a observarla: aproximadamente diez y nueve años, pelo corto azabache y ojos negros, profundos. Alta, delgada y de boca sensual. No insistió.

– Podría ser en otra ocasión – dije despacio. Entonces me preguntó si quería anotar la dirección de su casa. No estaba muy convencido si alguna vez iría a buscar esas palabras y números que llenaron un sector de mi agenda de bolsillo.

Marino no recordó a la alumna cuando – al día siguiente, en la cafetería –, le conté lo sucedido. Marino es profesor de filosofía, joven y barbado al que las mujeres buscan... es, a mi parecer, un hombre con suerte en la conquista sin riesgos.

Esa noche el rostro de La Muchada me perseguía en un sueño volátil, revuelto con culpa, presintiendo que podría decirme muchas cosas del amado Julio o quizás – al interrogarme –, me reviviría otras. No se lo relaté a Sara porque me parecía rutinario y porque vincular la universidad a la casa era como solicitarle que me contara los pequeños acaeceres de su oficina estatal. Error, porque hubiera evitado los encuentros con La Muchacha de labios sensuales.

Jorge Eliécer Pardo
Das Mädchen mit der weißen Haarschleife

Als ich mit meinem Kollegen Marino die Universität verließ, kam das Mädchen auf uns zu, grüßte ihn mit Namen und bat ihn, mich mit ihr bekannt zu machen. Marino tat es ohne jede Verwunderung und verabschiedete sich. Es wäre mir lieber gewesen, Marino wäre geblieben, denn ich hatte es eilig, und die neue Bekannte würde mich bestimmt mit Fragen überschütten. Dem war nicht so, sie lud mich zu einem Kaffee ein. Ich war eine Viertelstunde später mit Sara verabredet, darum lehnte ich ab.

«Ich bewundere die Literatur von Julio Cortázar», gestand sie mir. Auf diese Angabe hin blieb ich eine Minute stehen und musterte sie: etwa neunzehn Jahre alt, kurzes schwarzglänzendes Haar, tiefe dunkle Augen. Groß, schlank, sinnliche Lippen. Sie doppelte nicht nach.

«Ein andermal vielleicht», sagte ich langsam. Dann fragte sie mich, ob ich ihre Anschrift haben wolle. Ich war mir nicht ganz sicher, ob ich die Wörter und Zahlen, die da auf einem Blatt meiner Taschenagenda standen, jemals suchen würde.

Marino erinnerte sich nicht an die Studentin, als ich ihm am andern Tag in der Cafeteria von der Begebenheit erzählte. Marino ist Philosophieprofessor, jung, bärtig, die Frauen laufen ihm nach... für mich ein Glückspilz in Sachen gefahrloser Eroberungen.

In der Nacht darauf verfolgte mich das Gesicht des Mädchens in einem flüchtigen Traum; Schuldgefühl kam dazu; ich spürte, sie könnte mir vieles über Cortázar sagen oder mit ihren Fragen anderes über meinen Lieblingsautor in Erinnerung rufen. Sara gegenüber erwähnte ich nichts, ich fand es zu gewöhnlich, wollte überhaupt die Vorkommnisse in der Universität nicht nach Hause tragen, so als erwartete ich, dass sie mir den Kleinkram aus ihrer Dienststelle erzähle. Es war ein Fehler, ich hätte vermeiden können, dem Mädchen mit den sinnlichen Lippen zu begegnen.

Esperé dos semanas a que apareciera en la cafetería o en la sala donde gastamos el tiempo calificando exámenes y haciendo informes: inútil. No soy muy práctico, al contrario me diluyo fácilmente. La dirección que estampó con su caligrafía casi invisible me tiró del bolsillo de la chaqueta.

Vivía en un barrio de casas iguales, construido por el Estado. Dejé el Renault en un lugar distante con temor a que me lo robaran y me arriesgué luego de interrogar a varias personas que me indicaron sin prevenciones. Al pasar por las calles cerradas y angostas me pregunté qué pretendía al buscar a aquella muchacha y si tendría sentido discutir sobre Cortázar con una adolescente. Sabía que los autores y las obras sólo unen a quienes sienten identificadas sus ansias – o sus pasados – en las páginas de un libro y que esa sensación es un pase seguro a la intimidad. Mis alumnos por lo general encontraban en Cortázar un hilo secreto que les hacía identificar sus presentes con las historias del novelista. Con algunas alumnas hubo explicaciones extraclase y, a veces – no puedo negarlo –, provocaciones eróticas, pero sólo hasta ahí: hasta las provocaciones.

Timbré. Mientras esperaba respuesta, respaldé aquellas provocaciones con el pretexto de que eran mis alumnas, que las veía a diario y que presumiblemente estaríamos frecuentándonos por cuatro o cinco años, en la universidad. Una señora – con un niño acaballado en el arco de su cadera –, me saludó. No supe qué decir. Hasta ese momento me di cuenta de que no sabía el nombre de La Muchacha y que preguntar por la lectora de Cortázar era una estupidez. Opté por referirme a una alumna que me dio esa dirección y, le mostré

Zwei Wochen lang wartete ich, ob sie in der Cafeteria auftauche oder im Aufenthaltsraum, wo wir Prüfungen bewerten und unsere Berichte schreiben: vergeblich. Ich bin nicht sehr praktisch veranlagt, im Gegenteil, ich verzettle mich leicht. Die Anschrift, die sie mit fast unsichtbaren Buchstaben festgehalten hatte, lastete schwer in meiner Jackentasche.

Sie wohnte in einem Viertel mit lauter gleichen Häusern, einer Anlage der öffentlichen Hand. Ich ließ meinen Renault in einiger Entfernung stehen, denn ich fürchtete, er könnte mir gestohlen werden; dann wagte ich es, mehrere Leute zu fragen, und alle gaben mir arglos Auskunft. Während ich durch die engen abgesperrten Straßen ging, fragte ich mich, was ich eigentlich beabsichtigte, wenn ich dieses Mädchen aufsuchte, und ob es überhaupt einen Sinn habe, mit einem jungen Geschöpf über Cortázar zu sprechen. Ich wusste, dass die Autoren und ihre Werke nur jene Leute an sich binden, die in den Buchseiten ähnliche Wünsche und Sehnsüchte – oder ähnliche frühere Erlebnisse – finden und dass diese Erfahrung auf jeden Fall den Übergang zur Vertraulichkeit bedeutet. Im allgemeinen fanden meine Studenten bei Cortázar einen verborgenen Draht, der ihre gegenwärtigen Erlebnisse mit den vergangenen des Autors verband. Manchmal gab es mit einzelnen Studentinnen Gespräche außerhalb der Vorlesungen, und mitunter kam es auch – ich kann es nicht bestreiten – zu erotischen Verlockungen, aber nur zu Verlockungen, zu mehr nicht.

Ich klingelte. Während ich wartete, entschuldigte ich solche Verlockungen damit, es handle sich um meine Studentinnen, die ich täglich sah, und vermutlich hätten wir vier oder fünf Jahre an der Universität miteinander zu tun. Eine Frau mit einem Kind rittlings auf der Hüfte begrüßte mich. Ich wusste nicht was sagen. Erst jetzt merkte ich, dass ich ja den Namen des Mädchens gar nicht kannte, und nach der Leserin von Cortázar zu fragen, war denn doch zu dumm. Ich kam auf die Idee, eine Studentin habe mir die Anschrift gegeben, und ich zeigte sie ihr. Sie schaute mich

la dirección. Me miró como si no existiera. En el hueco donde posiblemente – en alguna ocasión –, hubo una puerta, apareció vestida con un short celeste (de un blue jean recortado), una blusa blanca – bordada – con los hombros desnudos.

– Buenas tardes – dije como identificándola y ella me invitó a sentar unos minutos mientras cambiaba su ropa. La señora se retiró y me quedé en el sofá de hule, jugando a distraer mi asombro con los pececillos del acuario: una burbuja de cristal transparente. Me miraban como burlándose, clavaban la boca sobre la arena del fondo y luego – de nuevo – quietos, suspendidos en el agua, observándome observar sus ojos transparentes en mis ojos oscuros. Quería hacerlos subir a la superficie y les hablé en su lenguaje, con burbujas en mis palabras, haciendo bolitas con la saliva. El diálogo comenzaba cuando La Muchacha interrumpió.

– Podemos salir – dijo.

Llevaba un vestido de seda poliester, blanco, unas medias de nylon, blancas, unos zapatos de tacos bajos, blancos y una cinta blanca en la cabeza. No tuve que despedirme de nadie. El niño lloraba en una de las habitaciones. Quise preguntar por su madre y el chico pero me condujo de la mano hasta la puerta y cerró.

Pude ver las caras de las señoras – asomados los medios rostros – y el cuchicheo maldito entre risas. Me percibí intruso, hazmerreir, estúpido, sin saber hacia dónde nos dirigíamos, sin conocer el nombre de La Muchacha, que me llevaba de la mano, como una enamorada. Me percibí indefenso ante esas caras completas, allá, atrás, que alargaban los cuellos para mirarme la espalda, los zapatos con los tacones gastados a un lado y el final del pantalón raído con seguridad.

No le señalé el carro, caminó directamente hacia 198
él. Ya adentro le pregunté: 199

an, als sei ich gar nicht vorhanden. In einer Öffnung, wo früher einmal eine Tür gewesen sein mochte, erschien sie in hellblauen Shorts – abgeschnittene Jeans – und einer bestickten, schulterfreien weißen Bluse.

«Guten Tag», sagte ich wie zum Zeichen, dass ich sie wieder erkannt hatte, und sie bat mich, ein paar Minuten Platz zu nehmen, bis sie sich umgezogen habe. Die Frau verschwand, ich saß auf dem Kunstledersofa und spielte mit den Fischchen im Aquarium, um meine Verwunderung zu verscheuchen: Sie schauten mich aus der durchsichtigen Glaskugel an, als wollten sie mich auslachen, vergruben ihre Mäuler im Sand auf dem Grund, verharrten dann wieder ruhig im Wasser und beobachteten in meinen dunklen Augen, wie ich ihre wässerigen beobachtete. Ich versuchte, sie an die Wasseroberfläche zu bringen und redete mit ihnen in ihrer Sprache: mit Bläschenwörtern, indem ich den Speichel aufblies. Das Gespräch war noch am Anlaufen, als das Mädchen dazwischentrat:

«Wir können gehen», sagte sie.

Sie trug ein weißes Polyesterkleid, weiße Nylonstrümpfe, flache weiße Schuhe und eine weiße Schleife im Haar. Ich brauchte mich von niemandem zu verabschieden. Das Kind weinte in einem der Zimmer. Ich wollte noch nach ihrer Mutter und dem Knaben fragen, aber sie führte mich an der Hand zur Tür und schloss dann ab.

Ich konnte die Gesichter der Frauen hervorschauen sehen, das verfluchte Getuschel und Gekicher auf ihren halbverdeckten Zügen. Ich kam mir als dummer, lächerlicher Eindringling vor, wusste nicht, wohin wir gingen, nicht einmal wie das Mädchen hieß, ließ mich wie von einer Verliebten an der Hand führen. Ich kam mir den überall versteckten vollständigen Gesichtern hilflos ausgeliefert vor: Bestimmt reckten sie nun ihre Hälse, um mich von hinten zu mustern, und sahen dabei meine seitlich abgetretenen Absätze und den sicher ausgefransten Hosenstoß.

Ich zeigte ihr meinen Wagen nicht, sie ging geradewegs darauf zu. Erst als wir drinnen saßen, fragte ich sie:

– ¿Adónde quieres ir?

Pude detallar, la hilera de sus dientes, su cara ingenua, muy cerca a la mía, los labios separados … oler el aroma lejano de su cuerpo.

– No es de Cortázar que quiero hablarte.

Su voz, sincera y firme. Arranqué con la velocidad que traía al confrontar las nomenclaturas con la dirección en mi libreta de bolsillo. En el momento en que nos subimos al vehículo retiró su mano de la mía y la puso en mi hombro. El peso de sus dedos me llenaba de muchas preguntas y hacía nacer en mí provocaciones, distintas a las que elucubraba con mis alumnas aventajadas.

– No me preguntes por la universidad… no preguntes nada… sigue por aquella calle…

Al pronunciar estas palabras sus dedos apretaban mi hombro con dulzura dando a su ofrecimiento un hálito de clandestinidad.

– Acompáñame a visitar a un amigo.

Retiré mi mano derecha del timón y tomé la suya que reposaba sobre uno de sus muslos. La piel – tibia como la voz – compacta como su pregunta, compartió el acercamiento. Avanzamos por la ciudad – en silencio –, en dirección al sitio que me indicaba.

– ¿Quieres oir música?

Negó con la cabeza y sonrió como besándome, como poniendo su boca sobre la mía para evitar preguntas y respuestas.

Compré un ramo de rosas y astromelias. Hacía meses que no visitaba la tumba de mi padre y la oportunidad llegaba inesperadamente. Penetré al «Camposanto» – como lo llaman en mi pueblo –. El olor a flores, silencio y recuerdos invadió el Renault y ella seguía sonriendo, mirándome, con la mano en mi hombro. *«Sara no lo creerá»*, pensé
cuando La Muchacha me indicó el camino hacia 200
el lugar donde mi padre se deshacía en el tiempo. 201

« Wohin willst du gehen? »

Ich konnte die Reihe ihrer Zähne und ihr kindliches Gesicht ganz nahe dem meinen genau betrachten, ihre geöffneten Lippen … konnte den Duft ihres Körpers ahnen.

«Nicht über Cortázar möchte ich mit dir reden.»

Ihre Stimme, aufrichtig und bestimmt. Ich fuhr so langsam weg, wie ich gekommen war, als ich die Straßenbezeichnungen mit der Anschrift in meiner Agenda verglich. Sobald wir ins Auto stiegen, ließ sie meine Hand los und legte sie dann auf meine Schulter. Das Gewicht ihrer Finger gab mir viele Fragen auf und weckte in mir Verlockungen, wie ich sie noch bei keiner meiner bevorzugten Studentinnen ermittelt hatte.

« Frag mich nicht über die Universität aus … frag mich gar nichts … fahr jene Straße dort weiter … »

Während sie sprach, gruben sich ihre Finger sanft in meine Schulter, und ihr Angebot bekam so einen Hauch von Heimlichkeit.

« Komm mit mir einen Freund besuchen. »

Ich nahm meine rechte Hand vom Lenkrad und fasste die ihre, die ruhig auf dem Oberschenkel lag. Die Haut – angenehm warm wie ihre Stimme – war fest und bestimmt wie ihre Frage, duldete die Annäherung. Wir fuhren schweigend durch die Stadt, in die Richtung, die sie mir angab.

«Möchtest du Musik hören?»

Sie wehrte mit dem Kopf ab und lächelte, als wollte sie mich küssen, als wollte sie ihren Mund auf meinen legen, um weitere Fragen und Antworten zu verhindern.

Ich kaufte einen Strauß Rosen und Astromelien. Seit Monaten hatte ich das Grab meines Vaters nicht mehr besucht, und die Gelegenheit dazu kam unerwartet. Ich fuhr in den « Gottesacker » – so sagt man in meinem Dorf – . Der Blumenduft, die Stille, die Erinnerungen fluteten in den Renault, sie lächelte immer noch und schaute mich an. Die Hand lag auf meiner Schulter. Sara wird es nicht glauben, dachte ich, als das Mädchen mir den Weg zu meines Vaters Grab wies, dessen Reste dort vermodern.

El mármol y las palabras hundidas en pintura negra – que inventé para soportar la mentira de la muerte –, seguían como mi padre, como él en aquella tarde en que su cuerpo bajó por ese hueco oscuro y yo le dije adiós, con una voz similar a la de La Muchacha. La enredadera de hojas rojas – pequeñas – como telaraña, abrazaba los dos metros de losa, tocaba las palabras improvisadas para esa muerte instantánea. Luego de poner las flores en las canastillas, una tras otra – robándole espacio a la enredadera –, quitó la mano de mi hombro.

– Te espero.

Al retirarse presentí la muerte tan cerca que volví a decirme «*Sara no lo va a creer*»... – y –: «*¡Qué extraño!*». Era jueves. El lunes es el día de los muertos. Mi padre esperaba mi voz. Rememoré a Lowry... a Sara leyéndome párrafos... a mi madre llorando discretamente... a mi hermano vestido de negro... Seguí pensando en la soledad de la muerte, en la piel gris de mi padre, en los pelos de su bigote, en el olor seco que expelía el tubo del oxígeno.

La Muchacha permanecía a discreta distancia, con los dedos entrelazados a la altura del pubis, mirándome... mirándome y sonriendo sin acoso. El blanco profundo de su traje, el vientecillo que venía de muy lejos y sus manos enredadas, me llenaron de sobrecogimiento. Hablé con mi padre... quizá le conté mi vida reciente, le hablé de mi hija, de Sara... de la vejez. Deseé morir como él: rápido y sin dolor, rápido y sin sillas en la puerta de la casa buscando el sol, rápido y sin jardines con otros ancianos oliendo a excremento y alcohol: rápido. Caminé hacia el carro, pero La Muchacha me detuvo.

– Ahora mi amigo. 202

Me condujo por las calles angostas del cemen- 203

Der Marmor und die eingemeißelte schwarze Schrift – die Worte hatte ich ausgedacht, um das Unbegreifliche des Todes besser zu ertragen – waren immer noch da, wie mein Vater noch da war, genau wie an dem Nachmittag, als sein Leib in das dunkle Loch hinabgesenkt wurde und meine Stimme beim Abschiedsgruß der des Mädchens ganz ähnlich war. Die Kletterpflanze mit den kleinen roten Blättchen umfing die zwei Meter große Grabplatte wie ein Spinnennetz und berührte die Worte, die mir bei diesem plötzlichen Tod eingefallen waren. Nachdem ich die Blumen eine nach der andern in die Körbchen gesteckt hatte und so der Kletterpflanze Platz raubte, ließ ihre Hand meine Schulter los.

« Ich warte dort auf dich. »

Als sie wegging, spürte ich den Tod so nahe, dass ich nochmals zu mir sagte : « Sara wird es nicht glauben » ... und : « Wie seltsam ! » Es war Donnerstag. Der Montag ist der Tag der Toten. Mein Vater wartete auf meine Stimme. Ich dachte wieder an Lowry... an Sara beim Vorlesen einzelner Abschnitte ... an meine unauffällig weinende Mutter ... an meinen Bruder im schwarzen Anzug... Ich kam nicht los vom Gedanken an die Einsamkeit des Todes, an die fahle Haut meines Vaters, an seine Schnurrbarthaare, an den scharfen Geruch aus der Sauerstoffflasche.

Das Mädchen wartete in gebührender Entfernung, hatte die Finger über der Schamgegend verschränkt und schaute mich an... schaute und lächelte unaufdringlich dazu. Das volle Weiß ihres Kleides, der Lufthauch, der von weit herwehte, ihre verschränkten Hände lösten ein seltsames Erschauern aus. Ich begann ein Gespräch mit meinem Vater... vielleicht erzählte ich ihm, was ich in letzter Zeit erlebt hatte, ich redete mit ihm über meine Tochter, über Sara... über das Alter. Ich wünschte zu sterben wie er : schnell und schmerzlos, schnell, ohne Stuhl am Sonnenplätzchen beim Hauseingang, schnell, ohne Parkanlage mit anderen Greisen, die nach Alkohol und Kot rochen : schnell. Ich ging zum Auto, aber das Mädchen hielt mich auf.

«Jetzt zu meinem Freund.»

Sie führte mich auf engen Friedhofwegen durch die Stille.

terio, en medio de la quietud. Su mano ya no reposaba en mi hombro sino entrelazaba la mía. Las dos rosas que separó del ramo: una la dejó encima de la lápida de mi padre – justo en la mitad de su rostro –, la otra la sostenía con delicadeza. Ignoraba que detrás de las tumbas, más allá de los sarcófagos olvidados que servían de límite al cementerio público, existiera otro sitio para los muertos. La Muchacha, mirándome y sonriendo, me llevó a un campo abierto donde las cruces estaban caídas – como en la guerra –, sin flores ni verdes, ni dolientes.

– En el centro se encuentra mi muerto.

Avanzamos – esquivando maderos podridos – sobre cadáveres sin lápidas, abajo, a sólo un metro de profundidad.

– ¿Quién es él?

– No lo sé, pero es mi muerto.

En la cruz inclinada pude leer esas dos letras mayúsculas: N.N.

– ¿Cómo sabes que es un hombre? – le inquirí estúpidamente. No esbozó siquiera una sonrisa. Quitó su mano de la mía y se inclinó a poner la rosa en medio de la cara de su muerto amado. Me retiré a la distancia que me enseñó.

Al regreso, algo de mí quedaba en el aire triste de ese otro « Camposanto ». Mi padre no me decía adiós como otras veces. La Muchacha volvía a colocar su mano en mi hombro.

– Te invito a un café.

– No, por favor, llévame a casa.

Claro que la busqué a los tres días cuando la cruz inclinada del N.N. me lo pidió en una pesadilla. Recordé que en mi niñez – en mi pueblo –, vendían una tinta secreta que escribía mensajes cifrados que surgían con el fuego, calentando el papel. Lo recordé porque la dirección de La Muchacha

Ihre Hand ruhte nicht mehr auf meiner Schulter, sondern war in die meine verschränkt. Zwei Rosen hatte sie aus meinem Strauß herausgenommen: eine hatte sie auf die Grabplatte meines Vaters gelegt – genau in die Mitte seines Gesichtes – die andere hielt sie behutsam fest. Ich wusste nicht, dass hinter den Gräbern und hinter den aufgeschichteten vergessenen Steinsärgen, die den öffentlichen Friedhof abgrenzten, noch ein Ort für die Toten war. Das Mädchen sah mich an und lächelte, führte mich dann auf ein offenes Feld mit umgefallenen Kreuzen – wie im Krieg – ohne Blumen, ohne etwas Grünes, ohne trauernde Hinterbliebene.

«Mein Toter liegt in der Mitte.»

Im Weitergehen mussten wir immer wieder modernden Holzpfosten ausweichen, unter uns, nur einen Meter unter der Erde lagen die Leichen, welche kein Grabstein bezeichnete.

«Wer ist er?»

«Ich weiß es nicht, aber er ist mein Toter.»

Auf dem schiefstehenden Kreuz konnte ich die beiden Großbuchstaben lesen: N. N.

« Woher weißt du, dass es ein Mann ist? » fragte ich dumm bohrend. Sie deutete nicht einmal ein Lächeln an. Dann löste sie ihre Hand aus der meinen, bückte sich und legte die Rose mitten auf das Gesicht ihres geliebten Toten. Ich entfernte mich so weit, wie sie mir angewiesen hatte.

Auf dem Rückweg blieb etwas von mir in der bedrückenden Luft dieses andern « Gottesackers » hängen. Mein Vater hatte mir nicht Lebewohl gesagt wie andere Male. Das Mädchen legte mir wieder die Hand auf die Schulter.

« Ich lade dich zu einem Kaffee ein. »

« Nein, bitte bring mich nach Hause. »

Natürlich machte ich mich drei Tage später auf die Suche, als das schiefe Kreuz mit den N.N. mich in einem Albtraum dazu aufforderte. Es fiel mir ein, dass es in meiner Kindheit – in meinem Dorf – eine Geheimtinte gegeben hatte, mit der man Botschaften übermitteln konnte, die erst sichtbar wurden, wann man das Papier erwärmte. Es fiel mir

se diluía en mi agenda de bolsillo. Le prendí fuego para leerla pero consumió la libreta y no pude descifrarla.

Claro que fui con el radar de la memoria al día siguiente... y caminé muchas calles angostas y quise atrapar en la maraña de las comparaciones: esta esquina, aquel aviso, ese árbol... la señora con el niño acaballado en la curva de la cadera... la pecera, el vestido blanco, la mariposa en la cabeza, la mano en el hombro...

Claro que la busqué en el cementerio de atrás... y le pedí a mi padre que me la regresara. Convencido de que su muerto amado me la devolvería fui hasta el centro del «Camposanto», lo busqué entre las centenares de cruces inclinadas pero ningún N.N. sabía de ella.

Sara nunca me lo creería, por eso nunca se lo conté.

ein, weil die Anschrift des Mädchens in meiner Agenda verblasst war. Ich hielt ein Zündholz daran, aber die Agenda verbrannte, ohne dass ich die Schrift entziffern konnte.

Natürlich folgte ich am andern Tag der Gedächtnisspur… ging durch viele enge Straßen und versuchte anhand von Vergleichen den Faden im Gewirr zu finden: diese Ecke, jenes Hinweisschild, der Baum da… die Frau mit dem Bübchen rittlings auf der Hüfte… das Aquarium, das weiße Kleid, die Schmetterlingsmasche im Haar, die Hand auf meiner Schulter…

Natürlich suchte ich sie auf dem hinteren Friedhof… ich bat meinen Vater, sie zu mir zu führen. In der Überzeugung, ihr geliebter Toter werde sie mir wiederbringen, ging ich bis in die Mitte des «Gottesackers» und suchte ihn unter den Hunderten von schiefen Kreuzen, aber kein N.N. wusste von ihr.

Sara würde es mir nicht glauben, darum habe ich es ihr nie erzählt.

Andrés Caicedo
Vacío

A lo mejor no he debido estarme tanto tiempo en la casa de Angelita, porque cuando salí todo estaba vacío. Casi que me vuelvo para atrás. Volteé la cara y ella me estaba diciendo adiós desde la ventana. Por primera vez estuvimos juntos más de una hora. Nos amamos por primera vez. Ella me dijo adiós desde la ventana.

Yo no podía regresar. Yo tenía que irme. Le sonreí a su cara que salía por la ventana y empecé a caminar toc toc toc por el pavimento resquebrajado. Me había metido las manos a los bolsillos. Recorrí muy despacio su calle, los sauces que crecen a lado y lado, y la iluminación de mercurio, todo eso vacío. No podía regresar, sus papás no demoraban en llegar, y quién sabe si con un hermano. Yo no quiero morir tan joven. Vacía la esquina de la casa de Angelita. Y la luna llena. Esa luna llena que se está llenando desde hace cuatro días y hoy es cuando está más llena. Hoy es la noche del peligro, mano.

Vacío Sears. Cuando pasé por allí, no estaban ni siquiera los vigilantes que cargan escopeta y que le tiran de una al primero que venga a robarle algo a lo que los gringos tienen en Sears. Vacía toda la Avenida Estación pero yo cerré bien los puños dentro de los bolsillos y caminé por la mitad de la calle, echando ojo a cada sombra, a cada casa, a cada raya. Cuando paso por aquí de día y todo eso, siempre pienso en Angelita. Desde la Avenida Estación se ve su casa, la parte de atrás de su casa. Y cuando paso por aquí de día y hay sol y todo eso y la gente que pulula, pienso por qué no ir donde Angelita, tocar a la puerta, preguntar por ella, por qué no, qué tiene eso de malo, pasé por detrás de su casa y pensé en ella. Me la ima-

Andrés Caicedo
Leer

Vielleicht hätte ich nicht so lange bei Angelita bleiben sollen, denn als ich aus dem Haus trat, war alles leer. Fast wäre ich wieder umgekehrt. Ich drehte den Kopf, und sie winkte mir vom Fenster aus Lebewohl. Zum ersten Mal waren wir mehr als eine Stunde beisammen gewesen. Zum ersten Mal hatten wir uns einander geschenkt. Sie winkte mir vom Fenster aus Lebewohl.

Ich konnte nicht wieder hineingehen. Ich musste fort. Ich lächelte ihr ins Gesicht, das nun aus dem Fenster schaute, und machte mich auf den Weg: tok, tok, tok ging ich über das holperige Pflaster. Ich hatte die Hände in die Hosentaschen gesteckt. Ganz langsam ging ich ihre Straße entlang an den Weidenbäumen vorbei, die beide Ränder säumen, und an den Quecksilberdampflaternen – alles ist leer. Ich konnte nicht umkehren, ihre Eltern würden bald heimkommen, und wer weiß, ob mit einem Bruder. Ich möchte nicht so jung sterben. Leer ist die Ecke bei Angelitas Haus. Und dazu Vollmond. Der Vollmond, der sich in den letzten vier Tagen immer schöner gerundet hat, ist heute ganz voll. Heute nacht lauert Gefahr, Bruder.

Leer das Kaufhaus Sears. Als ich daran vorbeiging, waren nicht einmal die bewaffneten Wachen da, die sonst auf jeden schießen, der etwas stehlen will, was die Yankees im Sears feilbieten. Leer die ganze Bahnhofstraße, aber ich presste meine Fäuste in der Hosentasche fest zusammen und ging mitten auf der Straße, achtete scharf auf jeden Schatten, jedes Haus, jede Markierungslinie. Wenn ich am Tag hier vorbeikomme, und so, denke ich immer an Angelita. Von der Bahnhofstraße sieht man ihr Haus, die Rückseite ihres Hauses. Wenn ich am Tag hier vorbeikomme, und die Sonne scheint und so, und es wimmelt von Leuten, denke ich, warum nicht zu Angelita gehen, an die Tür klopfen, nach ihr fragen, warum eigentlich nicht, was ist denn Schlimmes dabei, ich ging hinter ihrem Haus vorbei und dachte an sie. Ich stellte mir vor, sie sei schon am Einschlafen, umarme eines

giné ya casi dormida, abrazando una de las almohadas pensando en mí, pensando en mañana cuando se levantara y me llamara por teléfono y yo le contestara y todo eso, contarle que cuando salí de su casa la calle estaba vacía y que me había dado miedo al principio pero después no, por algo es uno alumno de sexto del Colegio San Juan Berchmans. Desde donde yo estaba mirando se veían la ventana de sus papás y la del cuarto de las mantecas y las cortinas de la sala. Me hubiera gustado treparme al techo, caminar hasta su cuarto y despertarla de un beso en la mejilla, juntarle mi cara, respirarle en las orejas, preguntarle por mí, que si me ha pensado mucho. Me hubiera gustado eso.

Tal vez si no hubiera salido tan tarde de su casa, no me hubiera encontrado esta calle tan vacía. Caminé despacio hasta Deiri Frost. Vacío Deiri Frost allí donde uno se aparece cualquier día y se encuentra con los muchachos, con Pedro y con Pablo y Chucho y Jacinto y José, toda la gente, y eso es que le preguntan a uno que para dónde va y uno contesta para ver a dónde es que lo invitan, y allí de una le plantean onda con cualquier par de hembras, cosas así, cualquier día. Pero de día. Ahora el Deiri Frost estaba vacío. Me arrimé bien a los vidrios para ver si veía al gringo que prepara los helados, pero nada. Todo vacío. Si me encontrara con alguien, por qué no. Con tantos amigos que tiene uno en Cali, por qué no. Me senté un rato en el muro del Deiri Frost esperando a que pasara alguien conocido. Han debido pasar como veinte minutos y no pasó nadie. Ni siquiera un taxi. Nada, y esa luna llena... Me paré del muro y caminé hacia arriba, por la Avenida Sexta hasta que llegara a mi casa. Vacía la fuente, vacía la Bomba, vacío Oasis, allí donde yo conocí a Angelita.

ihrer Kissen und denke an mich, denke an morgen, wenn sie aufstehen und mich anrufen würde, und dann nähme ich das Telefon ab und so, und ich würde ihr erzählen, dass die Straße ganz leer gewesen sei, als ich von ihr wegging, dass ich erst Angst gehabt hätte, aber nachher nicht mehr, – wozu bin ich schließlich in der obersten Klasse des Gymnasiums San Juan Berchmans. Von da wo ich stand, sah man das Schlafzimmerfenster ihrer Eltern, das der Dienstmädchenkammer und die Vorhänge des Wohnzimmers. Ich wäre gern aufs Dach gestiegen und zu ihrem Fenster geklettert, um sie mit einem Kuss auf die Wange zu wecken, mein Gesicht an das ihre zu schmiegen, meinen Atem in ihr Ohr zu blasen, sie zu fragen, was sie von mir halte, ob sie viel an mich denke. Das hätte ich gern getan.

Wenn ich vielleicht nicht so spät von ihr weggegangen wäre, hätte ich die Straße nicht so leer vorgefunden. Ich ging ganz langsam bis zum «Deiri Frost». Leer das «Deiri Frost», wo man sonst irgendwann kommen und junge Leute treffen kann, Pedro, Pablo und Chucha und Jacinto und José und alle die andern, und dann wird man gefragt, wo man hingeht, und man antwortet, mal sehen, wo man eingeladen wird, und schon wird man mit ein paar Mädchen bekannt gemacht, und so geht das jeden Tag. Aber am Tag. Jetzt war das «Deiri Frost» leer. Ich drückte mich an die Fensterscheibe, um zu sehen, ob der Yankee da sei, der das Eis zubereitet, aber nichts. Alles leer. Wenn jemand Bekanntes auftauchte, warum nicht. Wenn so viele Bekannte in Cali herum sind, warum nicht. Ich setzte mich eine Weile auf die Mauer beim «Deiri Frost» und wartete, ob jemand Bekanntes vorbeikomme. Es mussten wohl schon zwanzig Minuten vergangen sein, aber es kam niemand. Nicht einmal ein Taxi fuhr vorbei. Nichts, und dazu auch noch der Vollmond... Ich sprang von der Mauer und ging die Sechste Straße hinauf zu unserm Haus. Leer der Brunnen, leer das «Bomba», leer das «Oasis», wo ich Angelita kennengelernt hatte.

Evelio Rosero Diago
Las esquinas más largas

Benito Peña abandonó el Congreso a las doce del día del martes anterior. Se dirigía al parqueadero; encendería su auto y recogería a su esposa para almorzar con Clemencita Villegas y la eternamente aburrida Josefina Lina de Avellaneda, ¿pero qué más podía hacer? Ese era su destino del martes, el día más importante de su vida. Encogió los hombros y ya iba a cruzar la calle para entrar en el parqueadero cuando en la mitad del mundo la vio, ante las puertas inmensas de una ferretería. Era una muchacha sola, en una esquina, como una recién llegada, acaso una indígena de quién sabe qué tierras, vestida como indígena y bogotana al mismo tiempo. Tenía un aire portentoso de sensualidad en sus ojos: sus pómulos como dos montañas cubrían las dos lunas negras y fijas, lumbrosas, y dejaba ver unos senos espléndidos del color de la canela y en su cuello unas gargantillas de oro, del más puro oro de fantasía, y estaba sola en el mundo, mirando aquí, mirando allá, el perfil altivo, un pie adelantado, los brazos en jarra, una leona, una gitana, una indígena, una española, cualquier colombiana en una esquina al lado de una ferretería. Benito Peña, hombre de gran condición, se olvidó de su nombre y su condición. Se aproximó a ella casi en puntillas y la miró de soslayo con gran lentitud, de arriba abajo, desde la coronilla hasta la punta de las sandalias de cuero, las hermosas sandalitas de lazos azules y rojos y amarillos, la miró, eso sí, sin descuidar la región pensativa de la frente, los ojos como agua y la boca gordezuela y la nariz respingada y el lunar en el cuello y los senos melonzunos y el vientre frutuno y el ombligo al descubierto y los

Evelio Rosero Diago
Die längsten Ecken

Benito Peña verließ den Kongress am vergangenen Dienstag mittags um zwölf Uhr. Er ging Richtung Parkhaus; er würde den Motor anlassen und seine Frau abholen, um mit ihr zum Mittagessen mit Clemencita Villegas und der ewig langweiligen Josefina Lina de Avellaneda zu fahren, denn was konnte er anderes tun? Das war sein Schicksal an diesem Dienstag, dem wichtigsten Tag seines Lebens. Er zuckte die Achseln und wollte eben die Straße zum Eingang des Parkhauses überqueren, als er im Mittelpunkt der Welt sie vor den riesigen Türen einer Eisenwarenhandlung sah. Das Mädchen stand allein an einer Ecke, als wäre sie eben erst angekommen, entstammte vielleicht einem der indianischen Völker, wer weiß aus welcher Gegend, war gekleidet wie eine Indianerin und gleichzeitig wie eine Bogotanerin. Seltsam betörende Sinnlichkeit lag in ihrem Blick: Die Backenknochen verdeckten wie zwei Berge die schwarzleuchtenden festblickenden Monde, sie ließ die prächtigen zimtfarbenen Brüste sehen, und an ihrem Hals hingen Kugeln aus feinstem Fantasiegold; sie war allein auf der Welt, hielt ihren stolz erhobenen Kopf zur Seite und schaute hierhin und dorthin; der eine Fuß war vorgestellt, die Arme hatte sie in die Hüften gestützt – wie eine Löwin, eine Zigeunerin, eine Indianerin, eine Spanierin, irgendeine Kolumbianerin stand sie da an einer Ecke der Eisenwarenhandlung. Benito Peña, ein Mann von Rang und Stand, vergaß seinen Namen und seinen Stand. Fast auf den Zehenspitzen trat er zu ihr hin und besah sie verstohlen in aller Ruhe: von oben bis unten, vom Haarwirbel bis zur Spitze der entzückenden Ledersandalen mit den roten und blauen und gelben Mäschchen; er sah sie unverwandt an, ließ dabei immerhin den Denkbereich der Stirn nicht außer acht, auch nicht die wasserklaren Augen, den fleischigen Mund, die Stulpnase, das Muttermal am Hals, die prallrunden Brüste wie Melonen, den fruchtbaren Schoß, den unbedeckten Nabel, die Schenkel, die Körpermitte, die sich unter dem

muslos y el centro que se insinuaba en la apretada cinta de la falda y las rodillas redondas y los tobillos y las sandalias y las sandalias y las sandalias... Benito Peña no pudo evitarlo y a sus cuarenta y nueve años recién cumplidos dijo por fin el primer piropo de su vida, le brotó: «Mátame madre mía». Lo dijo como una reverencia, y acaso nunca debió decirlo en su vida, o sí debió decirlo, teniendo en cuenta la vida aburrida que lo espantaba sin saberlo. Lo dijo y, del interior de la ferretería, de entre las sombras, brotó al mediodía una figura oscura y furiosa, un hombre de la misma edad de Benito, y qué hombre. De anchas espaldas, nervudo, de abdomen de cervecero, superaba en todo a Benito Peña; su estatura avasallaba. Y no se sabía quién era, qué era, si indio o mestizo o negro – un colombiano sin ninguna duda –, y muy distinto a Benito Peña, que aparte de colombiano era también bogotano de honor, dueño de una casa y una finca en Melgar, con dos carros y cien fotos en las páginas sociales celebrando matrimonios o bautizos, padeciendo entierros.

Gran jurisconsulto, jamás en su vida tuvo tanto miedo.

Pensó en Dios y en el Santo Padre y echó a correr calles arriba – estaban cerca de la Jiménez cuando ocurrió el incidente y atravesó a saltos la avenida y esquivó carros y capoteó vendedores y tropezó con todos y con nadie y se destropezó desesperado de huir y no enfrentar la cara monstruosa que lo seguía, sin lugar a dudas un demonio en persona. Atravesó un largo trecho de buses y obuses que estallaban y se detuvo un segundo y volteó a mirar: Ahí estaba el otro, siguiéndolo. Benito Peña reanudó la carrera más espantado que nunca, oyó que algunos transeúntes chiflaban, que otros protestaban, que muchos reían.

engen Gurt ihres Rocks erahnen ließ, die wohlgerundeten Knie, die Fesseln, die Sandalen, ach, die Sandalen, die Sandalen… Benito Peña konnte es nicht verhindern, und obwohl er vor kurzem seinen neunundvierzigsten Geburtstag begangen hatte, verstieg er sich zum ersten bewundernden Kompliment seines Lebens, und wie eine Huldigung entschlüpfte ihm der Satz: «O Mutter, bringe mich um». Vielleicht hätte er das nie in seinem Leben sagen sollen, und doch musste er es sagen angesichts seines langweiligen Lebens, das ihn entsetzte, ohne dass er sich dessen bewusst war. Er sagte es, und aus dem Dunkel der Eisenwarenhandlung schoss mitten am Tag eine finstere wütende Gestalt heraus, ein Mann im gleichen Alter wie Benito, und was für ein Mann! Mit seinem breiten sehnigen Rücken und seinem Bierbauch war er in allem weit mächtiger als Benito Peña; seine Gestalt knechtete. Es war nicht herauszubekommen, wer er war, was er war, ob Indio, Mestize oder Schwarzer – ein Kolumbianer ohne jeden Zweifel – aber so ganz anders als Benito Peña, der abgesehen vom Kolumbianer auch Ehrenbogotaner war, ein Haus in der Stadt besaß und ein Landhaus in Melgar, dazu zwei Autos und hundert Fotos in den Klatschspalten der Zeitungen, wo Hochzeiten und Taufen gefeiert und Todesfälle beklagt werden.

Nie in seinem Leben hatte er solche Angst gehabt, er der große Rechtsberater.

Er dachte an Gott und den Heiligen Vater und stürmte los die Straßen hinauf – der Zwischenfall hatte sich nahe der Avenida Jiménez ereignet – in großen Sätzen überquerte er die Fahrbahn, wich den Autos aus, schlängelte sich zwischen Händlern durch, stieß gegen alle möglichen Leute und doch auch nicht, schälte sich in verzweifelter Flucht aus der Menge heraus, um dem Gesicht des Ungeheuers nicht zu begegnen, das hinter ihm her war, zweifelsohne der Teufel in Menschengestalt. Er rannte an einer langen Reihe von Autobussen und knatternden Auspuffen vorbei, hielt einen Augenblick inne und schaute zurück: Der andere verfolgte ihn immer noch. Entsetzter denn je lief Benito Peña weiter, hörte einige Fußgänger pfeifen, andere schimp-

Benito Peña sufría. Del miedo y de la ignominia. Cómo explicarle – pensaba primero –, cómo decirle que aquél era el primer piropo de su vida, que no pudo evitarlo, que aquella muchacha lo mató de amor desde el primer momento. Cómo explicarle – pensaba después – que yo me llamo Benito Peña, que soy abogado y amigo del senador Vélez, que celebro mis cumpleaños, que soy ciudadano de bien, que pago impuestos y voy a misa y tomo chocolate a las cinco de la tarde. Pero también cómo explicar a Benito Peña – nadie iba a explicárselo – que aquel indio o monstruo o cosa que lo seguía – un colombiano sin duda alguna – era nada menos que el padre de la muchacha agasajada por el piropo, la muchacha mitad india mitad bogotana y española y de un color de todos los colores, la inocencia en persona a la que no hacía mucho habían intentado raptar por la fuerza los ladrones de muchachas de Bogotá, sin adivinar que además de recién llegada estaba acompañada por la tromba de su padre. Nadie podía enterarlos al perseguidor y al perseguido de sus respectivas justicias y justificaciones, y por eso seguían corriendo calles arriba – el uno impulsado por el miedo, el otro por el odio – hasta cruzar por la Plaza del Rosario y adentrarse en el barrio La Candelaria. Un policía – pensaba Benito Peña sinceramente alarmado –, un policía ahora, cuando más se lo necesita. Y era que resultaban paradójicos y trágicos y cómicos en Bogotá esos dos hombres al trote – de hecho yo mismo los vi pasar –, tan disímiles: Benito Peña con su vestido de paño y su corbata y sus zapatos de charol y su reloj de bolsillo y su pañuelo asomando por la solapa y su anillo de bodas y su reloj suizo – sumergible –, huyendo de aquel hombre fornido pero pobre como cualquier colombiano o indio o negro o mestizo,

fen, viele lachen. Benito Peña litt. Wegen der Angst und wegen der Schande. Wie dem Kerl erklären, dachte er erst, wie ihm erklären, dass dies das erste Kompliment seines Lebens war, dass er es nicht verhindern konnte, dass dieses Mädchen ihn vom ersten Augenblick an vor Liebe sterben ließ. Wie ihm erklären, dachte er dann, dass ich Benito Peña heiße, dass ich Rechtsanwalt und mit dem Senator Vélez befreundet bin, dass ich immer meinen Geburtstag feiere, dass ich ein rechtschaffener Bürger bin, meine Steuern zahle, regelmäßig zur heiligen Messe gehe und die Sitte hochhalte, um fünf Uhr nachmittags Schokolade zu trinken. Aber wie umgekehrt es Benito Peña erklären – niemand würde es ihm erklären – dass der Indio oder das Ungeheuer oder was immer ihn verfolgte, jedenfalls ein Kolumbianer, niemand Geringerer war als der Vater des Mädchens, dem er mit seinem Kompliment gehuldigt hatte, des Mädchens, das halb India, halb bogotanische Spanierin war und dessen Hautfarbe alle Farben waren, die Unschuld in Person; überdies hatten vor kurzem Mädchenhändler es gewaltsam zu rauben versucht, die natürlich nicht ahnten, dass es gerade erst nach Bogotá gekommen war und dazu noch einen Gewittersturm von Vater zum Begleiter hatte. Niemand konnte den Verfolger und den Verfolgten über ihrer beider Recht und Berechtigung aufklären, und darum liefen sie weiter – der eine von Angst, der andere von Zorn getrieben – die Straßen hinauf und quer über die Plaza del Rosario, von wo sie dann ins Altstadtviertel El Candelario hineingerieten. «Ein Polizist», dachte Benito Peña, nun ernsthaft in Not, «ein Polizist, jetzt da er am dringendsten gebraucht wird». Die beiden Männer im Laufschritt sahen in Bogotá tatsächlich albern aus, tragisch und komisch zugleich – ich selbst habe sie vorbeirennen sehen – denn sie waren auch gar zu verschieden: Benito Peña in einem Anzug aus gutem Tuch, mit Krawatte, Lackschuhen, einer Taschenuhr, aus der Brusttasche schaute ein Tüchlein heraus, er trug einen Ehering und eine (wasserdichte) Schweizer Uhr und lief vor einem vierschrötigen Kerl davon, einem armen Irgendwer, Kolumbianer oder Indio oder Schwarzer, einfach vor einem

un humillado, un ofendido. Ninguno de los dos era culpable. Pero Bogotá necesita culpables, para exculparse, Bogotá es urbe de urbes y no da tiempo, la única metrópoli del país. Benito Peña tenía pánico de morir, sabía que lo iban a matar pero quería vivir cien años con sus hijas y su hijo y en eso era tan tierno como su perseguidor. Alcanzó a pensar en todo, hasta en su madre. Imaginó que su madre lo descubría en plena calle corriendo como alma en pena con un indio detrás, un indio más alma que alma en pena detrás, no, Dios – se gritó –, que me mire el mundo pero no ella, y entonces creyó que los congresistas, los senadores, los buenos amigos de cofradía despuntaban una esquina y aparecían con sus bastones y lo detenían. Aceleró la carrera al pensarlo, y muy a tiempo, pues ya el perseguidor espantoso iba a atraparlo por el hombro. De modo que todavía les duró la carrera, como dirían los periódicos más amarillos de Bogotá, debajo del rótulo: « Todo por un piropo ». Llegaron a la plazoleta del Chorro de Quevedo, exhaustos por la ascensión de calles laberínticas, por la cantidad de estudiantes que se interponían, detenidos cual morsas roncando al unísono, por toda esa cantidad de obstáculos cerebrales, y ya no pudieron ninguno de los dos avanzar su respectivo paso de huida y persecución. Benito Peña cayó jadeante ante las puertas verdes de la iglesia, sus rodillas temblaban, no lograba respirar, y encima de él cayó la fiera extenuada, mojada en ira y sudor. Dicen que oyeron decir a Benito Peña: « Este hombre me va a matar », y que el asesino no dijo nada; enrojecido y colérico en medio de la muchedumbre esgrimió el cuchi-
llo que acababa de comprar en la ferretería y 218
liquidó su hombre y liquidó por una eternidad 219

gedemütigten, beleidigten Mann. Keiner von beiden war schuldig, aber Bogotá braucht Schuldige, um zu entschuldigen; Bogotá ist die Stadt der Städte und lässt keine Zeit, ist es doch das einzig wichtige städtische Zentrum des Landes. Benito Peña schauderte es beim Gedanken ans Sterben. Er wusste, dass er umgebracht würde, aber er wollte noch hundert Jahre mit seinen Töchtern und seinem Sohn leben, und als Vater war er ebenso zärtlich wie sein Verfolger. Er hatte Zeit, an alles das zu denken, sogar auch an seine Mutter. Er stellte sich vor, seine Mutter sähe ihn da mitten auf der Straße wie eine verdammte Seele davonrennen und einen Indio in noch grimmigerer Entschlossenheit als eine verdammte Seele hinter ihm herrennen, nein, bei Gott, flehte er, alle Welt mag mich sehen, nur sie nicht, und dann glaubte er, die Kongressmitglieder, die Senatoren, die besten Freunde aus seiner Bruderschaft würden hinter einer Ecke sichtbar, träten mit ihren Stöcken hervor und hielten ihn auf. Bei diesem Gedanken rannte er noch schneller, und es war der letztmögliche Augenblick, denn sein entsetzlicher Verfolger war nahe daran, ihn an der Schulter zu erwischen. So dauerte die Hetzjagd noch eine Weile an, wie die Klatschzeitungen von Bogotá unter dem Titel: «Alles wegen einer galanten Bemerkung» später melden würden. Keuchend liefen sie die steilen verwinkelten Gässchen hinauf, die Massen von herumstehenden Studenten versperrten ihnen den Weg, beide schnaubten heiser wie Walrosse, die Hemmnisse in ihren Köpfen lähmten sie, und bei der Plazoleta Chorro de Quevedo kam weder der Flüchtling noch der Verfolger auch nur einen Schritt weiter. Erschöpft fiel Benito Peña vor dem grünen Kirchenportal zu Boden, seine Knie zitterten, sein Atem stockte, und über ihn fiel ebenso erschöpft und in Schweiß und Zorn gebadet das Ungeheuer. Es heißt, man habe Benito Peña sagen hören: «Dieser Mensch wird mich umbringen»; der Mörder aber habe nichts gesagt, sondern inmitten der Menge in Zornesröte sein Messer gezückt, das er zuvor in der Eisenwarenhandlung gekauft hatte, und damit habe er auf den Mann eingestochen. Er erstach den Mann, und damit erstach er

su amargura y su hambre y la angustia de no saber hacia dónde en Bogotá. Mató su hombre, su primer y último hombre, igual que Benito Peña mató su piropo, su primer y último piropo, y ambos parecieron olvidarse por un instante de la muchacha sola que hoy siempre te mira en las esquinas más largas de Bogotá.

für alle Ewigkeit seine Bitternis und seinen Hunger und seine Beklemmung, in Bogotá nicht zu wissen wohin. Er mordete diesen Mann, seinen ersten und letzten, genau wie Benito Peña seine galante Bemerkung mordete, seine erste und letzte; und beide schienen für kurze Zeit das Mädchen zu vergessen, das ganz allein an den längsten Ecken von Bogotá steht und dich heute immer anschaut.

Pedro Badrán Padauí
La puerta sigue abierta

Ha cambiado de lugar. Abuela se sentaba en el patio y por las noches en el cuarto y ahí nos refería los cuentos, pero ahora dónde se la pasa es en la sala, moviéndose nerviosa, mirando la puerta. Cuando alguien sale corre a cerrarla y si está muy lejos le dice a Lubis: « Cierra la puerta, Lubis ».

Abuela es pequeña y encorvada. Abuelo era más grande pero también más viejo y arrugado. Los dos se quedaban en el cuarto, él leyendo el periódico y Abuela desenredándose el cabello que le llegaba a la cintura. Se ponía peines y le gustaba peinarnos. Ha dejado de hacerlo porque ella, desde que se llevaron el Abuelo, dice que hay que estar prevenidos y por eso ya no se demora en el baño como antes sino que se apura para venirse a cuidar la puerta.

Todo fue por un descuido de nosotros porque nunca debimos dejarlos solos; pero no era la primera vez y además Lubis se quedó con ellos. Abuela siempre habla de eso y hasta ha dejado de contarnos cuentos y sólo nos refiere lo que le hicieron al Abuelo. Papá la regaña porque dice que todo ya pasó, que mejor cuénteles otra cosa y deje de recordar aquello, pero ella, apenas cuando cambia, se para del mecedor y le pregunta a Lubis: « Cerraste la puerta » y Lubis dice que sí pero Abuela no le cree y se va del cuarto para sentarse en la sala, junto a la puerta. Nosotros nos hemos acostumbrado y mejor preferimos jugar en el patio.

Abuelo nos sacaba a pasear por las tardes. El que mejor se porte, decía, pero terminaba por llevarnos a todos; pero Abuelo no salió esa tarde
que siempre recuerda Abuela, sino que se quedó 222
leyendo, porque Papá y Mamá nos habían lleva- 223

Pedro Badrán Padauí
Die Tür ist immer noch offen

Sie hat den Platz gewechselt. Sonst saß Großmutter immer im Innenhof und abends im Zimmer, und dort erzählte sie uns ihre Geschichten; aber jetzt hält sie sich in der Wohnstube auf, schaut in ständiger Unruhe zur Tür. Sobald jemand hinausgeht, schließt sie wieder, und wenn sie zu weit weg ist, sagt sie zu Lubis: « Mach die Tür zu, Lubis. »

Großmutter ist klein und bucklig. Großvater war größer, aber auch älter und ganz verrunzelt. Die beiden saßen immer im Zimmer, er las die Zeitung, und Großmutter entwirrte ihr Haar, das ihr bis zum Gürtel reichte. Sie steckte sich Kämme hinein, und es machte ihr Spaß, auch uns zu kämmen. Jetzt tut sie es nicht mehr, denn seit Großvater abgeführt wurde, sagt sie, müsse man auf der Hut sein, und deshalb bleibt sie auch viel weniger lang auf dem Abort als früher und beeilt sich, um möglichst schnell die Tür wieder zu überwachen.

An allem war einzig unsere Unachtsamkeit schuld; wir hätten die beiden nie allein lassen sollen. Aber es war nicht das erste Mal, und abgesehen davon war Lubis bei ihnen. Großmutter redet von nichts anderem mehr und erzählt uns gar keine Geschichten mehr, sondern immer nur, was sie mit Großvater machten. Papa schilt sie deswegen und findet, das alles sei nun vorbei und sie solle uns lieber etwas anderes erzählen, anstatt immer nur daran zu denken, aber kaum hat sie das Thema gewechselt, steht sie vom Schaukelstuhl auf und fragt Lubis: « Hast du die Tür zugemacht? » Lubis sagt ja, aber Großmutter glaubt ihr nicht, geht vom Zimmer in die Wohnstube und setzt sich neben die Tür. Wir haben uns daran gewöhnt und gehen lieber in den Hof zum Spielen.

Großvater nahm uns am Nachmittag immer auf einen Spaziergang mit. Nur den Brävsten, sagte er, doch schließlich durften wir alle mitgehen; an dem Nachmittag, den Großmutter immer meint, ging er nicht spazieren, sondern blieb zu Hause und las, denn Papa und Mama hatten

do al cine y nos habían vestido como si fuera domingo. Lubis siempre se duerme por las tardes porque así descansa un poco de nosotros. Abuela si salía era para visitar a la señora de enfrente, pero ahora no se asoma ni a la puerta porque ella dice que los hombres que se llevaron al Abuelo se les olvidó algo y que tarde o temprano regresarán a buscarlo. Abuela nos lo ha contado de a poquito y a escondidas porque Papá siempre que la oye la manda a callar.

La calle siempre ha sido tranquila. Aquí no pasa nunca nada. Nosotros regresábamos del cine y vimos la casa llena de gente. Papá preguntaba pero nadie decía nada. Mamá se puso a gritar y otras señoras le decían que se calmara. La casa no es muy grande y no tenía muchos muebles, pero esa vez estaba desarreglada y sin algunas cosas. La gente no dejaba ver. Papá preguntaba por los abuelos pero todos tenían miedo. El señor de enfrente nos agarró y le dijo a Papá que nos iba a sacar porque así era mejor. Mamá estaba llorando en la puerta y no se atrevía a entrar; nosotros también empezamos a llorar porque tanta gente nos asustaba, y llamábamos a Papá pero Papá se fue perdiendo y entonces el señor nos fue cogiendo uno por uno, hasta meternos en su casa, mientras nosotros seguíamos llorando, tratando de apartar con la vista a la gente que seguía llegando.

Cuando regresamos a casa todo estaba silencioso y oscuro. No sé por qué pero ese día sentí un olor que la casa nunca había tenido. Preguntamos por el Abuelo pero Mamá no respondía. Abuela estaba en el cuarto, diciendo cosas que nadie entendía; Papá no nos dejó entrar a verla porque era mejor que no la molestáramos; Lubis nos atendía pero tampoco nos dijo nada. La gente venía por las noches y a Abuela sólo la vimos después de una semana. Papá nos dijo que la distrayésemos y entonces

uns sonntäglich angezogen ins Kino mitgenommen. Lubis schläft immer am Nachmittag, damit sie sich ein bisschen von uns erholen kann. Wenn Großmutter ausging, so immer nur, um die Nachbarin gegenüber zu besuchen; aber jetzt geht sie nicht einmal mehr bis zur Tür, denn sie sagt, die Männer, die Großvater geholt haben, die hätten etwas vergessen, und früher oder später kämen sie nochmals, um es zu holen. Großmutter hat uns das alles so nach und nach erzählt und immer nur hinter dem Rücken des Vaters, denn wenn er sie hört, heißt er sie jedesmal schweigen.

Die Straße ist immer ganz ruhig gewesen. Hier geschieht nie etwas. Wir kamen vom Kino heim und sahen das Haus voller Leute. Vater fragte, aber niemand sagte etwas. Mama fing an zu schreien, aber andere Frauen sagten zu ihr, sie solle sich doch beruhigen. Das Haus ist nicht sehr groß, und es gab nicht viele Möbel darin, aber diesmal war alles in Unordnung, und einige Sachen fehlten. Wegen der vielen Leute konnte man es nicht richtig sehen. Papa fragte nach den Großeltern, aber alle hatten Angst. Der Herr von gegenüber hielt uns fest und sagte zu Papa, er nehme uns mit hinaus, es sei besser. Mama stand weinend an der Tür und wagte nicht hineinzugehen; auch wir fingen an zu weinen, denn die vielen Leute erschreckten uns, und wir riefen nach Papa, aber Papa verschwand in der Menge, und dann nahm der Herr von gegenüber eines nach dem andern von uns an die Hand, bis er uns alle in sein Haus gebracht hatte, aber wir weinten weiter und versuchten, mit den Augen die Leute wegzuschieben, die immer noch herbeiströmten.

Als wir wieder ins Haus zurückkamen, war alles still und dunkel. Ich weiß nicht warum, aber an jenem Tag nahm ich einen Geruch wahr, den das Haus noch nie gehabt hatte. Wir fragten nach Großvater, aber Mama gab keine Antwort. Großmutter war im Zimmer und sagte Dinge, die niemand verstand; Papa ließ uns nicht zu ihr hinein, denn es sei besser, wir störten sie jetzt nicht; Lubis gab sich mit uns ab, aber auch sie sagte uns nichts. Die Leute kamen immer am Abend, aber Großmutter sahen wir erst nach einer Woche. Papa sagte zu uns, wir sollten sie ablenken, und dann baten

le pedimos que nos echara un cuento, pero ella repetía y repetía que eran tres, eran tres y Abuelo les preguntó qué querían y ellos que venimos a llevárnoslo y enseguida voltearon todo y le pegaron al Abuelo, entonces Papá, desde esa vez la manda a callar y ella trata de recordar los cuentos de antes, los que refería en el patio, pero al rato está otra vez diciendo que le habían pegado, que Lubis ni se despertó siquiera y todo por haber dejado la puerta abierta, y cuando dice esto se para y pregunta que si la puerta está cerrada y entonces se va a vigilarla desde la sala y nosotros nos vamos acostumbrando a jugar en otra parte.

A Abuelo no le vimos más y Papá nos dice que se fue de viaje pero ya nosotros sabemos lo que pasó. Papá compró cosas nuevas para volver a llenar la casa y le ha puesto cerrojos a la puerta para que Abuela se tranquilice, pero ella seguirá sentada en la sala, vigilando para siempre esa puerta, cada día más llena de cerrojos, cerrándola y revisándola cuando alguien entra o sale, porque Abuela sigue temiendo que los hombres que se llevaron al Abuelo, entren de nuevo otra vez, aprovechando el descuido de la puerta abierta, y entonces esta vez vengan a buscarla a ella.

wir sie, uns eine Geschichte zu erzählen, aber sie wiederholte nur immer wieder, es waren drei, es waren drei, und Großvater fragte sie, was sie wollten, und sie, wir kommen Sie holen, und gleich warfen sie alles um und schlugen Großvater, aber seitdem heißt Papa sie schweigen, und sie versucht sich an die Geschichten von früher zu erinnern, die sie uns immer im Innenhof erzählt hatte, aber auf einmal sagt sie wieder, dass sie ihn geschlagen haben, dass Lubis nicht einmal erwacht sei, und alles nur, weil sie die Tür offen gelassen hatte, und sobald sie das sagt, hält sie inne und fragt, ob die Tür auch wirklich geschlossen sei, und geht in die Wohnstube, um sie von dort aus zu bewachen, und wir gewöhnen uns allmählich daran, anderswo zu spielen.

Großvater haben wir nie wieder gesehen, und Papa sagt uns, er sei verreist, aber wir wissen schon, was geschehen ist. Papa kaufte neue Sachen, um das Haus wieder einzurichten, und an der Tür hat er Riegel angebracht, damit Großmutter sich beruhige, aber sie wird immer in der Wohnstube sitzen und die Tür überwachen, die jeden Tag neue Riegel bekommt, und sie wird sie jedesmal schließen und überprüfen, wenn jemand ein- oder ausgeht, denn Großmutter fürchtet immer noch, die Männer, die Großvater abgeführt hatten, würden wieder hereinkommen, wenn durch eine Unachtsamkeit die Tür offen stehe, und diesmal würde dann sie geholt.

Überwältigende geographische, ethnische und kulturelle Vielfalt einerseits, erschreckend häufige Gewaltphasen in der neueren Geschichte andererseits, dazu eine reiche Literatur, die durchaus nicht nur mit dem Werk des Nobelpreisträgers Gabriel García Márquez Weltrang hat: Das – und vieles mehr – ist Kolumbien.

Begrenzt wird das Land im Norden von der Karibik, im Westen vom Pazifik, im Süden vom Amazonasbecken und im Osten von weiten Tiefebenen. Fast vierzig Millionen Menschen wohnen auf einer Fläche, die etwa dreimal so groß ist wie die Bundesrepublik Deutschland.

Im andinen Kernland auf und zwischen den drei von Südwesten nach Nordosten auslaufenden Gebirgszügen leben etwa vier Fünftel der mehrheitlich gemischtrassigen Bevölkerung, und dort sind auch die drei wichtigsten politischen, wirtschaftlichen und kulturellen Zentren des Landes: die Hauptstadt Bogotá und die Großstädte Medellín und Cali. Die beiden Ströme Magdalena und Cauca, die zwischen den Kordilleren nach Norden fließen und in die Karibik münden, bildeten lange Zeit die Hauptverkehrswege Kolumbiens. Alle Landschaftstypen und Klimazonen finden sich in diesem Gebiet auf kleinen Raum: von heißen, nur wenige hundert Meter über dem Meeresspiegel gelegenen Flusstälern über angenehm milde Berggebiete bis hin zu den auf über zweieinhalbtausend Metern Höhe sich ausdehnenden immergrünen, aber eher kalten «Páramos» und schließlich den schneebedeckten Vulkangipfeln (der höchste ist der Nevado de Huila mit 5750 m).

Das flächenmäßig weit größere Tiefland gliedert sich in mehrere Regionen mit unterschiedlichen Charakteristiken: An der Pazifikküste werden seit Jahrhunderten Goldminen und Holzbestände ausgebeutet, trotzdem leben dort die Nachfahren schwarzer Sklaven und der indianischen Urbevölkerung in großer Armut. In den Urwäldern des Amazonasbecken bedroht die Entwaldung und die Ausweitung des Drogenanbaus die ursprüngliche Pflanzen- und Tierwelt. Die fortschreitende Erschließung dieses dünnbesiedelten Gebietes – ebenso wie die der weitläufigen Ebenen in Ostkolumbien, wo die Viehzucht der wichtigste Wirtschaftszweig ist – bedroht aber auch die Identität Dutzender noch abgeschieden lebender indianischer Ethnien. Im karibischen Küstengebiet (mit den wirtschaftlich und kulturell wichtigen Hafenstädten Barranquilla und vor allem Cartagena, einem kolonialen Juwel) haben

sich Weiße, Schwarze und Indios am gründlichsten vermischt. Die weißen Sandstrände der vor Nicaragua gelegenen, aber zu Kolumbien gehörenden Inseln San Andrés und Providencia ebenso wie die des karibischen Küstenstreifens ziehen jedes Jahr Millionen von sonnenhungrigen Touristen an.

Nachdem Kolumbien unter der Führung Simón Bolivars 1819 die Unabhängigkeit von Spanien erlangt hatte, dauerte es gut sechs von vielen Bürgerkriegen geprägte Jahrzehnte, bis es sich als Nationalstaat einigermaßen konsolidierte. Die Unwegsamkeit des Landes, die den Straßenbau schwer behindert oder sogar unmöglich macht, vor allem jedoch die vielfältigen gewalttätigen Auseinandersetzungen sind Gründe, warum der kolumbianische Staat noch immer nicht die Kontrolle über den gesamte Territorium auszuüben vermag. Als besonders blutige Konflikte zwischen Liberalen und Konservativen mit Hunderttausenden von Toten, Verletzten und Vertriebenen sind der «Krieg der Tausend Tage» (1899-1902) und die «Violencia» (Gewalt, Grausamkeit) von 1948-1958 in die Geschichte eingegangen. Seit den sechziger Jahren führen mehrere Guerrilla-Gruppen einen endlosen bewaffneten Kampf; später formierten sich außerdem eine weitverzweigte Drogenmafia und in ihrem Gefolge paramilitärische Banden.

Mit der wirtschaftlichen Entwicklung in 20. Jahrhundert, vor allen mit der Industrialisierung, ging eine rasche Verstädterung einher. Heute lebt nur noch ein gutes Viertel der Bevölkerung auf den Land. Die politische Macht hält nach wie vor die traditionelle weiße Führungsschicht von Landbesitzern, Industriellen und Militärs. Formal ist Kolumbien eine parlamentarische Demokratie, aber diese wird meist durch einen Ausnahmezustand eingeschränkt. Kulturell war das Land bis weit ins 19. Jahrhundert hinein überwiegend von Spanien geprägt; heute bestimmen die Vereinigten Staaten unter dem Vorwand des «Drogenkrieges» die politischen und wirtschaftlichen Geschicke des Landes entscheidend mit.

Es liegt auf der Hand, dass diese unruhige Geschichte ihren Niederschlag auch in der kolumbianischen Literatur gefunden hat. In den Romanen und Erzählungen des 20. Jahrhunderts wird aber deutlich, dass sich die Wirklichkeit des Landes nicht auf die von der internationalen Presse gebrachten Katastrophenmeldungen reduzieren lässt.

Die Gattung Kurzgeschichte steht in Kolumbien stark im Schatten

von Roman, Lyrik und Drama – zu Unrecht, wie die vorliegende Sammlung zeigt. Fast alle Autoren gehören zur städtischen Mittelschicht, wo auch die meisten ihrer Leser und Leserinnen zu finden sind; etliche allerdings, z.B. Jairo Mercado, Jorge Eliécer Pardo, Policarpo Varón oder Benhur Sánchez, holen ihre Themen auch aus den ländlichen Gebieten, aus denen sie stammen. Daher bleibt die Welt der schwarzen und der indianischen Bevölkerung, wo mündliche Erzählformen vorherrschen, in der Kurzprosa weitgehend ausgespart – eine wichtige Ausnahme ist der Mulatte Carlos Arturo Truque, der von der pazifischen Küste stammt. Die literarischen Zentren sind somit die großen Städte der Andenregion und der Karibik; regionale Unterschiede waren früher deutlich erkennbar, heute vermischen sie sich zusehends.

Der Beginn der modernen Kurzgeschichte kann etwa auf die vierziger Jahre angesetzt werden, als ein heftiger Streit zwischen Vertretern des «Universalismus» und denen des «Regionalismus» geführt wurde. Die «Regionalisten» oder «Traditionalisten» erstrebten eine typisch kolumbianische Literatur und setzten sich für eine wirklichkeitsnahe Darstellung einheimischer Themen ein; die «Universalisten» entschieden sich für eine Loslösung von kolumbianischen Themen und für formale Erneuerungen à la James Joyce. Doch wenig später löste Hernando Téllez, ein Vertreter der «Modernisierer», diesen Scheinwiderspruch auf, indem er in seinen Erzählungen Schlüsselszenen der «Violencia» meisterhaft mit modernen Mitteln darstellte, so in seiner Erzählung «Preludio» die chaotische Stimmung in Bogotá nach der Ermordung des liberalen Populisten Jorge Eliécer Gaitán am 9. April 1948, welche die grausamste Phase der «Violencia» einleitete.

Die fünfziger Jahre wurden stark vom «Grupo de Barranquilla» geprägt, vor allem von dessen Mentor José Félix Fuenmayor. In ihren ersten Geschichten schon zeigten auch Alvaro Cepeda Samudio und Gabriel García Márquez, dass kolumbianische Inhalte durchaus kein Hindernis darstellen müssen, damit ein Werk zur Weltliteratur gerechnet werden kann – im Gegenteil, wie das karibische Dorf Macondo aus «Cien años de soledad» (1967) beweist. Auch die meisten zwischen 1947 und 1972 erschienenen Erzählungen von García Márquez leben von karibischen Erfahrungen und von karibischem Lebensgefühl: Zahlreiche mythische Bezüge zeigen kolumbianische Geschichte, z.B. den Einbruch der Moderne in die traditionelle Lebensweise der Bewohner abgeschiedener Dörfer, in neuem Licht.

Die erzählende Literatur der Andenregion, vor allen in Antioquia (der Provinz um Medellín) und in Bogotá, stand am längsten in der bürgerlich realistischen Tradition; ein Beispiel dafür ist Manuel Mejía Vallejo. Doch seit den sechziger Jahren findet eine interessante thematische und formale Auffächerung statt. Pedro Gómez Valderrama und Germán Espinosa, beide hochgebildete Kosmopoliten, sind vor allem mit ihren historischen Romanen bekannt geworden. Fanny Buitrago, Luis Fayad und Andrés Caicedo beleuchten – wenn auch ganz unterschiedlich – das Leben in der modernen Großstadt. Arturo Alape setzt sich auf sehr poetische Weise mit dem Umfeld der ländlichen Guerrilla auseinander, Darío Ruiz Gómez schildert die untergehende kleinbürgerliche Welt in Antioquia. Alvaro Pineda Botero schlägt mit seinen Romanen Brücken zwischen Kolumbien und den Vereinigten Staaten, während José Luis Garcés seiner engeren karibischen Heimat verbunden bleibt.

Anders als früher ist es in der Gegenwartsliteratur kaum noch sinnvoll, von Schriftstellergenerationen zu sprechen, die mehr verbindet als ihr Geburtsjahr; zu sehr hat sich das Schreiben individualisiert, und insgesamt hat das Buch gegenüber dem Film und dem Fernsehen an Bedeutung verloren. Die beiden jüngsten in unserer Anthologie vertretenen Autoren Evelio Rosero Diago und Pedro Badrán Padauí sind thematisch wie formal ungewöhnlich vielseitige Erzähler. Im weiteren fällt auf, dass im Gegensatz zu früheren Jahrzehnten die großen heutigen Konfliktfelder (Drogenhandel, Guerrilla, soziale Frage auf dem Land und in der Stadt) kaum thematisiert werden. Die Entpolitisierung der Literatur hängt sicher mit dem Niedergang sozialistischer Ideologien zusammen. Typisch für das ausgehende 20. Jahrhundert scheint die Vielzahl literarischer Visionen zu sein, die mit dem Begriff «Postmoderne» nur unzureichend erfasst wird – in dieser Hinsicht unterscheidet sich Kolumbien nicht von anderen Ländern der Welt.

Gerhard Dilger

José Félix Fuenmayor (Barranquilla 1885 – 1966)
Er betätigte sich hauptsächlich als Journalist und Zeitungsredakteur, wobei ihm seine weite Bildung zugute kam. Berühmt wurde er mit seinem literarischen Freundeskreis «Grupo de Barranquilla». – Fuenmayors literarisches Werk ist schmal: Er begann 1910 mit einem Gedichtbändchen und schrieb später Erzählungen und den Roman «Cosme» (1927). In die Literaturgeschichte eingegangen ist er mit seinem kurz nach seinem Tod erschienenen Erzählband «La muerte en la calle» (1967). Aus diesem Band stammt «¿Qué es la vida?»

Hernando Téllez (Bogotá 1908 – 1966)
Der liberale Intellektuelle war u.a. Journalist, Diplomat, Leiter der Bierbrauerei Bavaria, Senator und Übersetzer französischer Literatur. Umfangreicher als sein literarisches Werk sind seine literatur- und kulturkritischen Essays, doch am eindrucksvollsten ist seine Sammlung von Kurzgeschichten «Cenizas para el viento y otras historias» (1950), von denen sechs lakonisch-treffend die Absurditäten des Violencia-Bürgerkriegs beschreiben, darunter «Preludio». Trotz seiner Zugehörigkeit zur liberalen Partei bleibt Tellez zurückhaltend mit Schuldzuweisungen; oft lässt er seine Erzählungen mit einem schokkierenden Effekt enden.

Pedro Gómez Valderrama (Bucaramanga 1923 – Bogotá 1992)
Nach Abschluss seines Studiums der Rechtswissenschaft in Bogotá eignete er sich in England und Frankreich neben Spezialkenntnissen in seinem Fach eine universale klassische Bildung an, die ihn zu Tätigkeiten im Staatsdienst und als Universitätsprofessor befähigte. Neben wichtigen Essays hat er immer wieder kürzere Erzählungen in Zeitungen und Zeitschriften veröffentlicht und später in Buchform herausgegeben: «Más arriba del Reino» (1980), «La nave de los locos» (1984) – daraus stammt «Su hora de gloria». Oft geht er in seinen Erzählungen von historischen Personen oder Ereignissen aus, trotzdem sind sie reizvoll fantastisch, und es gelingt ihm immer wieder ein geschickter Dreh, um etwas in der Neuen Welt anzusiedeln, das wir als Motiv der Alten Welt zu kennen meinen. Als sein Hauptwerk gilt sein einziger Roman «La otra raya del tigre» (1977).

Manuel Mejía Vallejo (Jericó / Antioquia 1923)
Nach Abschluss seiner Studien in Medellín war er Journalist in Guatemala und Venezuela, dann ließ er sich in Medellín nieder. Er war dort u.a. Rundfunkdirektor und wirkte lange als Universitätsprofessor. International bekannt geworden ist er als Romanautor: «El día señalado» wurde 1963 in Spanien mit dem Premio Nadal ausgezeichnet. «Aire de tango» (1973) hat den Aufenthalt des Tangokönigs Carlos Gardel in Medellín zum Thema. Unter seinen Erzählungen sind auffallend viele Kürzestgeschichten. – «El milagro» (1951 in Guatemala geschrieben) stammt aus «Cuentos de zona tórrida» (1967). In seinem Werk spiegelt sich einerseits die stark von europäischen Mustern geprägte bürgerliche Gesellschaft in der wirtschaftlich aufstrebenden Provinz Antioquia, andererseits gibt es Zeugnis von den Schrecken und Wirrnissen der «Violencia».

Alvaro Cepeda Samudio (Barranquilla 1926 – New York 1972)
Nach seiner Schulzeit in Kolumbien studierte er Journalismus an der New Yorker Columbia University. In Barranquilla arbeitete er als Journalist, Drehbuchautor, Filmemacher und Übersetzer nordamerikanischer Kurzgeschichten und wurde zu einem herausragenden Intellektuellen der «Gruppe von Barranquilla». Die von Hemingway und Faulkner beeinflusste Titelgeschichte der Sammlung «Todos estábamos a la espera» (1954) gilt als ein wichtiger Wendepunkt zur modernen Kurzgeschichte in Kolumbien. Auch «Hay que buscar a Regina» stammt aus diesem Werk. Später verfasste er den Roman «La casa grande» (1962) über das aufsehenerregende Massaker an den Bananenarbeitern der United Fruit Company; kurz nach seinem Tod erschienen «Los cuentos de Juana» (1972).

Carlos Arturo Truque (Condoto / Chocó 1927 – Buenaventura 1970)
Der von der Pazifikküste stammende Autor studierte die Rechte sowie Ingenieurtechnik in Popayán. Er arbeitete als Journalist, Dichter, Übersetzer und Drehbuchautor für das kolumbianische Fernsehen. Stark geprägt von der «Violencia» der fünfziger Jahre, fand er in der Erzählung die Möglichkeit, sich die grausamen Erlebnisse anhand von knapp skizzierten Einzelbildern von der Seele zu schreiben. «Granizada y otros cuentos» (1953) steht – wie auch seine späteren Erzählungen – in der Tradition eines sozialen Realismus. Truque griff die

Perspektive und die Sprache des einfachen Volkes auf und verarbeitete sie literarisch. Sein Werk umfasst nur gut zwei Dutzend Erzählungen. « ¡ Fucú ! » ist in der neu zusammengestellten Anthologie « ¡ Vivan los compañeros ! » (1993) enthalten. Truque starb 43-jährig an einer Thrombose.

Gabriel García Márquez (Aracataca / Magdalena 1928)
Er wuchs bei seinen Großeltern in seinem Geburtsort auf und gewann dann ein Stipendium für ein Jesuitenkollegium in der Nähe von Bogotá. Das Studium der Rechtswissenschaften begann er in Bogotá und setzte es in Cartagena fort, publizierte aber schon seit 1947 Erzählungen in Tageszeitungen (sie erschienen 1972 im Band « Ojos de perro azul ») und wandte sich bald ganz dem Journalismus zu. Sein erster Roman « La hojarasca » (1955) erregte großes Aufsehen. Er ist bereits in jenem legendären Macondo angesiedelt, das seinem Heimatort Aracataca nachgebildet ist und durch den Roman « Cien años de soledad » (1967) weltweit zu einem Begriff geworden ist, lange bevor der Autor 1982 den Nobelpreis verliehen bekam. 1975 erschien der Sammelband « Todos los cuentos » und 1992 ein weiterer : « Doce cuentos peregrinos » ; daraus stammt « Me alquilo para soñar ».

Darío Ruiz Gómez (Anorí / Antioquia 1935)
Seine Ausbildung in Journalismus und bildender Kunst holte er sich in Spanien. Dann wirkte er in Medellín als Berichterstatter und Kunstkritiker für Zeitungen und als Universitätsprofessor. Sein literarisches Werk ist eher schmal, aber vielseitig : Außer drei Bänden Erzählungen hat er einen Roman, Gedichte und Essays veröffentlicht. Am erfolgreichsten sind seine Kurzgeschichten ; sie fangen überzeugend das Befinden der traditionsbewussten mittelständischen Bürger in der veränderten modernen Welt ein. Ihre Wirkung verdanken sie ihrer eigenwilligen Erzähltechnik und ihrer suggestiven Sprache. « Para decirle adiós a mamá » stammt aus dem gleichnamigen Erzählband (1985).

Germán Espinosa (Cartagena 1938)
Seine Heimatstadt hat ihn stark geprägt, obwohl er in mehreren europäischen, afrikanischen und südamerikanischen Staaten gelebt hat. Seine breitgefächerte Bildung kommt seiner journalistischen Tätigkeit zugute, aber auch seinem literarischen Werk, das außer Romanen auch

Erzählungen, Gedichte und Dramen umfasst. Sein historischer Roman « La tejedora de coronas » (1983) ist in mehrere Sprachen übersetzt und hat sein internationales Ansehen begründet. Schon 1965 erschien ein Bändchen Erzählungen, « La noche de Trapa », dem 1976 « Los doce infiernos » folgte. In dichter Sprache schildert er wesentliche (oft grausame) Augenblicke im Leben der jeweiligen Hauptperson. « El primo del difunto » stammt aus « Noticias de un convento frente al mar » (1988).

Arturo Alape (Cali 1938)
Nach seiner Schulzeit in Cali studierte er Malerei in Bogotá, und bis heute ist er nicht nur als vielseitiger Schriftsteller und Journalist tätig, sondern auch als bildender Künstler. Sein erster Kurzgeschichtenband « La bola del monte » (1970) wurde mit dem angesehenen kubanischen Literaturpreis « Casa de las Américas » ausgezeichnet. Mehrere seiner Sachbücher beschäftigen sich mit dem Guerrillachef Tirofijo. Außerdem schrieb er wegweisende Werke über die Schlüsseltage der neueren Geschichte wie den 9. April 1948. Seine frühen Erzählungen befassen sich mit dem Leben in der Guerrilla, so auch der hier vorgestellte Text « Largo aprendizaje de la luz en la montaña » aus der Sammlung « El cadáver de los hombres invisibles » (1973). Neuartig in Thematik und Gestaltungsweise ist die Sammlung « Julieta, los sueños de las mariposas » (1994). Diese feinfühligen Liebesgeschichten, die um verschiedene Frauengestalten kreisen, sind auch eine Liebeserklärung an seine Vaterstadt Cali.

Policarpo Varón (San Bernardo / Tolima 1941)
Nach seiner Lehrerausbildung hat er sich an verschiedenen Hochschulen in verschiedenen Fächern weitergebildet und war in verschiedenen Berufen tätig, meist als Gymnasiallehrer. Auch literarisch hat er sich in verschiedenen Sparten versucht: als Kritiker, Lyriker, Erzähler. In die Literaturgeschichte eingegangen (und in allen Anthologien vertreten) ist er mit der Titelgeschichte seines Erstlingswerkes « El festín » (1973), einem Kabinettstück der Erzählkunst. « El árbol más potente es el que está más solo » wird hier erstmals veröffentlicht.

Jairo Mercado (Ovejas / Sucre 1941)
Seine Kindheit verlebte er im karibischen Tiefland, studierte dann Sprachwissenschaft und Literatur in Bogotá und lehrte an verschie-

denen Universitäten. Seit 1971 hat er vier kleine Bände Erzählungen veröffentlicht. Sein bevorzugtes Thema sind die Kümmernisse und Freuden von Kindern und Jugendlichen, die er mit viel Einfühlungsvermögen und gleichzeitig humorvoller Distanz zu schildern weiß. «Mi chevrolito» ist seinem neusten Erzählband «Quintopatio» (1996) entnommen. – Besondere Verdienste erwarb er sich mit seinen Forschungen zur mündlich überlieferten Literatur seiner engeren Heimat. Der erste Band mit Erzählungen ist 1995 erschienen: «Literatura oral del Caribe colombiano / Narrativa»; ein zweiter mit Lyrik ist in Vorbereitung.

Alvaro Pineda-Botero (Medellín 1942)
Er promovierte in Literaturwissenschaft an der State University of New York und wirkt als Professor in Bogotá. Neben zahlreichen Werken zur Literaturkritik, u.a. «Del mito a la postmodernidad: La novela colombiana de finales del siglo XX» (1990), hat er bisher fünf Romane publiziert, von denen zwei in New York spielen; deshalb gilt er auch als Vertreter der «neokolumbianischen» Literatur, einer Gruppe jüngerer Autoren, die sowohl in der nordamerikanischen wie in der kolumbianischen Kultur zu Hauses sind. Die frühe Erzählung «La guerra civil» wird hier erstmals veröffentlicht.

Luis Fayad (Bogotá 1945)
Er arbeitete als Journalist für verschiedene Zeitungen, als Drehbuchautor für das Fernsehen und als Dramaturg für Theater und Rundfunk. 1975 kam er nach Europa, 1986 nach Berlin, wo er Gast des DAAD-Künstlerprogramms war. Er begann als Erzähler mit den Werken «Los sonidos del fuego» (1968) und «Olor de lluvia» (1974). Sein erster Roman «Los parientes de Esther» (1978) wurde ins Deutsche übersetzt («Auskunft über Esthers Verwandte», Göttingen 1987). Es folgten die Kurzgeschichten «Una lección de la vida» (1984), darunter «Un día Carlos Guillermo no volvió al colegio», ein Roman sowie einige längere Erzählungen. 1995 erschienen die Kürzestgeschichten «Un espejo después y otros relatos». Mehrere seiner Erzählungen sind bereits in deutscher Übersetzung veröffentlicht worden.

Fanny Buitrago (Barranquilla 1946)
Von der karibischen Hafenstadt übersiedelte die Familie ins Bergland

von Cali im Süden Kolumbiens. Nun wohnt Fanny seit langem in Bogotá. Mit fünfzehn Jahren veröffentlichte sie ihre erste Erzählung und mit siebzehn ihren ersten Roman. Sie hat immer von ihrer Feder gelebt. Romane und Erzählungen sind ihre Stärke geblieben, obwohl sie auch für Zeitungen und Zeitschriften, Radio und Fernsehen schreibt und als Jugendbuchautorin erfolgreich ist. Sie hat eine besondere Vorliebe für die kurze Erzählung, deren Struktur ihrer Absicht zum Verknappen und Andeuten entgegenkommt; drei kleine Bände sind bisher erschienen: 1973 «La otra gente», 1975 «Bahía sonora», 1989 «¡Líbranos de todo mal!». Sie greift mit scharfer Beobachtungsgabe soziale und familiäre Probleme auf, übt Kritik an den Zuständen, aber ohne anklägerischen Zeigefinger und immer mit einem Schuss Humor. «Rojo constante» wird hier erstmals veröffentlicht.

Benhur Sánchez Suárez (Pitalito / Huila 1946)
In seiner Heimat am Oberlauf des Magdalenastroms wurde er zum Grundschullehrer ausgebildet. Er kam 1964 nach Bogotá, wo er neben seiner Unterrichtstätigkeit ein Kunststudium absolvierte. Seit 1967 schreibt er Romane und Kurzgeschichten; ab 1970 war er im Verlagswesen tätig. Heute arbeitet er in der Verwaltung der Luis-Angel-Arango-Bibliothek in Bogotá, der größten des Landes. Sein umfangreiches literarisches Werk, das auch Kinder- und Sachbücher umfasst, beschäftigt sich vor allem mit seiner Heimat, der Provinz Huila – zuletzt der historische Roman «Así es la vida, amor mío» (1996). Die Erzählung «Hasta mañana, tío» erschien zuerst 1978 in der Zeitschrift «Café literario».

José Luis Garcés González (Montería 1950)
Er ist seiner karibischen Heimat treu geblieben und setzt sich in der kleinen Provinzstadt mit Hingabe für kulturelle Belange ein, vor allem für die Literatur: u.a. als Leiter der «Casa de la Cultura», als Redakteur einer Kulturzeitschrift, als Verlagsmitarbeiter. Seine Geschichten atmen die Weite der karibischen Tiefebene und ergänzen somit wohltuend die sonst vorwiegend städtische Literatur. – «La noche alta y el titilar de las estrellas» stammt aus seinem Erzählband «Fernández y las ferocidades del vino» (1991). Frühere Erzählbände sind «Oscuras cronologías» (1980) und «La efímera immortalidad de los espejos» (1982).

Jorge Eliécer Pardo (Líbano / Tolima 1950)
Er studierte Pädagogik an der Universität von Tolima und kam dann nach Bogotá, wo er bald selbst als Hochschulprofessor tätig war. Auch außerhalb der Hochschule hat er sich in mannigfacher Weise um die Literatur verdient gemacht: als Verleger, Kritiker, Publizist und Gründungsmitglied des kolumbianischen Pen-Klubs. Den literarischen Durchbruch schaffte er mit seinem ersten Roman « El jardín de las Weismann » (1982), der die Zeit der « Violencia » in seiner Heimat Tolima zum Thema hat, sich aber vor allem durch die poetische Durchdringung des Stoffes auszeichnet. « La muchacha de la cinta blanca » wird hier erstmals veröffentlicht.

Andrés Caicedo (Cali 1951 – 1977)
Das Werk Andrés Caicedos erlebte in Kolumbien knapp 20 Jahre nach seinem Tod eine auffällige Renaissance, v.a. in Form von Dramatisierungen seiner Prosastücke. Dies dürfte – über die starke lyrische Kraft Caicedos hinaus – damit zusammenhängen, dass sich viele junge Leute mit der deprimierenden Perspektivlosigkeit identifizieren, die seine Erzählungen und den Roman « ¡ Que viva la música ! » (erschienen kurz vor seinem Freitod 1977 und seitdem immer wieder neu aufgelegt) charakterisieren. Schon als Schüler beschäftigte er sich intensiv mit Film und Theater, war Redakteur einer Filmzeitschrift und schrieb Theaterstücke. Er war auch journalistisch tätig und machte sich mit seinen Kurzgeschichten rasch einen Namen als Schriftsteller. « Vacío » erschien erstmals 1969; der Text ist dem Sammelband « Destinitos fatales » (1985) entnommen.

Evelio Rosero Diago (Bogotá 1958)
Er studierte Journalismus in Bogotá, widmete sich jedoch schon frühzeitig fast ausschließlich der Literatur. Er wohnte einige Jahre in Paris und Barcelona. Bisher verfasste er fünf ganz unterschiedliche Romane, unter denen das erotische Werk « Juliana los mira » (1986; dt. « Indiskrete Blicke », München 1993) herausragt. In den urbanen Erzählungen « Cuento para matar un perro (y otros cuentos) » (1989) verschwimmen die Grenzen zwischen dem Alltäglichen und dem Absurden. Sein bekanntestes Jugendbuch ist « El aprendiz de mago y otros cuentos » (1992; 1996). « Las esquinas más largas » wird hier erstmals veröffentlicht.

Pedro Badrán Padauí (Magangué / Bolívar 1960)
Er verbrachte sein erstes Lebensjahrzehnt in seinem Geburtsort im karibischen Tiefland am Río Magdalena, sein zweites in Cartagena, wo er Rechtswissenschaft studierte. In Bogotá wechselte er zum Studium der Linguistik und Kommunikationswissenschaften. Nach mehrjähriger Tätigkeit als Journalist arbeitet er nun als Universitätsdozent für Semiotik und Journalismus und widmet sich der Schriftstellerei. Während er in seinen frühen Erzählungen aus «El lugar difícil» (1985) Kindheits- und Jugenderinnerungen an seine karibische Heimat einfängt, spielt sein Roman «Lecciones de vértigo» (1994) in der Großstadt. Die Erzählungen «Simulacros de amor» (1996) greifen philosophische und semiotische Themen auf, ohne deswegen hermetisch zu sein.